Klaus Novy
Michael Prinz

Illustrierte Geschichte der Gemeinwirtschaft

Wirtschaftliche Selbsthilfe in der Arbeiterbewegung von den Anfängen bis 1945

Verlag J.H.W. Dietz Nachf. Berlin/Bonn

ISBN 3-8012-0111-2

Godesberger Allee 143, D-5300 Bonn 2
Die Bilder wurden zusammengestellt von U. Bimberg, A. Mersmann, K. Novy und M. Prinz
Umschlag Vorderseite: Abbildung aus dem Konsumgenossenschaftlichen Volksblatt, ca. 1930;
Rückseite: © Archiv der sozialen Demokratie, Bonn
Layout: Hans-Jürgen Serwe, Aachen
Satz: Fotosatz Froitzheim, Bonn
Repro: Keseberg & Liedtke, Köln
Druck und Verarbeitung: SDV Saarbrücker Druckerei und Verlag

Printed in Germany 1985

Inhalt

Vorwort

Die Geschichtsschreibung der wirtschaftlichen Selbsthilfeunternehmen der Arbeiterbewegung ist jahrzehntelang vernachlässigt worden. Vorenthaltene Geschichte? Außer den Unternehmen selbst fühlte sich auch keine Institution für eine regelmäßige Archivierung zuständig. Die Archive der frühen Unternehmen aus der Zeit vor 1933 wurden durch NS-Herrschaft, Krieg und die Teilung Deutschlands zerstört, aufgelöst oder sind kaum zugänglich. Eine Hilfe waren die Archive der Volksfürsorge, des Bundes deutscher Konsumgenossenschaften, der Neuen Heimat sowie die Archive des DGB und der SPD, für die wir an dieser Stelle danken möchten.
Besonderer Dank gilt jedoch der Ausstellungsgruppe Genossenschaften im Wohnbund mit ihrem Archiv für Genossenschaftskultur.
Ohne deren Vorarbeit und das Bildmaterial aus privaten Beständen, das durch die „wachsenden Ausstellungen"* dort gewonnen werden konnte, hätte dieser Band in der reich illustrierten Form nicht entstehen können. Bei der Illustrierung haben U. Bimberg und A. Mersmann mitgewirkt.

* *Vgl. beispielsweise das Buch zur Ausstellung in Nordrhein-Westfalen von K. Novy, B. Hombach, F. Karthaus, U. Bimberg, A. Mersmann, A. Schepers (Hrsg.): Anders Leben. Geschichte und Zukunft der Genossenschaftskultur, Berlin und Bonn 1985*

Werbeschrift der Konsum-Genossenschaft Berlin. Im Hintergrund sind genossenschaftliche Einrichtungen abgebildet: Kindererholungsheim, Großbäckerei, Zentrale

Einleitung: Arbeiterbewegung und Genossenschafts-bewegung

In der Geschichte der Arbeiterbewegung haben Selbsthilfeunternehmen eine große, von Historikern wie Ökonomen bis in die jüngste Zeit fast völlig vernachlässigte Rolle gespielt. Was für die Fachwissenschaft gilt, trifft für eine breitere Öffentlichkeit allemal zu.

Wer, außer wenigen Spezialisten, weiß, daß in der Programmatik der frühen Arbeiterbewegung genossenschaftliche Selbsthilfeunternehmen einen höheren Stellenwert besaßen als etwa die gewerkschaftliche Organisation? Nur wenig bekannter dürfte die Tatsache sein, daß die mit der Arbeiterbewegung eng verbundene konsumgenossenschaftliche Bewegung bereits um die Jahrhundertwende eine Massenorganisation mit mehr als einer Million Mitglieder bildete. Konsumvereine erfaßten in der Weimarer Republik, auf dem Höhepunkt ihrer Entwicklung, annähernd vier Millionen Haushalte, während es alle drei großen Gewerkschaftsverbände zusammen gerade auf knapp sechs Millionen Mitglieder brachten.

Die Bandbreite der Selbsthilfeunternehmen in der Arbeiterbewegung war außerordentlich groß. Sie reichte von den Produktivgenossenschaften der 1840er Jahre über die Konsumvereine und Baugenossenschaften der Zeit vor dem Ersten Weltkrieg bis hin zu Banken, Versicherungsgesellschaften, Buchverlagen, ja selbst Fahrradfabriken, Reiseunternehmen u. v. a. m. in den zwanziger Jahren. Die Verengung dieses Spektrums auf verhältnismäßig wenige, zentralisierte Großunternehmen ist eine Entwicklung der Jahre nach dem Zweiten Weltkrieg — eine Entwicklung, die im übrigen viel mit dem scharfen Einschnitt durch den Nationalsozialismus und den Spätfolgen seiner Gesellschaftspolitik zu tun hat.

Die Geschichte der Selbsthilfeunternehmen der Arbeiterbewegung ist bis zum Ersten Weltkrieg und mit gewissen Einschränkungen auch noch bis zum Ende der Weimarer Republik eine Geschichte der Genossenschaften.

Von allen möglichen Organisationsmustern entsprach die Genossenschaft am ehesten dem Bewußtsein, den Zielsetzungen und auch den Möglichkeiten der Arbeitnehmerschaft in dieser Zeit. Die Voraussetzungen für wirtschaftliche Gründungen, über die die Arbeiter verfügten, waren neben einem gemeinsamen materiellen Interesse vor allem ein Gemeinsamkeitsbewußtsein sowie ein gewisses Maß an organisatorischer Disziplin und praktischen Qualifikationen, aber nie, oder zumindest nur sehr selten, größere Kapitalien wie auch spezielle wirtschaftsorganisatorische und juristische Kenntnisse. Die beiden zuletzt genannten Erfordernisse entstanden erst allmählich aus der erfolgreichen wirtschaftlichen Tätigkeit heraus oder aber mußten um den Preis des Autonomieverlustes zunächst von bürgerlichen Gruppen geborgt werden.

Die genossenschaftliche Form wurde den Arbeitern indessen nicht nur durch ihre äußeren Lebensumstände aufgezwungen. In ihr spiegelte sich auch etwas von den Wertvorstellungen und Idealen der klassenbewußten Arbeiterschaft wider. Die Idee der Genossenschaft stand für Gleichberechtigung, Mitsprache und Solidarität und erschien vielen Arbeitern damit als *die* alternative Wirtschaftsform zur kapitalistisch-hierarchischen Organisation der Produktion schlechthin.

Gleichwohl zeigten sich auch schon in den Jahren vor Ausbruch des Ersten Weltkrieges in einzelnen Bereichen strukturelle Grenzen des genossenschaftlichen Selbsthilfeprinzips. Vor allem galt dies für solche Branchen, in denen es Arbeitnehmer als mögliche Unternehmensgründer mit einer kapitalkräftigen, großbetrieblichen Konkurrenz zu tun hatten. In solchen Fällen wurde besonders in den Weimarer Jahren die Initiative von „unten“ zunehmend durch die Hilfestellung von „oben“, sprich: das Eingreifen der gewerkschaftlichen Organisationen und ihrer Leitungen, ergänzt. Die ersten großen, nichtgenossenschaftlichen Arbeiter- und Gewerkschaftsunternehmen entstanden in diesen Jahren.

Was den genossenschaftlichen wie den kapitalgesellschaftlichen Wirtschaftsunternehmen der Arbeiterbewegung bis in die Weimarer Zeit hinein gemeinsam war und was schließlich diese Phase ihrer Entwicklung von der Zeit nach 1945 deutlich abhebt, ist ihre enge Einbindung in die verschiedenen sozialkulturellen Milieus der Arbeiterbewegung. Von dieser Einbindung her wurden Mitgliedschaft, Führungsstil, Selbstdarstellung, Geschäftspolitik und Zielsetzungen entscheidend mitbestimmt.

Der Nationalsozialismus hat diese Bindungen, in denen er Widerlager zu seiner Gleichschaltungspolitik erblickte und denen er nicht zu Unrecht eine große Bedeutung für das Identitätsgefühl und das Selbstbewußtsein der klassenbewußten Arbeiterschaft zuschrieb, planmäßig zerstört. Mit der NS-Herrschaft, ihren direkten wie ihren Spätfolgen, ging eine Epoche in der Geschichte der Selbsthilfeunternehmen zu Ende.

Die Großbäckerei der Berliner Konsumgenossenschaft in Tempelhof, errichtet 1916

Wirtschaftliche Selbsthilfe – Genossenschaften – Gemeinwirtschaft

Es heißt immer, Genossenschaften seien Kinder der Not. Die Tatsache, daß der Entstehungszusammenhang von genossenschaftlicher Selbsthilfe jedoch komplizierter ist, zeigt, daß der verallgemeinernde Satz, jede Not führe zu wirtschaftlicher Selbsthilfe, nicht stimmt. Der massenhafte Rückgriff auf Formen gemeinschaftlicher Selbstversorgung erfolgt schub- oder wellenartig; und diese Gründungswellen verlaufen keineswegs spiegelbildlich zu den „langen Wellen" von wirtschaftlichem Aufschwung und Niedergang, wie es manche Autoren gerne hätten.

Sicherlich, zum Mittel der gemeinschaftlichen wirtschaftlichen Selbstversorgung wird man nur dann greifen, wenn andere Formen der Reproduktionssicherung ausgefallen, nicht vorhanden oder weniger attraktiv sind; wenn beispielsweise privatwirtschaftliche Marktangebote zu teuer oder schlecht sind, wenn die karitativen oder staatlich-fürsorgerischen Hilfen unter demütigenden Bedingungen gewährt werden oder das Werksangebot (Konsumanstalten, Werkswohnungen, Bierhallen) in den Pflichten zu industriefeudalistisch ist. Man wird sich auch nur dann im großen Maßstab auf die unmittelbare wirtschaftliche Selbsthilfe konzentrieren, wenn die Erfolgsaussichten dieser Bewegungsform einigermaßen hoch eingeschätzt werden. Oder umgekehrt: Gründungswellen von Genossenschaften und anderen Formen der Selbsthilfe entstanden meist dann, wenn andere, vertrautere Aktionsformen – wie der politische Kampf um Macht im Staat oder der gewerkschaftliche Zusammenschluß gegen die Übermacht des Privatkapitals – gescheitert oder zumindest auf Probleme gestoßen waren und des Ersatzes oder der Ergänzung bedurften.

Wirtschaftliche Selbsthilfe ist eine Form gemeinschaftlicher Selbstversorgung, bei der ein Markt von den Beteiligten umgangen oder ausgeschaltet wird. Betroffene schließen sich zusammen – „Kooperation statt Konkurrenz" – und organisieren sich selbst das Angebot, das ihnen versagt oder ausbeuterisch zugemutet wird. Wie schon Marx und Engels im „Kommunistischen Manifest" herausstellten, beschränkte sich die Ausbeutung nicht auf den Bereich der Produktion. „Ist die Ausbeutung des Arbeiters durch den Fabrikanten soweit beendigt, daß er seinen Arbeitslohn bar ausgezahlt bekommt, so fallen die anderen Teile der Bourgeoisie über ihn her, der Hausbesitzer, der Krämer, der Pfandleiher usw.". Und damit sind die Ansatzpunkte der wirtschaftlichen Selbsthilfe der Arbeiter auch schon genannt:

- Wohnungsbaugenossenschaften
- Konsumgenossenschaften
- Spar- und Kreditvereine, Hilfskassen.

In allen Fällen übernimmt die Gruppe der Mitglieder und Kunden als Gemeinschaft auch die andere Marktrolle: Vermieter und Mieter, Händler und Kunde, Kreditgeber und Kreditnehmer sind „eins“ (Identitätsprinzip). Abgesehen von diesem Identitätsprinzip zeichnet sich die Genossenschaft als Hauptform wirtschaftlicher Selbsthilfe durch ihren Mitgliederbezug aus (Förderprinzip). Die Genossenschaft dient nicht der Kapitalverwertung, sondern der Mitgliederversorgung. Daher werden die Überschüsse nicht entsprechend dem Kapitaleinsatz verteilt, sondern entsprechend der „Nutzung“ als Rückerstattung vergeben. Auch ist das Stimmrecht nicht – wie sonst in der Wirtschaft – nach Kapitalanteilen gewichtet, sondern demokratisch organisiert (Demokratieprinzip).

In der Arbeiterbewegung setzten sich diejenigen Selbsthilfeformen durch, die verallgemeinerungsfähig waren, das heißt ihr Wirken nicht strukturell nur auf eine Teilgruppe beschränkten. Letzteres gilt für die Genossenschaften der abstiegsbedrohten Handwerker (Schultze-Delitzsch) und der existenzgefährdeten Kleinbauern (Raiffeisen). Es gilt aber auch für die Produktivgenossenschaften, die – abgesehen von zahlreichen anderen Problemen – interessenslogisch zur „Schließung“ neigen; das heißt, die Ursprungsgenossen, für die die Identität von Arbeitgeber und Arbeitnehmer gilt, stellen im Falle der Ausweitung ihres Unternehmens eher zusätzliche Lohnarbeiter ein, als neue Vollgenossen aufzunehmen. Die wenigen erfolgreichen Produktivgenossenschaften haben sich demzufolge langfristig in Kapitalunternehmen der Ursprungsgenossen umgewandelt (Gesetz der Transformation). Anders bei den Konsumgenossenschaften, zu denen auch die Wohnungsbaugenossenschaften zu zählen sind. Genossenschaften der Endverbraucher organisieren das „allgemeinste“ Interesse, das Konsumenteninteresse; sie sind somit tendenziell gemeinwirtschaftliche und nicht bloß kollektiv-privatwirtschaftliche Gebilde, wie die Mittelstandsgenossenschaften. Dieser reformpolitisch wichtige Aspekt der Verallgemeinerungsfähigkeit kommt auch darin zum Ausdruck, daß die Selbsthilfeunternehmen im Dienste der Endverbraucher auf Öffnung, auf Mitgliederzuwachs, angelegt sind; ja sie ziehen strukturell daraus auch Vorteile, wie die ungeheure Anfangsdynamik der Konsumgenossenschaften eindrucksvoll belegt. Das historische Verdienst der Gewerkschaften, die Überwindung der Standesorganisationen zugunsten der Vertretung des allgemeinen Arbeitnehmerinteresses nach den Grundsätzen der sozialen Gerechtigkeit und Gleichheit, drückt sich auch in dem Bemühen aus, Sonderinteressen im Bereich der wirtschaftlichen Selbsthilfe abzubauen. Daher wurden die meisten Unternehmen, an denen sich die Gewerkschaften unmittelbar beteiligten, beginnend mit der *Volksfürsorge*, nicht in der Rechtsform der mitgliederbezogenen Genossenschaft gegründet.

Die wirtschaftlichen Selbsthilfeorganisationen, die „positiven Ökonomien“, der Arbeiterbewegung unterscheiden sich auch darin von ihren mittelständischen Verwandten, daß sie sich als Teil der umfassenden Emanzipationsbemühungen verstanden haben. Viele verfolgten selber soziale, kulturelle sowie politische Ziele und suchten aktiv die Verbindung zu den anderen Organisationssäulen der Bewegung.

Das Kinder-Erholungsheim der Berliner Konsumgenossenschaft, erworben 1927

Das zentrale Verwaltungsgebäude der Berliner Konsumgenossenschaft in Lichtenberg, erbaut 1913–14

1848–1918

Schiffswerft – Eigentum der Allgemeinen Deutschen Schiffszimmerer-Genossenschaft in Hamburg, 1875

Produktivgenossenschaftliche Arbeiter mit Vorleser in der von Elm gegründeten Tabakarbeitergenossenschaft TAG
Ihren Bildungshunger und ihr Interesse an öffentlichen Angelegenheiten suchten die Hamburger Zigarrenmacher in einer Reihe von Werkstätten um die Jahrhundertwende dadurch zu befriedigen, daß einer von ihnen während der Arbeit aus Zeitungen, Zeitschriften oder Büchern vorlas. Der Arbeitsanteil des Vorlesers wurde dann von den Zuhörern übernommen

Die produktivgenossenschaftliche Sackgasse

Die in der traditionellen Arbeiterbewegung mit Abstand populärste Form des Selbsthilfeunternehmens, die Produktivgenossenschaft, war zugleich die am wenigsten erfolgreiche.

Die Idee der Produktivgenossenschaft erlebte ihren Höhepunkt in den Jahrzehnten zwischen der Revolution von 1848 und der Gründung des Deutschen Kaiserreiches von 1871. Die *Allgemeine deutsche Arbeiterverbrüderung,* im August 1848 in Berlin gegründet und zugleich die erste Arbeiter-Massenbewegung in Deutschland, sah in der Produktivgenossenschaft das entscheidende Mittel, eine Gesellschaftsreform und die Emanzipation des „vierten Standes" zu erreichen. Andere Formen der Interessenvertretung, wie etwa gewerkschaftliche Zusammenschlüsse und Streiks, hatten für die Arbeiterverbrüderung programmatisch nur untergeordnete Bedeutung[1].

Eine erste produktivgenossenschaftliche Gründungswelle ging damals durchs Land. Das Scheitern der Revolution und die einsetzende politische Reaktion – zum Teil auch die Verschärfung der Gewerbeordnung – bliesen der Bewegung jedoch bald das schwache Lebenslicht aus. Erst das liberalere Klima der sechziger Jahre ermöglichte einen zweiten Anlauf. Für den Zeitraum von 1860 bis 1878 sind reichsweit etwa 300 Produktivgenossenschaftsgründungen bekannt geworden. Viele dieser Unternehmungen fielen, soweit sie bis dahin nicht aus anderen Gründen gescheitert waren, der schweren Gründerkrise nach dem Deutsch-Französischen Krieg im Jahre 1873 zum Opfer.

Wohnhaus und Verkaufsstelle der Produktivgenossenschft der Bäckereiarbeiter Hamburg, gegründet 1895

Damit war bis zum Ersten Weltkrieg die Konjunktur produktivgenossenschaftlicher Unternehmen weitgehend beendet. Nur noch vereinzelt kam es hier und da, nicht selten im Zusammenhang mit Arbeitskämpfen, zur Gründung solcher Unternehmen. Ihre Lebensdauer war häufig auf die Dauer des Streiks begrenzt. Die wenigen, die überlebten, verdankten dies zumeist dem Zusammenschluß mit anderen Selbsthilfevereinigungen der Arbeiterschaft, darunter insbesondere den immer wichtiger werdenden Konsumgenossenschaften.

Auch in der Programmatik der Arbeiterbewegung verloren die Produktivgenossenschaften allmählich an Bedeutung, wenngleich die Faszination der Idee einer Produzentenvereinigung in vielen Arbeiterberufen lange weiterwirkte.

Die Ursachen für das Scheitern dieses Typus von Selbsthilfeunternehmen lagen nur zum geringeren Teil in äußeren Einflüssen. Die Hauptursachen sind vielmehr in innerbetrieblichen Abläufen und Zusammenhängen sowie in strukturellen Schwächen zu suchen[2].

Das entscheidende Problem dieses Genossenschaftstyps lag in den widersprüchlichen Anforderungen, die im Auf und Ab der Konjunktur an die Mitglieder gestellt wurden. Daß Arbeitnehmer und Genosse ein und dieselbe Person waren, wurde zum Problem, wenn nach einer Phase des Aufschwungs Entlassungen anstanden. Die Folge waren nicht selten erbitterte interne Konflikte, die das Unternehmen lahmlegten. Die einzige Möglichkeit, dem zu begegnen, bestand in der Trennung der Rollen und der Spaltung der Belegschaft in Genossen-Eigentümer mit Sonderrechten und einfache Arbeitnehmer – was freilich den alternativen Charakter des Unternehmens zerstörte. So war es nicht die Produzenten-, sondern die Konsumentengenossenschaft – Konsument hier in einem weiten Sinne verstanden –, die sich zum erfolgreichsten Typus des Arbeiterselbsthilfeunternehmens entwickelte.

Konsumgenossenschaften

Etappen des Aufstiegs

Unter den Wirtschaftsunternehmen der deutschen Arbeiterbewegung nahmen die Konsumgenossenschaften über einen Zeitraum von mehr als einem halben Jahrhundert eine Sonderstellung ein[3]. Kein anderes der zahlreichen Selbsthilfeunternehmen der Arbeiterbewegung konnte sich im Hinblick auf den Grad der Verbreitung, die Höhe der Mitgliederzahlen und die Stärke des auf eigene Produktionsbetriebe gestützten wirtschaftlichen Einflusses mit ihnen messen. Wenn im zeitgenössischen Schrifttum von den Wirtschaftsunternehmen als „dritter Säule der Arbeiterbewegung" die Rede ist, war damit fast immer die konsumgenossenschaftliche Bewegung gemeint.

Der überwiegende Teil der vor 1914 existierenden Konsumgenossenschaften war seit 1903 in einem großen einheitlichen Verband, dem *Zentralverband Deutscher Konsumvereine*, kurz *ZdK*, zusammengeschlossen. Durch vielfältige personelle und ideologische Beziehungen waren *ZdK* und freigewerkschaftlich-sozialdemokratische Arbeiterbewegung eng miteinander verbunden. Auch im Bewußtsein der zeitgenössischen Öffentlichkeit galten freie Gewerkschaften, Konsumvereine und SPD wie selbstverständlich als Bestandteile ein- und derselben sozialen Bewegung.

Neben dem *ZdK* existierte seit 1894 als zweite konsumgenossenschaftliche Zentralorganisation die Hamburger *Großeinkaufsgesellschaft Deutscher Consumvereine (GEG).*

Verwaltungsgebäude des sozialistischen Zentralverbandes Deutscher Konsumvereine in Hamburg

Im Unterschied zum *ZdK* verkörperte die *GEG* in erster Linie die konsumgenossenschaftliche Wirtschaftsmacht. Was die Konsumvereine im Kleinen anstrebten, die Verbilligung der proletarischen Lebenshaltung durch den Einkauf in großem Stil, betrieb die *GEG* als „Konsumgenossenschaft der Konsumgenossenschaften" weithin sichtbar auf nationaler Ebene. Neben Einkauf und Verteilung unterhielt die *GEG* seit der Jahrhundertwende – nach dem Muster ihres großen englischen Vorbildes – eigene Produktionsstätten. Damit unterstrich die *GEG* ihren Anspruch, vom organisierten Verbrauch her mittel- und langfristig auf andere Produktionsstufen überzugreifen und die kapitalistische Warenproduktion insgesamt von den Interessen der Konsumenten her neu zu organisieren.

Die Errichtung der *GEG* als Wirtschaftszentrale der Konsumgenossenschaften, die Bildung des Zentralverbandes und schließlich das Bündnis mit der Arbeiterbewegung waren die vorläufigen Endpunkte von Entwicklungen, die bis in die vierziger Jahre des 19. Jahrhunderts zurückreichten.

Entstehung und Entwicklung der konsumgenossenschaftlichen Organisationen seit 1850

Die ersten konsumgenossenschaftlichen Gründungen fallen in die Jahre vor der Revolution von 1848. Das Zusammentreffen einer Gewerbe- und einer Agrarkrise, in deren Gefolge es zu Lohnsenkungen bei steigenden Lebensmittelpreisen kam, bildete den Hintergrund für den sozialen Protest im Vorfeld der Revolution wie auch für die Gründung der ersten konsumgenossenschaftlichen Selbsthilfeunternehmen.

Der bedeutsamste Anstoß zur Gründung konsumgenossenschaftlicher Vereinigung in den 1840er Jahren ging jedoch von der *Allgemeinen deutschen Arbeiterverbrüderung,* der ersten deutschen Arbeiter-Massenbewegung überhaupt, aus. Die Entstehung der *Arbeiterverbrüderung* fiel in das Revolutionsjahr 1848. Sie ging aus dem Zusammenschluß zahlreicher Arbeiter- und Handwerkervereine, früher Gewerkschaften und einer Reihe während der Revolution spontan gebildeter Initiativen hervor[4].

Im Programm der *Verbrüderung* nahmen genossenschaftliche Ideen einen wichtigen Platz ein. Geplant war der Aufbau einer Assoziationswirtschaft mit „Assoziationskassen" auf lokaler Ebene, genossenschaftlich fundierten Kreditbanken, Produktivbetrieben und schließlich, in enger Verbindung mit letzteren,

„Ankaufsgesellschaften, welche sich zur Aufgabe machen durch gemeinsame Beschaffung von Lebensbedürfnissen:

1. diese ihren Mitgliedern im Großkauf und wo möglich aus erster Hand besser und vorteilhafter zu beschaffen,

2. durch direkte Vermittlung ihren Mitgliedern bessere Arbeitsgelegenheit, auf Gegenseitigkeit gestützt, zu schaffen (durch Tauschgelegenheit),
3. Unternehmungen ins Leben zu rufen, welche das Gesamtvermögen der Verbrüderung erweitern (Associationswerkstätten, Fabriken etc.)...

Der Verwaltungsrat der Verbrüderung bestimmt auf Antrag der Mitglieder diejenigen Gegenstände, welche gemeinsam beschafft werden; er leitet und beaufsichtigt alle Geschäfte, und werden diese für Rechnung und nach den Grundsätzen der Verbrüderung geführt"[5].

Von ihrem anspruchsvollen Programm hat die *Verbrüderung* in der kurzen Zeit zwischen ihrer Gründung und ihrem Verbot durch die Behörden nach dem Ende der Revolution nur wenig verwirklicht.

Das Scheitern der Revolution von 1848 leitete eine Phase politischer „Reaktion" ein. Die Entstehung einer selbständigen Arbeiterbewegung, wie sie sich besonders in der *Arbeiterverbrüderung* und ihrem Programm anzudeuten schien, wurde unterbrochen. Wichtige Rechte, wie das Koalitionsrecht, wurden ganz zurückgenommen oder doch zumindest weitgehend eingeschränkt. Viele der führenden Köpfe der frühen Arbeiterbewegung wurden in die Emigration gezwungen, Vereine aufgelöst oder zur Umwandlung in unpolitische Vereinigungen veranlaßt.

Es scheint, daß auch die ersten Ansätze der konsumgenossenschaftlichen Bewegung die nachrevolutionäre Phase der Reaktion nur stark geschwächt überlebten. Über die weitere Entwicklung der Vereine bis in die frühen 1860er Jahre hinein verfügen wir nur vereinzelt über genaueres Wissen. Hier und da gab es offenbar Neugründungen, in einigen Fällen scheinen auch Ableger der *Arbeiterverbrüderung* fortbestanden zu haben. Jede zusammenfassende Charakterisierung der

Sonntag den 5. März Nachmittags halb 4 Uhr findet in unserem Lokal (Palm'scher Bau) eine Versammlung zur Gründung eines

Consumvereins

(Markensystem) statt. Es werden hierzu unsere Mitglieder, sowie Nichtmitglieder eingeladen. Da bereits alle erforderlichen Vorarbeiten hierzu von uns getroffen sind, so kann nach Berathung der Statuten und Wahl des Ausschusses oder Verwaltungsrathes sofort zur Constituirung des Vereins geschritten werden.

Der Ausschuß d. Arb.-Bild.-Vereins.

Das englische Vorbild übte großen Einfluß auch auf die deutsche Konsumgenossenschaftsbewegung aus. Hier der erste Laden, der 1848 gegründeten „Genossenschaft der redlichen Pioniere von Rochdale"

Einladung zur Gründungsversammlung des Esslinger Konsumvereins (1865), der wie viele andere dieser Zeit aus einem Arbeiterbildungsverein hervorging und sich dem ersten konsumgenossenschaftlichen Verband anschloß, der von Eduard Pfeiffer gegründet wurde. Unten: Der Laden Nr. 1 des Esslinger Konsumvereins, erworben 1868

Achtung! Arbeiter und deren Frauen! Achtung!
Ohligs.

Am Sonntag, den 23. Februar, nachmittags 5 Uhr, im ‚Saale des Herrn Kornweibel am Bahnhof:

Große öffentliche Volksversammlung.

Tages-Ordnung:

1. Nutzen und Zweck eines Konsumvereins für den Arbeiterstand.
   (Referent: Geschäftsführer Brinkmann, Elberfeld.)
2. Freie Diskussion.
3. Gründung eines Konsumvereins.

Jeder ist eingeladen. **Der Einberufer.**

Die Konsumgenossenschaften des Allgemeinen Verbandes von 1864 bis 1870[6]

Jahr	Zahl der berichtenden Genossenschaften	Zahl der Mitglieder	Umsatz (in 1 000)
1864	38	7 709	803
1865	34	6 647	925
1866	46	14 083	2 480
1867	49	18 884	2 904
1868	75	33 656	6 372
1869	109	42 286	7 126
1870	111	45 761	9 008

Bewegung in dieser Zeit steht notgedrungen auf unsicherem Grund.

Etwa um die Mitte der 1860er Jahre begann eine neue Phase der konsumgenossenschaftlichen Entwicklung im Deutschen Reich. Die Zahl der Gründungen nahm sprunghaft zu. Die Ursachen für diese Entwicklung sind zum Teil auf politischem Gebiet – die nachrevolutionäre „Reaktionszeit" endete in diesen Jahren –, zum Teil aber auch auf wirtschaftlichem Gebiet zu suchen; nach einer tiefgreifenden Wirtschaftskrise Ende der 1850er Jahre stieg die Konjunktur zu Beginn des neuen Jahrzehnts wieder kräftig an.

Für die 1860er Jahre verfügen wir über die erste allgemeine Statistik zur Entwicklung der Konsumvereine. Dabei handelt es sich um Zahlen, die der in diesen Jahren gegründete, große mittelständische Genossenschaftsverband, der *Allgemeine Verband der deutschen Erwerbs- und Wirtschaftsgenossenschaften,* publiziert hat. Allerdings sind diese Zahlen nur bedingt repräsentativ für den Zustand der Konsumvereine in dieser Zeit, weil lediglich ein Teil der damals existierenden Konsumvereine den Anschluß an den mittelständischen Genossenschaftsverband suchte.

Auch diese Zahlen, die das Ausmaß der Entwicklung eher untertreiben dürften, zeigen deutlich den Aufschwung der Bewegung in der zweiten Hälfte der 1860er Jahre. So verdreifachte sich in nur sechs Jahren die Zahl der dem *Allgemeinen Verband* angehörenden Konsumvereine; der Gesamtumfang der Mitgliedschaft stieg um annähernd das Sechsfache, während sich der Umsatz mehr als verzehnfachte. Auch in regionaler Hinsicht wuchs die Bewegung über die Grenzen ihrer Ursprungsgebiete hinaus. Während die konsumgenossenschaftlichen „Kernlande" eher in Norddeutschland lagen, bildeten sich nun vermehrt auch Vereine im Süden, vor allem in Württemberg.

Der Aufschwung der Bewegung, wie er sich in der zweiten Hälfte der 1860er Jahre abzeichnete, setzte sich in den Jahrzehnten nach der Reichsgründung von 1871 fort. Der Erlaß eines Genossenschaftsgesetzes zunächst in Preußen und seine Übernahme als

Wie der Magnet des Profits arbeitet.

Stolz präsentiert sich der Vorstand des Allgemeinen Arbeiter-Consumvereins Lörrach im Jahre 1875

270 L. Bernheimer, Kaufmann.
271 Dr. Lang, Redakteur.
272 Nägele, Wtw.
273 v. Faber du Faur, Hauptmann.
274 J. Schmid, Portefeuillearbeiter.
275 G. Weigelin, Ziegeleibesitzer in Cannstatt.
276 B. Walter, Schreiner.
277 Dr. Stoll, Hofrath.
278 Denzel, Pfarrer.
279 J. Jung, Arbeiter.
280 Wöllhaar, Finanzrath.
281 Neuffer, Oberamtsrichter.
282 A. Bäuerle, Kanzleiaufwärter.
283 L. Maier, Kaufmann.
284 Oelschläger, Professor.
285 C. Schmid, Schreiner.
286 Robert Brand, Buchhändler.
287 Christian, Rector.
288 C. Schumacher, Glasermeister.
289 W. Fossetta, Posamentier.
290 Blank, Pfarrer.
321 J. Warth, Maschinenmeister.
322 Habermaas, Bankdirektor.
323 C. Groll, Gastgeber.
324 Steinbuch, Institutsvorstehers Wtw.
325 Steinthal, Kaufmanns Wtwe.
326 J. Müller, Buchbinder.
327 Knapp, Finanzrath.
328 W. Schäfer, Schreiner.
329 Schleicher, Secretair.
330 v. Hardegg, Generallieutenant.
331 Hanisch, Kaufmanns Wtw.
332 Schlegel, Steindrucker.
333 Elben, Aktuar.
334 Haas, Schulmeister in Unterraich.
335 Draß, Schreiner.
336 J. Harsch, Polizeisoldat.
337 A. Bayer, Instrumentenmacher.
338 Mauch, Oberstlieutenant.
339 Schwab, Oberfinanzrath.
340 Mehl, Doctors Wtwe.
341 Haas, Professor.
342 Donner, Professor.

Der starke bürgerliche Einfluß in der frühen Konsumvereinsbewegung spiegelt sich in der Zusammensetzung der Mitgliedschaft wider. Mitgliederliste von 1867 des Arbeiter-Consumvereins Lörrach

Konsumbrot ist das beste und billigste.
Konsumbrot ist unter den denkbar besten hygienischen Verhältnissen hergestellt.
Konsumbrot wird von organisierten Bäckergesellen hergestellt, die unter den besten Lohn- und Arbeitsbedingungen des Bäckergewerbes arbeiten.
Konsumbrot wird aus den allerbesten Mehlen und Zutaten gebacken.
Genossenschaftsmitglieder
kaufen nur Konsumbrot.

GEG
Teigwaren

Bäckerei der Konsumgenossenschaft „Solidarität" in Solingen

Reichsgesetz schufen wichtige Grundlagen für den Ausbau und die weitere Vereinheitlichung der Bewegung. Zwischen 1871 und den 1890er Jahren erhöhte sich die Zahl der Konsumvereine im *Allgemeinen Verband* von 111 auf 263; die Mitgliederzahlen nahmen im gleichen Zeitraum von 65 000 auf knapp eine Viertelmillion zu. Noch kräftiger wuchs der Umsatz, der 57 Millionen Reichsmark erreichte und damit gegenüber 1871 (14 Millionen) um mehr als das Vierfache stieg.

Die vier Jahrzehnte zwischen der Jahrhundertmitte und den 1890er Jahren bildeten für die konsumgenossenschaftliche Bewegung im Deutschen Reich eine Art Anlaufphase. An ihrem Ende gab es in fast allen größeren Städten des Reiches vereinsmäßige Zusammenschlüsse der Konsumenten. Für den kleinen Kreis ihrer Mitglieder hatten sich diese genossenschaftlichen Selbsthilfeorganisationen als Instrumente zur Hebung des Lebensstandards in der Regel bewährt. Das Geschäftsrisiko war wegen der niedrigen Geschäftsanteile und der noch geringen Sachkapitalanlagen auch für den schlecht und unregelmäßig verdienenden Fabrikarbeiter tragbar, der erreichbare Nutzen dafür erheblich. Die Höhe der gezahlten Rückvergütungen, die in diesen Jahren oft über 10 % lagen, verdeutlicht dies. Für den Arbeiterhaushalt hatte die Rückvergütung den Charakter eines Sparguthabens, das es ihm ermöglichte, periodisch anfallende höhere Ausgaben (etwa zur Beschaffung von Brennmaterial für den Winter) ohne Verschuldung zu bewältigen.

Der Durchbruch von der lokalen Selbsthilfe zur sozialen Bewegung fiel für die deutschen Konsumvereine in die Zeit zwischen 1890 und 1914. Das Tempo, mit dem die Gründungen in diesen Jahren zunahmen, war im Vergleich zu früheren Perioden geradezu stürmisch. Von 1899 auf 1900 überschritt die Mitgliederzahl der Vereine erstmals die 500 000-Grenze. Nach der Jahrhundertwende setzte sich diese Entwicklung in kaum vermindertem Tempo fort. In den fünf Jahren, die auf die Jahrhundertwende folgten, wuchs die Bewegung schneller als jemals zuvor in ihrer Geschichte. Die Zahl der Vereine verdoppelte sich, während die der Mitglieder erstmals die Millionen-Grenze erreichte. Bis zum Jahre 1913 lag die Anzahl der jährlich neu gegründeten Konsumvereine zwischen 60 und 100. Erst der Ausbruch des Ersten Weltkrieges brachte die Bewegung zu einem vorläufigen Stillstand.

Hermann Schulze-Delitzsch (1808–1883) unterstützte seit 1848 die Gründung von Handwerkergenossenschaften, konstituierte 1859 den ersten Genossenschaftsverband und brachte das erste Genossenschaftsgesetz von 1867 auf den Weg

Zum Symbol konsumgenossenschaftlicher Wirtschaftsmacht entwickelte sich in diesen Jahren die seit 1894 in Hamburg bestehende *Großeinkaufsgesellschaft (GEG).* Ihrer Gründung waren mehrere vergebliche Anläufe vorausgegangen. Erst Anfang der 1890er Jahre hatte sich in der Konsumvereinsbewegung jenes Gemeinsamkeitsbewußtsein herausgebildet, das die wichtigste Voraussetzung für das Funktionieren einer gemeinsamen Wirtschaftszentrale war.

Einmal errichtet, entwickelte sich die *GEG* selbst zum Motor für den weiteren Zusammenschluß der Bewegung. Die von ihr veröffentlichte und an die Vereine versandte „Warenpreisliste" war der Anfang einer überregionalen konsumgenossenschaftlichen Presse[7]. Nach und nach gelang es dem Unternehmen, erhebliche Teile des Einkaufs der Einzelvereine zu zentralisieren und damit die möglichen Mengenrabatte auf einer höheren Stufe in Kapital umzuwandeln.

Ein wichtiger Schritt in der Entwicklung der *GEG* und der konsumgenossenschaftlichen Bewegung insgesamt war der Übergang zur zentralen Eigenproduktion. Auch hier gab es auf lokaler Ebene bei den größeren Vereinen Vorläufer. Oft als Antwort auf mittelständische Boykottaktionen hatten einzelne finanzkräftige Vereine seit den 1890er Jahren eigene Bäckereien und Schlachtereien eröffnet. Was hier in kleinem Maßstab herangewachsen war, wurde von der *GEG* in großem Stil fortgesetzt.

Die deutlich gesteigerte, nun auch für den Markt bedeutsame Wirtschaftsmacht der Konsumvereine gehörte zu den Merkmalen, durch die sich die konsumgenossenschaftliche Bewegung um 1900 von ihren historischen Vorläufern unterschied. Ein Beispiel für die der Bewegung inzwischen zugewachsene Macht war der erfolgreich durchgestandene Konflikt der *GEG* mit dem Verband der Markenartikelfabrikanten. Der Versuch des Verbandes, das Prinzip der Preisbindung auch den Konsumvereinen gegenüber durchzusetzen, scheiterte am längeren Atem der *GEG.*

Das schnelle Wachstum der Bewegung zog Veränderungen in ihrem Charakter und

Aufrechnung der Rückvergütung.

Geschäftsjahr	Abgelieferte Marken ℳ	%	Betrag der Rückgewähr ℳ	₰	Zuschrift zum Anteil ℳ	₰	Zuschrift zum Sparkonto ℳ	₰

— 10 —

Mitglieder bringt Eure Spareinlagen in Eure eigene ::::

Genossenschafts-Sparkasse.

Dieselbe dient Euch und Eurem eigenen Betrieb und fördert die

Gemeinwirtschaft!!

Bringt Ihr Eure Sparpfennige in andere Sparkassen, dann unterstützt Ihr indirekt den :::

* Kapitalismus! *

Spareinlagen werden in allen unseren Verkaufsstellen entgegengenommen!

Verzinsung aller Spareinlagen ab 1. Juli 1921 mit 4%.

— 11 —

Mitgliedsbuch der Konsumgenossenschaft „Befreiung", Barmen, 1901

Die Auszahlung der Rückvergütung

erfolgt vom 26. bis 30. September 1911 in derselben Verkaufsstelle, wo die Marken eingereicht sind.

Ausgetretene Mitglieder können ihren Geschäftsanteil nur im Kontor vom 12. Oktober 1911 ab in Empfang nehmen.

Der Vorstand.

Die Rauchtabake aus der Tabakarbeitergenossenschaft in Burgsteinfurt

empfehlen wir angelegentlichst. In Qualität hervorragend, sollten sie von jedem organisierten Arbeiter bevorzugt werden. Ferner ist

Kautabak aus der Kautabakarbeiter-Genossenschaft Nordhausen

von sehr erfrischendem Geschmacke.

Beide Fabriken sind von den organisierten Arbeitern gegründet und geleitet als Folge größerer Streitfälle in ihrem Berufe.

Der Vorstand.

Die Auszahlung der Rückvergütung wird angekündigt

Aufbau nach sich. Der Handkarren als Verteilungsstelle, Symbol der frühen Konsumvereine, verschwand in diesen Jahrzehnten nahezu vollständig aus dem Erscheinungsbild der Bewegung. Die Errichtung von Läden, Lagern und Eigenbetrieben nahm zu; Kapital wurde investiert. Die wachsende Vielfalt und Verflochtenheit der unternehmerischen Entscheidungsprozesse machte die Beschäftigung von Dauerangestellten und Fachpersonal erforderlich. Tatsächlich entwickelten sich die Konsumvereine vor dem Ersten Weltkrieg zu bedeutenden Arbeitgebern. Im Jahre 1913 beschäftigten die im *ZdK* zusammengeschlossenen Vereine bereits mehr als 20 000 Angestellte.[8]

Andererseits gab es wichtige traditionelle Züge der Bewegung, die die in den neunziger Jahren einsetzende stürmische Aufwärtsentwicklung überdauerten.

Standort vieler konsumgenossenschaftlicher Verteilungsstellen war noch immer der Hinterhof. Nicht eine die Käufer anziehende Ladenausstattung, sondern eine große Anzahl von Verkaufsstellen zur Werbung und Erreichung möglichst vieler Mitglieder – war der Hauptgesichtspunkt bei der Entwicklung des Ladennetzes vor 1914. Auch der Einsatz von Reklame zur Kundenwerbung war nach wie vor verpönt. Dem überzeugten Konsumgenossenschafter galt sie als Ausdruck anarchischer, kapitalistischer Produktion. Bedarfsdeckung, nicht Bedarfsweckung war die Parole.

Obwohl das berufsmäßige Element gegenüber früheren Zeiten an Bedeutung gewann, stützte sich die Bewegung in großen Teilen noch immer auf die ehrenamtliche Tätigkeit engagierter Mitglieder. Viele von ihnen waren in Ausschüssen organisiert, die in der Zeit zwischen den Generalversammlungen die Interessen der Mitglieder gegenüber der Geschäftsleitung vertraten. Die Fest- und Freizeitkultur, die den Alltag in vielen Vereinen mitprägte, wurde praktisch ausschließlich ehrenamtlich getragen.

Die entscheidenden Veränderungen, denen die konsumgenossenschaftliche Bewegung seit den 1890er Jahren unterlag, erfaßten weniger ihre innere Struktur als vielmehr ihr Verhältnis zur Arbeiterbewegung.

Verteilungsstelle eines Konsumsvereins um 1900

Feste und Veranstaltungen dienten zur Werbung neuer Mitglieder und Stärkung des Gemeinschaftsgeistes

Die Genossenschaft

Organ der Konsumgenossenschaft Hoffnung e. G.m.b.H. Köln a/Rh. u. Umgegend

Redaktion: Heinrich Schäfer Köln-Vingst Roddergasse 39–53 Telephon: Amt Kalk Nr. 159

Bezugspreis: Durch die Post bezogen 1 Mark pro Quartal. Für die Mitglieder unentgeltlich durch die Verkaufsstellen. Erscheint jeden ersten und dritten Donnerstag im Monat

Nr. 16. Donnerstag, den 17. August 1911. 1. Jahrgang.

1901 KHG KÖLN 1911

Freundliche Einladung an alle Mitglieder!

Samstag den 26. August 1911, abends 8 Uhr, in sämtlichen Räumen der Flora, Köln-Riehl, aus Anlaß der Beendigung unsres zehnten Geschäftsjahres

Großes Genossenschafts-Fest

Konzert Zwei Kapellen, verstärktes Flora-Orchester und Kapelle Bindewald.

Männerchöre Arbeiter-Gesangvereine »Lyra« Köln und »Hoffnung« Mülheim am Rhein.

Großes Feuerwerk u. brillante Beleuchtung

Eintrittspreis à Person 10 Pfg. Eintrittskarten sind nur in den Verkaufsstellen zu haben. Der Eintritt ist ab 5 Uhr nachmittags gegen Vorzeigung der Eintrittskarte gestattet. Von 5—8 Uhr gleichfalls Konzert. Den Anweisungen der Ordner bitten wir Folge zu leisten. Straßenbahnverbindungen nach allen Richtungen. Zahlreichen Besuch erwartet

Konsumgenossenschaft „Hoffnung".

Die Verwaltung. Die Festkommission.

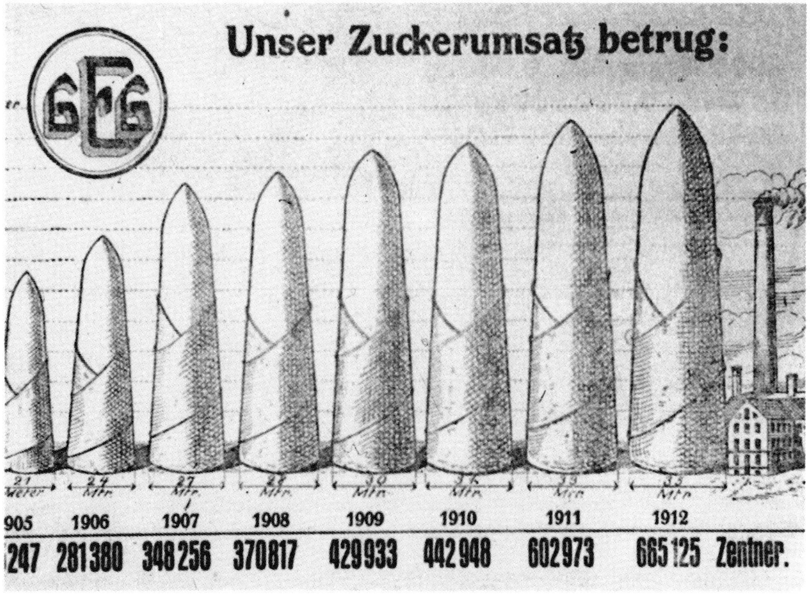

Der Aufstieg unsrer Genossenschaft,

der sich ebensosehr auf die wirtschaftliche Leistungsfähigkeit unserer Vereinigung als auf die wachsende genossenschaftliche Erkenntnis der erwerbstätigen Bevölkerung gründet, hat auch im abgelaufenen Geschäftsjahr keine Unterbrechung erfahren.

Immer größer wird die Zahl unserer Mitglieder! Immer höher steigen die Umsatzziffern! Immer intensiver werden unsre Betriebe! Ein ständiges Wachsen und Erstarken nach außen und nach innen!

Und das trotz aller Gegner!

Die nebenstehenden Zahlen reden eine deutliche Sprache. Sie sind der beste Beweis für die Nützlichkeit und Notwendigkeit großer leistungsfähiger Konsumvereine.

Im abgelaufenen Geschäftsjahr 1910/11 betrug der Umsatz

im eignen Geschäft . . . Mk. 5664484
gegen . . . . „ 4565594
im Vorjahre.

Das ist ein Mehr von . . . . „ 1099890
oder von 24,09%.

Die Mitgliederzahl stieg von 20022 auf 23839 oder um 16%.

Umsatz der Bäckerei im abgelaufenen Geschäftsjahr . . . . Mk. 1303787
im vorigen Jahre . . . . „ 1084550

das ist ein Mehr von . . . . . „ 219236
oder 20,2%.

Die Entwicklung der „Hoffnung" seit ihrer Gründung

im Jahre 1901 wird am besten wie folgt veranschaulicht:

	Mitgliederzahl:	Umsatz im eignen Geschäft: Mk.
1901/02	[illegible]	[illegible]
1902/03	[illegible]	[illegible]
1903/04	3600	525780
1904/05	5960	986009
1905/06	7923	1502116
1906/07	9813	2010381
1907/08	12953	2853326
1908/09	15302	3512595
1909/10	20022	4565594
1910/11	23839	5664484

Erscheint am 1. u. 3. Sonnabend eines jeden Monats.

Abonnements durch die Post 30 Pf. pro Quartal, frei ins Haus 36 Pf. (Postzeitungs-Liste No. 2963).

Der Genossenschafts-Pionier.

Organ für soziales Genossenschaftswesen.

Bezugspreise durch die Expedition:
1 Exemplar 60 Pfg. pro Quartal
4 Exempl. an eine Adresse 1.50 Mk.
Vereinen
werden besondere Ermäßigungen gewährt, wegen deren man sich mit dem Verlag in Verbindung setzen wolle

Herausgegeben vom
Verein für soziales Genossenschaftswesen.

Redaktion und Verlag:
Berlin S.O., Reichenberger Strasse 123.

Anzeigen:
Die zweigespaltene Zeile oder deren Raum kostet 20 Pfg. ¼ Seite und mehr billiger.

Nummer 17. Berlin, Sonnabend, den 18. September 1902. VI. Jahrgang.

Was wir wollen!

Programm des „Vereins für Soziales Genossenschaftswesen" und seines Organs: „Genossenschafts-Pionier."

Die wesentliche Gleichartigkeit der Masse der Konsum-Bedürfnisse des Volkes und die darauf basierende Möglichkeit einer planmäßigen Organisation der Befriedigung des Verbrauchs bilden die beiden grundlegenden Thatsachen, auf denen der „Verein für soziales Genossenschaftswesen" seine Thätigkeit aufbaut.

An der Hand dieser beiden Grundthatsachen will der Verein das Ziel, die organisierten Konsumenten bezw. deren aus demokratischer Wahl hervorgehende Vertretungen zu wirtschaftlichen Herren über den Warenmarkt zu machen, theoretisch rechtfertigen und die geeigneten Mittel und Wege dazu im „Genossenschafts-Pionier" darlegen, diskutieren und prüfen.

Der Verein will insbesondere auch die im Rahmen organisierten Konsums mögliche Produktion nach Kräften durch theoretische Klärung der Bedingungen ihres Gedeihens fördern und vor Mißerfolgen zu bewahren suchen. Auch liegt ihm besonders am Herzen, die genossenschaftliche Befriedigung des Wohnungsbedürfnisses in die richtigen Bahnen zu leiten sowie endlich den vernunftgemäßen Spartrieb der sparfähigen Volksmasse zum unmittelbaren Nutzen dieser selbst zu organisieren.

Der Verein betreibt keine Parteipolitik, er beschränkt sein Wirken darauf, die den Massen als Produzenten und Konsumenten gemeinsamen Interessen theoretisch zu entwickeln und praktisch zu fördern und sucht die Gesetzgebung nur soweit zu beeinflussen, als durch dieselbe die Ziele der genossenschaftlichen Organisation — im weitesten Sinne dieses Begriffes — leichter zu erreichen sind.

Gegenüber den bestehenden Genossenschaften verfolgt der Verein das Ziel, die sich in ihren schon bestehenden praktischen Einrichtungen dokumentierenden Ideen zur vollen Klarheit innerer Konsequenz auszubilden und mit den Grundprinzipien der auf genossenschaftliche Bedürfnisbefriedigung abzielenden Organisation in Uebereinstimmung zu bringen.

Insbesondere sucht der Verein durch sein Organ die genossenschaftliche Bildung der organisierten Konsumenten zu vertiefen, sie über die umfassenden Ziele der genossenschaftlichen Organisationen, deren Mitgliedschaft sie oft nur aus kleinlichen Gesichtspunkten erworben haben, aufzuklären und sie dadurch für die Leistung größerer Aufgaben, als die bisher in Angriff genommenen, geneigt und reif zu machen.

Der Verein will mit seinem Organ den Genossenschaftsverwaltungen ein Helfer sein bei ihrem Bemühen, die Mitglieder zu richtigen Grundsätzen einer durchgreifenden Konsumentenorganisation zu erziehen und sie vor Mißerfolgen bewahren, durch Besprechung der allgemeinen Regeln, von deren Anwendung ein Erfolg genossenschaftlicher Unternehmungen abhängig ist.

Allen Bestrebungen, Konsumentenorganisationen in Abhängigkeit von den Sonderinteressen politischer Parteien oder religiöser Körperschaften zu erhalten bezw. zu bringen, will der Verein mit dem unablässig zu wiederholenden Hinweis entgegentreten, daß die Aufgabe, die Konsumenten durch planmäßige Organisation zur selbstthätigen Beschaffung ihres Konsums zu befähigen, eine in sich durchaus abgeschlossene ist, welche durch abseits ihres Zweckes liegende Bestrebungen nicht beeinträchtigt werden darf.

Endlich sucht der Verein durch sein Organ „Genossenschafts-Pionier" auf die Heranbildung und Erziehung von Menschen mit dem für das Genossenschaftswesen erforderlichen genossenschaftlichen Charakter hinzuwirken.

Um alle die Genossenschaft betreffenden Fragen zu beleuchten, sollen die individuellen Anschauungen möglichst vieler, anerkannter Genossenschafter im „Genossenschafts-Pionier" zum Ausdruck kommen.

Berlin, den 31. August 1902.

Die Preßkommission.

Ed. Bernstein. Dr. Heinr. Braun. Ad. v. Elm. Reinh. Hülsen. H. Peus.
R. E. May. Paul Schulz. Max Steinschneider.

Um die Jahrhundertwende gründeten organisierte Arbeiter in fast allen großen Städten Konsumgenossenschaften und erhielten massenhaft Zulauf. In der SPD und in den Gewerkschaften hatten sie es schwer, mit ihren Ideen der Selbstorganisation der Arbeiter anerkannt zu werden. Reformer wie Bernstein und von Elm unterstützten den Genossenschaftsgedanken

Die Genossenschaft

Mitteilungsblatt der Konsum-Genossenschaft Hoffnung

Redaktion: Heinrich Schäfer :: :: Köln-Dingst, Roddergasse 39-53 Fernsprecher: Amt Kalk Nr. 159

Bezugspreis: Durch die Post bezogen 50 Pfg. pro Quartal. Für die Mitglieder unentgeltlich durch die Verkaufsstellen. Erscheint jeden ersten und dritten Donnerstag im Monat

Nr. 10 Köln, den 16. Mai 1912 2. Jahrg.

An die deutsche Arbeiterschaft!

Mitglieder der Gewerkschaften und Konsumgenossenschaften!

Die Arbeiterbewegung ist auf den verschiedensten Gebieten mit Erfolg bestrebt, die Lage der Arbeiter zu verbessern. Über zwei Millionen deutscher Arbeiter haben sich in den Gewerkschaften vereinigt, um das Mitbestimmungsrecht bei der Festsetzung der Arbeitsbedingungen zu erkämpfen, um kürzere Arbeitszeit, auskömmliche Löhne, gesundheitlichen Schutz und anständige Behandlung herbeizuführen. Tausende von Tarifverträgen für mehr als eine Million gewerblicher Arbeiter sind ein erfreulicher Beweis ihres erfolgreichen Wirkens.

Nicht minder sind die deutschen Konsumgenossenschaften, die heute bereits 2 Millionen Familien umfassen, unausgesetzt bemüht, die Arbeiter als Konsumenten zu organisieren, um sie zur Selbstbeschaffung ihres Lebensbedarfs nach den Grundsätzen moderner Volkswirtschaft, und in weiterer Entwicklung zur konsumgenossenschaftlichen Eigenproduktion zu erziehen. Wie die Gewerkschaften bestrebt sind, der Arbeiterschaft immerfort neue Kulturschätze zu erschließen und den Lebensinhalt des Arbeiters zu veredeln, so will auch die Konsumgenossenschaftsbewegung ihre Mitglieder daran gewöhnen, nur gute Qualitätserzeugnisse zu kaufen, nicht einzig das Billigste, sondern immer nur das Beste zu wählen und auch den Verhältnissen, unter denen diese Erzeugnisse hergestellt werden, ihre Aufmerksamkeit zu schenken.

Der Arbeiter als Käufer kann durch die Kaufkraft seines Geldes wirtschaftlichen Einfluß auf die Lage des Arbeiters als Produzent ausüben, wenn er alle Waren zurückweist, die nicht unter gewerkschaftsüblichen Arbeitsbedingungen hergestellt sind, und nur solche kauft, bei denen jedem Arbeiter eine menschenwürdige Existenz gewährleistet ist. Und da jeder Arbeiter ebensowohl Erzeuger als Käufer von Waren ist, so gebietet ihm sein eigenstes Interesse, von diesem wirtschaftlichen Einfluß Gebrauch zu machen. Die Möglichkeit dazu bietet die Konsumentenorganisation, für deren Erstarkung ein jeder nach besten Kräften wirken muß.

Die Tätigkeit der Konsumentenorganisation richtet sich in erster Linie auf die Beschaffung guter und preiswerter Nahrungs- und Genußmittel, Haushaltungs- und Bekleidungsgegenstände und Bedarfsartikel aller Art. Da in den Gewerben, die sich mit Herstellung dieser Artikel befassen, die Arbeitsverhältnisse vielfach weit hinter den gewerkschaftlich geregelten zurückstehen, und da ferner ganz besonders Nahrungs- und Genußmittel, sowie Bekleidungsgegenstände, sofern sie unter ungesunden Arbeitsverhältnissen hergestellt werden, den Käufer und seine Familie gefährden können, so ist hier ein zielbewußter Einfluß der organisierten Konsumenten zu erstreben.

Eine der ungesundesten und gemeinschädlichsten Arbeitsweisen ist die **Heimarbeit**. Die dort herrschende niedrige Entlohnung bildet die Ursache dafür, daß in ihrem Bereich alle ungesunden und volkswirtschaftlich schädlichen Übelstände sich anhäufen. Lange Arbeitszeit, Ausbeutung von Jugendlichen und Kindern, Kranken und Invaliden, gesundheitsschädliche Wohn- und Arbeitsräume, Unreinlichkeiten, ungenügende Trennung der Arbeitserzeugnisse von erkrankten Familienmitgliedern, das alles macht die Heimarbeit zu einem Gefahrenherd für die gesamte Arbeiterschaft. Die Möglichkeit der Übertragung von Ansteckungskrankheiten ist bei dem Mangel an jegliche Kontrolle, nirgends leichter als hier. Die Billigkeit solcher Heimarbeitserzeugnisse bietet keinen Ersatz für diese Nachteile. Sie erhöht im Gegenteil die Gefahr der Seuchenverbreitung.

Gegen diese Mißstände sollte die Gesetzgebung energisch einschreiten. Da das zurzeit nicht der Fall ist, so müssen die Arbeiter selbst als Erzeuger wie als Käufer sich gegen diese Gefahren zu schützen suchen. Es ist eine Aufgabe der Gewerkschaften, die Heimarbeit einzuschränken, mindestens aber sie der gewerkschaftlich-tariflichen Regelung zu unterstellen.

Die Mitglieder der Konsumvereine dagegen müssen strenge Auslese beim Wareneinkauf halten und **unnachsichtlich alle Waren zurückweisen, die in der Heimarbeit, in Schwitzwerkstätten oder unter sonst ungesunden Arbeitsverhältnissen hergestellt sind.** Je gewissenhafter die Mitglieder der Gewerkschaften und Konsumvereine diese Kontrolle ausüben, um so mehr werden sie eine Stütze gewerkschaftlicher Arbeitsbedingungen sein, und um so mehr wird es dem organisierten Konsum möglich sein, diese veralteten Erzeugungsmethoden durch eine modern-wissenschaftliche Eigenproduktion abzulösen.

Vor allem ersuchen wir die gewerkschaftlich wie genossenschaftlich organisierte Arbeiterschaft, künftig keinerlei Heimarbeitserzeugnisse derjenigen Fabrikationszweige mehr zu kaufen, in denen durch genossenschaftliche Eigenproduktion die sichere Gewähr für den Bezug einwandfreier Bedarfsartikel gegeben ist. Wir bitten ferner alle Mitglieder der Gewerkschaften und Genossenschaften, für die weitere ständige Aufklärung der Arbeiter in diesem Sinne tätig zu sein, und richten das Ersuchen an die gesamte Arbeiterpresse, dieses Bestreben nachhaltigst zu unterstützen.

Die Generalkommission der Gewerkschaften Deutschlands.
Der Vorstand des Zentralverbandes deutscher Konsumvereine.

Die praktischen Erfolge überzeugten. Auf dem Gewerkschaftskongreß 1905 in Köln wurde der erste Beschluß zugunsten des Genossenschaftsgedankens verabschiedet, 1910 folgte die SPD. Für die organisierten Arbeiter wurde die Mitgliedschaft im Konsumverein nun zur Selbstverständlichkeit

Arbeiterbewegung und Konsumgenossenschaften

Das Verhältnis von Arbeiterbewegung und Konsumgenossenschaften im Zeitraum zwischen 1850 und 1914 unterlag mehrfachen Wandlungen. Die Anerkennung der Konsumvereine als „dritter Säule" der Arbeiterbewegung erfolgte erst verhältnismäßig spät als Ergebnis eines längeren Prozesses.

In der Entwicklung der Beziehungen beider Bewegungen zueinander lassen sich mehrere Abschnitte voneinander unterscheiden. In der Frühphase der deutschen Arbeiterbewegung, die ihren Höhepunkt in der Gründung der *Arbeiterverbrüderung* Stephan Borns hatte, waren die Beziehungen vergleichsweise eng. Im Programm der ersten nationalen Arbeiterorganisation spielten genossenschaftliche Ideen eine zentrale Rolle.

Mit dem Verbot der *Arbeiterverbrüderung* riß der kaum gesponnene Faden zwischen Konsumvereinen und Arbeiterbewegung jedoch zunächst wieder ab.

Tatsächlich erfolgte die erste erfolgreiche konsumgenossenschaftliche Verbandsgründung im Anschluß an eine mittelständische Genossenschaftsorganisation: den von Schultze-Delitzsch ins Leben gerufenen *Allgemeinen Verband der Wirtschafts- und Erwerbsgenossenschaften.* Die noch stark zersplitterte konsumgenossenschaftliche Bewegung suchte mit dem Beitritt zum *Allgemeinen Verband* Anschluß an den gesellschaftspolitisch einflußreicheren und wirtschaftlich stärkeren Seniorpartner. Auch gab es bei einer Reihe von Problemen gemeinsame Interessen, wie etwa in der Frage der Schaffung eines einheitlichen Genossenschaftsgesetzes.

Das Verhältnis von Konsumvereinen und mittelständisch geführtem *Allgemeinen Verband* war jedoch von Beginn an nicht spannungsfrei. Unter den mittelständischen Erwerbsgenossenschaften lehnten viele den Beitritt von Konsumentengenossenschaften

A. v. Elm (1857–1916)
Am 24. September 1857 in Hamburg geboren. Lehre und Arbeit als Zigarrenmacher bis 1878. Auswanderung nach Nordamerika in der Zeit des Sozialistengesetzes. 1882 Rückkehr nach Hamburg, dort Gründung und Leitung des Vereins der Zigarrensortierer. Zwischen 1894 und 1907 als Abgeordneter der SPD im Deutschen Reichstag. Einer der treibenden Kräfte hinter der Ausdehnung gewerkschaftlicher Wirtschaftstätigkeit: 1891 Gründung einer Tabakarbeiter-Genossenschaft; entscheidender Anteil an der Errichtung der „Produktion"; führendes Mitglied im Zentralverband der Konsumgenossenschaft, Vorsitzender des Tarifamtes, erster Geschäftsführer der Volksfürsorge AG.

zum Verband ab. Der Gegensatz von Produzenten und Konsumenten wirkte sich in diesen Konflikten aus. Auch Schultze-Delitzsch selbst sah in den Konsumvereinen eher einen in die Irre führenden Seitenweg der von ihm geführten Genossenschaftsbewegung. Im Horizont seines Weltbildes war die Genossenschaft ein Instrument des durch die Industrialisierung bedrängten selbständigen Mittelstandes, das es diesem ermöglichen sollte, die verlorengegangene oder bedrohte Selbständigkeit zu behaupten bzw. wiederzuerlangen.

Bis in die 1890er Jahre hinein blieb das Bild ambivalent. Die Spannungen zwischen Konsumenten- und Produzentenorganisationen innerhalb des *Allgemeinen Verbandes* nahmen zu; es kam zu Protesten, Klagen und wechselseitigen Anschuldigungen; eine wachsende Anzahl neugegründeter Konsumvereine blieb dem *Allgemeinen Verband* fern, doch das Gros der Konsumvereine verharrte aus pragmatischen Gründen und mehr noch mangels einer organisatorischen Alternative unter dem Dach der mittelständischen Organisation. Hinzu kam, daß die sich in den sechziger Jahren neu formierende Arbeiterbewegung zunächst auf deutliche Distanz zu den Konsumvereinen ging. Ferdinand Lassalle, die führende Persönlichkeit der deutschen Arbeiterbewegung in dieser Zeit, versprach sich eine „Hebung der Lage der Arbeiter" allein von den Produktivgenossenschaften. Nur sie seien imstande, so Lassalle, das eherne Lohngesetz, unter dem die Arbeiterschaft stehe, zu zerbrechen. In den Konsumvereinen sah er dagegen lediglich ein Palliativmittel, das die Energien der Arbeiterschaft vom richtigen Wege ablenke.

Auch nach dem frühen Tod Lassalles änderte sich an der skeptischen Haltung der Partei gegenüber den Konsumvereinen wenig. Zu grundlegenden Veränderungen im Verhältnis von Arbeiterbewegung und Konsumgenossenschaften kam es erst in den 1890er Jahren. Zwischen dem Aufstieg der Konsumvereine und dem Wachstum von Partei und Gewerkschaften in diesem Jahrzehnt nach der Aufhebung des Sozialistengesetzes bestanden direkte Zusammenhänge. Viele der Arbeiter, die nun massenhaft in die gewerkschaftlichen Verbände strömten, traten gleichzeitig den lokalen Konsumvereinen bei, deren soziale Zusammensetzung und

Seifenfabrik der Großeinkaufsgenossenschaft Deutscher Konsumvereine (GEG) in Gröba-Riesa 1911, eine der über 50 Fabriken in Arbeiterhand

Ausrichtung sich damit veränderte. Immer häufiger gaben Arbeiter auch in den Vorständen den Ton an. Die engsten Verbindungen zwischen Arbeiterbewegung und Konsumvereinen entwickelten sich zunächst in Sachsen, wo schon unter dem Sozialistengesetz Teile der politisch aktiven Arbeiterschaft in die weniger verfolgten „unpolitischen" Konsumvereine eingetreten waren.

In den neunziger Jahren beteiligten sich verstärkt lokale Gewerkschaftskartelle direkt an der Gründung von Konsumgenossenschaften. Zum Symbol dieser Zusammenarbeit wurde die Hamburger Konsumgenossenschaft *Produktion*, die im Jahre 1899 im Anschluß an einen Hafenarbeiterstreik ins Leben gerufen wurde[9].

Treibende Kraft hinter der Gründung der *Produktion* war Adolph von Elm, Vorsitzender der Tabakarbeitergewerkschaft und Mitglied der Generalkommission der freien Gewerkschaften Deutschlands. Wie kaum ein anderer verkörperte von Elm in seiner Person Brückenschlag und Bündnis zwischen konsumgenossenschaftlicher und gewerkschaftlicher Bewegung; überdies war er ein entschiedener Anwalt des weiteren Ausbaus gewerkschaftlicher Wirtschaftsmacht.

Die Änderungen im Verhältnis von Arbeiterbewegung und Konsumgenossenschaften gingen von der Praxis aus. Die Theorie dagegen tat sich schwer, dieser Entwicklung zu folgen. Erst unter dem Einfluß des Revisionismus gewann die Sozialdemokratie allmählich eine neue Einstellung zu den Konsumvereinen. Dies geschah stufenweise. Zunächst wurde die entschiedene Ablehnung in eine blasse Neutralitätserklärung umgewandelt, die schließlich, nach der Jahrhundertwende, einem eindeutigen Bekenntnis zu den Konsumgenossenschaften und ihren Aufgaben wich. Die letzte Etappe dieses Prozesses bildete die Resolution des Magdeburger Parteitages von 1910, in der es u. a. hieß[10]:

„Die sozialdemokratische Partei vertritt die Interessen der Konsumgenossenschaften in der Presse und in den parlamentarischen Körperschaften wider die Angriffe ihrer Gegner. Dieses Eintreten für die Konsumvereine entspricht den Klasseninteressen des Proletariats, denn die genossenschaftliche Tätigkeit ist eine wirksame Ergänzung des politischen und gewerkschaftlichen Kampfes für die Hebung der Lage der Arbeiterklasse."

Damit galten die Konsumvereine auch programmatisch neben Gewerkschaft und Partei als eine der Säulen der Arbeiterbewegung. Dieser Erklärung vorausgegangen war die endgültige organisatorische Herauslösung der Konsumgenossenschaft aus dem mittelständischen *Allgemeinen Verband.*

Im Jahre 1902 brachen die lange schwelenden Konflikte zwischen Produzenten- und Konsumentengenossenschaften im *Allgemeinen Verband* schließlich auf. Die Verbandsspitze führte mit dem wohl provokatorisch gemeinten Ausschluß einer größeren Anzahl „sozialdemokratischer" Konsumvereine den endgültigen Bruch herbei. Als Reaktion auf diese Ausschlußbestrebungen entstand eine spontane Absatzbewegung, an der sich zahlreiche dem Verband angeschlossene Konsumvereine beteiligten. Unmittelbar nach dem Ausschluß, am 17. und 18. Mai 1903, hoben die davon betroffenen bzw. die ausgetretenen Vereine einen eigenen nationalen Verband, den *Zentralverband deutscher Konsumvereine*, aus der Taufe.

Die „Produktion“

Die Zentrale der „Produktion“ im Jahre 1907

Kopf eines Flugblattes der „Produktion“ aus dem Gründungsjahr 1899

Die „Produktion“ war auch als Baugenossenschaft bedeutend. Bis 1914 baute sie 900 Wohnungen für ihre Mitglieder. Hier die Wohnanlage Fersenfeldweg und Peter-Marquard-Straße (1910)

Die Betriebsfuhrwerke der „Produktion“ um 1910

Das erfolgreiche Wirken, der von Hamburger Gewerkschaften gegründeten Genossenschaft leitete eine positive Stellung der Gewerkschaften und der Sozialdemokratie zum Genossenschaftswesen ein

Kontorpersonal 48 Personen

Bäckerei 42 Personen

Lager 44 Personen

Maschinisten, Schlosserei- und Montagebetrieb 17 Personen

Schlachterei, Expedienten und Schlachter 48 Personen

Tischlerei 13 Personen

Klempnerei von rechts, 8 Personen

Chauffeure und Kutscher 17 Personen

HERAUSGEGEBEN von der GROSSEINKAUFSGESELLSCHAFT DEUTSCHER CONSUMVEREINE.

I. Jahrgang. Hamburg, Anfang April 1902. Nummer I.

Hamburg, im März 1902.

Geehrte Frau!

Wir gestatten uns, Ihnen hiermit die erste Nummer des Frauen-Genossenschaftsblattes zu überreichen. Wir bitten Sie, die kleine und bescheidene Gabe nicht achtlos beiseite zu legen.

Das Frauen-Genossenschaftsblatt ist in seinem Aeußern nur ein neues Reis in dem großen deutschen Blätterwald. Und doch ist es etwas Fremdartiges, etwas Sonderliches. Es ist einem andern Boden entsprossen. Es wurzelt nicht in dem schwanken, üppigen Grunde privatkapitalistischer Spekulation. Es soll keinem Herausgeber und Verleger goldene Früchte des Gewinns tragen.

Der heimatliche Boden des Frauen-Genossenschaftsblattes ist die genossenschaftliche Treue der deutschen Konsumvereine. Hier werden immerdar die Wurzeln seiner Kraft liegen. Dieser Boden bestimmt sein Wesen und seine Eigenart.

Und das Frauen-Genossenschaftsblatt will auch etwas Anderes sein, als die große Menge der Familienblätter und Mode-Journale. Daß es etwas Besseres werde, dazu erbitten wir Ihre Hülfe, geehrte Frau!

Wissen Sie, wie das Frauen-Genossenschaftsblatt sein möchte? Es möchte sein wie Sie, es möchte sein wie unsere Frauen, die still und anspruchslos und bescheiden im häuslichen Kreise ihre Pflicht thun.

Das ist wenig, werden Sie sagen, geehrte Frau, und Ihre Lippen lächeln.

O nein, das ist viel, das ist unaussprechlich viel!

In der Hand der Frauen liegt die Gegenwart und die Gestaltung der Zukunft.

Die Frauen sind die Mütter unserer Kinder. Sie sind die Erzieherinnen unserer Kinder. Sie sind die Freundinnen unserer Kinder.

In der Welt der Kleinen ist das Wenige viel und das Geringe groß. Das Kind hat für seine Freuden und Schmerzen einen eigenen Maßstab. Nur die Frauen, die Mütter, verstehen es so recht, in dieser Kindeswelt heimisch zu sein. Des Kindes Spiel und Freuden teilen sie, seinen Kummer und seine Schmerzen heilt der Balsam mütterlicher Liebe. Wenn unsere Kinder gute Menschen und achtbare Volksgenossen werden, so verdanken sie das nicht zum Wenigsten der Herzens- und Gemüthsbildung, die ihnen die Frau, die Mutter, gab.

Die Erziehung der Kinder, so groß und schwer diese Aufgabe ist, ist nur ein Theil des Wirkens der Frau. Die Frau ist die Verwalterin des Hauswesens.

Das Arbeitsfeld des Mannes liegt draußen. Er muß pflanzen und schaffen, frohnden und verdienen.

Die Frau hat den Verdienst des Mannes zu verwalten und sorgsam zu verwenden. Sie muß haushalten!

Haushalten? Sie wissen es, geehrte Frau, das heißt aus Wenig viel machen!

Nahrung und Kleidung und Heizung und Wohnung für vier, fünf, sechs und mehr Personen sollen aus einem bescheidenen, oft nur zu bescheidenen Einkommen bestritten werden. Und ein wenig muß noch übrig bleiben für eine kleine Sonntagserholung, für einen geistigen Genuß.

O, wie viel Arbeit und Mühe, wie viel Selbstverleugnung und Entbehrung und Aufopferung, wie viel Sinnen und Sorgen liegt in diesem Wort „Haushalten"! Hassen möchte ich das Wort!

An dem Worte „haushalten" scheitert des Mannes Kraft. Haushalten kann nur die Frau. Und wie wohl ist dem Manne und den Kindern in einem geordneten Haushalt! Welch' herrliche Glücksblumen der Liebe und Eintracht und Freude und des hoffnungsvollen Wachsens und Werdens entsprießen diesem Boden! Hassen möchte ich es, und doch wie muß ich es lieben, das Wort „haushalten", geehrte Frau!

Erziehen und haushalten helfen soll das Frauen-Genossenschaftsblatt unseren Frauen; das soll sein Stolz und seine Freude sein.

Erziehen und haushalten helfen und noch ein anderes dazu. „Es muß noch ein wenig übrig bleiben für eine Sonntagserholung, für einen geistigen Genuß," sagte ich vorhin, und Sie nickten dazu, geehrte Frau, und dachten freudig schöner Stunden im Kreise Ihrer Lieben. Sie dachten an jenen Sonntag, an

Anders als im politischen Leben waren Frauen in Genossenschaften von Anfang an wahlberechtigt und beteiligten sich aktiv. Faktisch jedoch übernahmen auch hier meist die Männer die Mitgliedschaft und damit das Stimmrecht

Die Genossenschaft

Organ der Konsumgenossenschaft Hoffnung e.G.m.b.H. Köln a/Rh. u. Umgegend

Redaktion:
Heinrich Schäfer
Köln-Vingst
Roddergasse 39-53
Telephon:
Amt Kalk Nr. 159

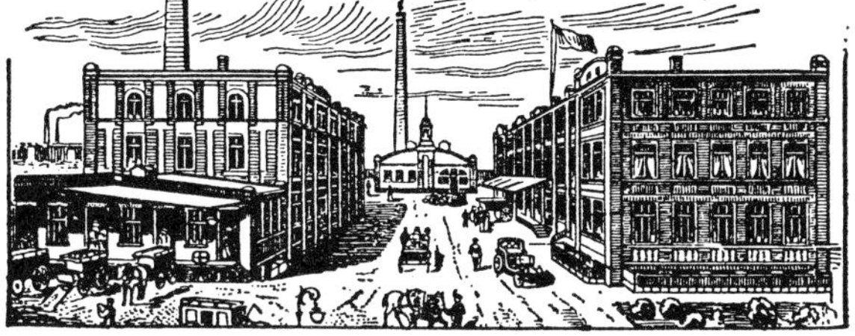

Bezugspreis: Durch die Post bezogen 1 Mark pro Quartal
Für die Mitglieder unentgeltlich durch die Verkaufsstellen
Erscheint jeden ersten und dritten Donnerstag im Monat

Nr. 1[illegible]. Donnerstag, den 3. August 1911. 1. Jahrgang.

Die

Lebensmittelpreise steigen unaufhaltsam. Nicht nur die indirekten Steuern und die Zölle, auch der private Handel wirkt verteuernd. Darum gründeten wir eine

Konsumgenossenschaft

als Einkaufsvereinigung. Sie kauft für unsre gemeinsame Rechnung die Lebensmittel im großen ein und gibt sie im kleinen ab. Unsre Konsumgenossenschaft

„Hoffnung"

ist auch schon zur Eigenproduktion übergegangen. Neben ihren 56 Verkaufsstellen hat sie eine Großbäckerei, daneben eine Kafferösterei und eine Brauselimonadefabrik, während andre Fabrikationsbetriebe vorgesehen sind. Eine Wurstfabrik

ist

im Entstehen begriffen. Annähernd 24 000 Mitglieder zählt unser Verein. Der Überschuß wird an diese verteilt, so daß sich die Genossenschaft als

eine

sehr vorteilhafte Ersparungsanstalt erweist, in der man Ersparnisse macht, ohne daß man Einzahlungen zu leisten braucht. Dabei sind die Preise im Konsumvereinsladen nicht höher, zum Teil sogar niedriger. Eine

Stütze

hat man auch insofern am Konsumverein, als er immer, ohne Einzahlungen, Unterstützungen in Sterbefällen (für Mann, Frau und Kinder) gewährt. Wir laden

jeden

Konsumenten, gleich welcher Parteianschauung oder Religionsrichtung, ein, bei uns Mitglied zu werden. Er dient damit in vorteilhaftester Weise den wirtschaftlichen Interessen seines

Haushalts.

Alle Verkaufsstellen nehmen Aufnahmeerklärungen entgegen.

wirtschaftlichen Gründen an die Genossenschaft gebunden wurden.

Die ideologische Einbeziehung der Konsumgenossenschaften in die Arbeiterbewegung beschränkte sich nicht nur auf die Anerkennung konsumgenossenschaftlicher Leistungen, sondern führte vielmehr auch zur Formulierung von Normen und Anforderungen an die Genossenschaften. In vielen Fällen nahmen die Gewerkschaften massiven Einfluß auf die innere Entwicklung und die Geschäftspolitik lokaler Vereine. Zu den Forderungen, die bei diesen Gelegenheiten aufgestellt und durchgesetzt wurden, gehörte u. a. der Verzicht auf den Einkauf lohndrückender, in Zuchthäusern hergestellter Waren, die Einführung vorbildhafter Arbeits- und Einkommensverhältnisse wie überhaupt der Kampf gegen jede Tendenz der Selbstprivilegierung der Genossen („Dividendenjägerei")[11]. In überaus harten Konflikten, die mitunter auch zur Spaltung lokaler Vereine führten, drangen Gewerkschaftsvertreter auf eine Herabsetzung hoher Dividenden.

Eingangsportal des Berliner Verwaltungsgebäudes

Wir halten fest: Der Aufstieg der Konsumgenossenschaft zu einer nach Millionen zählenden sozialen Bewegung ist vom Anwachsen der organisierten Arbeiterbewegung nicht zu trennen. Zwar existierten neben den im *ZdK* organisierten Vereinen im Deutschen Reich durchaus noch andere Konsumgenossenschaften, wie etwa die Beamten- und Fabrikkonsumvereine, und solche, die es vorzogen, zunächst im *Allgemeinen Verband* zu verbleiben, doch der Hauptstrom der Bewegung mündete um die Jahrhundertwende bereits eindeutig im sozialdemokratisch-freigewerkschaftlichen Lager.

Die Integration der Konsumvereine in das sozialdemokratisch-proletarische Milieu wurde in vielfältiger Weise deutlich: an der Zusammensetzung der Mitgliedschaft und der Führungsorgane, an der sprachlichen Ausdrucksweise und Ideologie, an der Lage der Verteilungsstellen in den Arbeitervierteln und nicht zuletzt an der Einbeziehung in die sich entwickelnden, im proletarischen Umfeld überaus wirksamen Verhaltenserwartungen. „Man" kaufte in der klassenbewußten Arbeiterschaft nach Möglichkeit im „Konsum" und nicht bei der bürgerlichen Konkurrenz. Der Kaufakt erhielt eine symbolische Bedeutung und wurde zum Ausweis einer gemeinsamen Haltung, zum Bekenntnis der Zugehörigkeit zur proletarischen Lebens- und Gesinnungsgemeinschaft. Angriffe und Boykottaktionen mittelständischer Gruppen konnten dieses Band nur festigen. Den Konsumvereinen verlieh diese Entwicklung zusätzliche Stabilität, weil ihre Mitglieder dadurch auch noch aus anderen als nur

Auf nationaler Ebene, bei Verhandlungen zwischen der Generalkommission und der Leitung des *ZdK*, vereinbarte man Richtlinien für die Ausgestaltung der Arbeits- und Einkommensbedingungen, in die eine Reihe zentraler sozialpolitischer Forderungen der Gewerkschaften aufgenommen wurden, wie der 20-Uhr-Ladenschluß, der achtstündige Arbeitstag, Urlaub und Gehaltsfortzahlung im Krankheitsfall, die Benutzung gewerkschaftlicher Arbeitsnachweise bei der Personaleinstellung, die Errichtung von Schiedsgerichten unter Beteiligung gewerkschaftlicher Vertreter usf. Nach längerer Debatte erkannten die Konsumvereine den Grundsatz an, daß die Arbeitsverhältnisse der Angestellten in den Konsumvereinen Vorbildcharakter haben sollten. Der hier zwischen *ZdK* und Generalkommission festgeschriebene Grundsatz entwickelte sich im Laufe

Friedrich Ebert (zweiter von links) besucht das Kindererholungsheim der „Produktion"

der Zeit zu einem jener Kriterien, von denen die Gewerkschaften die Unterstützung auch der übrigen Selbsthilfeunternehmen der Arbeiter abhängig machten.

Es gab jedoch auch Grenzen des Integrationsprozesses der Konsumvereine in die Arbeiterbewegung, die freilich in den Jahren vor 1914 zwar theoretisch-programmatisch auszumachen sind, in der Praxis aber kaum von Bedeutung waren. Diese Grenzen lagen etwa darin, daß der Kreis der von den Konsumvereinen rekrutierten Personen (Konsumenten) nicht deckungsgleich mit dem der Gewerkschaften (Arbeitnehmer) war. Aus diesem Grunde betonte die Leitung des *ZdK* deutlicher noch als die Gewerkschaften selbst das Prinzip der politischen Neutralität. Auch traten die Konsumvereine, wie noch zu zeigen sein wird, aufgrund ihrer besonderen Interessenlage frühzeitig für die Öffnung der Klassen- zu einer sozialen Volksbewegung hin ein[12].

Diese Unterschiede in der Akzentsetzung etwa zwischen Gewerkschaften und Konsumvereinen blieben jedoch, wie betont, ohne größere praktische Konsequenzen. Die Diskriminierungen, die die Konsumvereine und ihre Mitglieder aufgrund ihrer Nähe zur Arbeiterbewegung erfuhren, ließen solche Unterschiede in den Hintergrund treten. Die Konsumvereine im deutschen Kaiserreich waren, von wenigen Ausnahmen abgesehen, eine Veranstaltung von und für klassenbewußte Arbeiter und nicht jene Brücke zwischen den Klassen, die bürgerliche Sozialreformer einst in ihnen hatten sehen wollen.

Arbeiterwohnungsbau zwischen Selbsthilfe und Fremdhilfe

Die Geschichte des genossenschaftlichen Arbeiterwohnungsbaues ist die Geschichte der Suche nach externen Förderungsstrukturen und ihres Aufbaus; und zwar solcher Strukturen, die der Arbeiterschaft nicht ihr lebenskulturell fremde Normen aufzwangen, wie es der wohltätige, philantropische, unternehmerische und frühe staatliche Wohnungsbau tat, sondern die den Emanzipationsbestrebungen des Proletariats entsprachen. Dabei konnten Gewerkschaften und andere Organisationen der Arbeiterbewegung – wenn auch meistens erst nach der Jahrhundertwende – eine Rolle spielen. Zunächst seien jedoch die ersten 50 Jahre wohnungsreformerischer Bemühungen bis zum Ersten Weltkrieg hier skizziert[13].

Die Übertragung des Gedankens der wirtschaftlichen Selbsthilfe auf die Wohnraumbeschaffung erfolgte zwar von Beginn an, erwies sich aber als Sonderproblem. An den besonderen Eigenschaften des Gebrauchsgutes „Wohnung“ – langlebig, teuer, kompliziert in der Erstellung, nicht beweglich – liegt es, daß auf diesem Felde zuletzt mit genossenschaftlicher Selbsthilfe experimentiert wurde. Trotz aller Festtagslegenden, die von den heutigen gemeinnützigen Wohnungsunternehmen gern gepflegt werden, handelt es sich bei den Wohnungsbaugenossenschaften und anderen gemeinnützigen Unternehmen aus der Sicht des Historikers nicht um reine Selbsthilfeunternehmen. Reine Selbsthilfe, wie sie vor allem Schultze-Delitzsch wortstark und nicht ohne Resonanz in der Arbeiterschaft propagierte, war

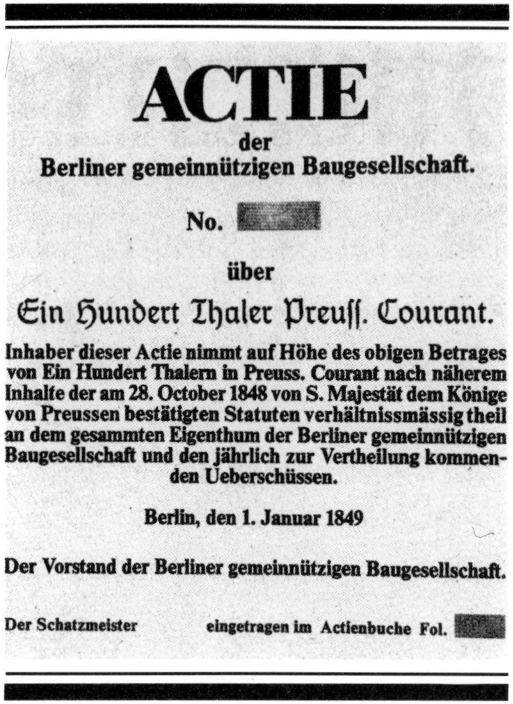

ACTIE
der
Berliner gemeinnützigen Baugesellschaft.
No. [redacted]
über
Ein Hundert Thaler Preuss. Courant.
Inhaber dieser Actie nimmt auf Höhe des obigen Betrages von Ein Hundert Thalern in Preuss. Courant nach näherem Inhalte der am 28. October 1848 von S. Majestät dem Könige von Preussen bestätigten Statuten verhältnissmässig theil an dem gesammten Eigenthum der Berliner gemeinnützigen Baugesellschaft und den jährlich zur Vertheilung kommenden Ueberschüssen.
Berlin, den 1. Januar 1849
Der Vorstand der Berliner gemeinnützigen Baugesellschaft.
Der Schatzmeister eingetragen im Actienbuche Fol. [redacted]

1848 entstand in Berlin die erste gemeinnützige Baugesellschaft Deutschlands auf Betreiben von V. A. Huber

hier aufgrund der Organisations- und Finanzierungsprobleme strukturell derart erschwert, daß ein Zusammenschluß von bedürftigen Wohnungssuchenden ohne jede Aussicht auf Erfolg war; deshalb ist auch keine Genossenschaft aus der Zeit vor 1918 bekannt geworden, die eine solche Gründungsgeschichte aufzuweisen hätte. Der erst in den 90er Jahren einsetzende Aufstieg der Wohnungsbaugenossenschaften wies zwei Besonderheiten auf:

- Entweder handelte es sich um Mittelstandsprojekte, die für die Arbeiterschaft unerreichbar waren,
- oder sie stützten sich auf externe Gründungs- und Finanzhilfen, die aber meistens an entsprechende Bedingungen geknüpft waren.

Wohnungsreform von oben

Schon der christlich-staatskonservative Genossenschaftspionier V. A. Huber (1800 bis 1869), nach dem der heute von der gemeinnützigen Wohnungswirtschaft verliehene Ehrenpreis (Victor Aimé-Huber-Plakette) benannt worden ist, hat von Beginn an den Baugenossenschaftsgedanken propagiert. In der für die deutsche Debatte bahnbrechenden Schrift „Die Selbsthülfe der arbeitenden Klassen durch Wirtschaftsvereine und innere Ansiedlung“ (1848) stellt er, anders als Schultze-Delitzsch und Raiffeisen, den Fabrikarbeiter in den Mittelpunkt seiner sozialpolitischen Überlegungen. Huber ist sich allerdings auch darüber klar, daß die „reine Selbsthilfe“ vor allem bei der Produktiv- und Baugenossenschaft den Arbeiter restlos überfordern muß. Er schlägt daher gleichsam als Vorstufe zur „republikanischen Genossenschaft“ die „aristokratische“ oder „monarchische“ vor. Diese Genossenschaft – Huber nennt sie „latente Association“ – soll von Angehörigen der Oberschichten gegründet, geleitet und vorfinanziert werden. Entsprechend verringert sich die „soziale Frage“ für diese christlich-konservative Sozialpolitik auf das Problem des „Mangels an richtiger Einsicht und tüchtiger Gesinnung bei der großen Mehrzahl der Wohlhabenderen und Gebildeteren ...; die Beseitigung dieses Hindernisses durch sittliche und geistige Einwirkungen in Wort und Schrift, also vor allem durch Tagespresse, ist demnach eine unerläßliche Bedingung einer durchgreifenden Entwicklung der Wohnungsreform“[14].

1848 erfolgte die erste Gründung eines gemeinnützigen Wohnungsunternehmens in Deutschland, die der *Berliner Gemeinnützigen Baugesellschaft.* Dabei kamen nicht nur Ideen Hubers zum Zuge, er selbst wurde Schriftführer und einer der Hauptaktionäre. Auf der Basis nicht-börsenfähiger Aktien, die mit 4 % verzinst wurden, errichtete die noch heute bestehende Gesellschaft *(Alexandra-Stiftung)* abgeschlossene Geschoßwohnungen, die in einem Art Mietkaufsystem an Mietgenossenschaften der Bewohner übergehen sollten. Doch man fand zum einen nicht genügend Philantropen – so die zeitgenössische Bezeichnung für sozial aufgeschlossene Fabrikanten –, und zum anderen gelang es nicht, die Mieten wirklich so weit zu senken, daß Arbeiter auf Dauer die hohe Mietkaufbelastung hätten tragen können. Gleichwohl kam es in vielen Städten zu Gründungen nach dem Berliner Vorbild: Halle/S. 1851; Stettin 1853; Lüdenscheid 1853; Heilbronn 1854; Pforzheim 1857; Elberfeld 1858; Stuttgart 1859; Frankfurt/M. 1860; Hagen 1861 usw.

Diese ersten gemeinnützigen Unternehmen für den Arbeiterwohnungsbau waren meist Kapitalgesellschaften, philantropische Projekte, bei denen sich die Kapitalgeber zwar auf einen beschränkten Jahresertrag („domestiziertes Kapital") einließen, nicht jedoch auf die Preisgabe der Verfügungsrechte. Die erste Welle von Genossenschaftsgründungen in den fünfziger und sechziger Jahren fiel größtenteils dem Gründerkrach von 1873 zum Opfer. Es waren durchweg sogenannte Erwerbshausgenossenschaften, die – an Schultze-Delitzsch und Huber orientiert – aus „eigentumslosen Arbeitern arbeitende Eigentümer" machen sollten, was sich angesichts ständig wiederkehrender Wirtschaftskrisen und Arbeitslosigkeit als trügerisch erwies. Viele genossenschaftlich errichtete Bauten gerieten durch Besitzwechsel in bürgerliche Hände. Diese Erfahrungen führten dann dazu, daß sich die Kommunen und später der Staat bei der Förderung des Arbeiterwohnungsbaues antispekulative Vermögensbindungen sicherten:

- Die Gemeinden bauen und verwalten selber (Freiburger System).
- Die Gemeinden bauen und privatisieren,

Gegen Ende des Jahrhunderts entstanden eine Vielzahl von Unterstützungsvereinen der Boden- und Wohnreformer, die neuen Genossenschaften Gründungshilfe leisteten

Die „Freie Scholle" Berlin vor 1914

Zu den ersten oppositionellen Genossenschaften zählt die Freie Scholle Berlin – 1895 gegründet. Über die Zusammensetzung der ersten Mitglieder berichtet ein Altmitglied:
„... sehr zusammengewürfelt ... Sozialisten, Anarchisten, Syndikalisten ... ich kann mich noch an aufgezogene schwarze Fahnen bei Festtagen erinnern. Dann aber auch eine große Gruppe von Reformern: Bodenreformern, Wohnungsreformer."
In der „Einladung zum Beitritt" hieß es:
„Gleichzeitig mit der Herstellung der Wohnstätte ist in Aussicht genommen, von dem zu erwerbenden Stück Land eine Parzelle entsprechender Größe zu Wohlfahrtszwecken zu reservieren, als da sind:
1. ein Kinderheim, in dem die Kleinen unter Obhut sind während der Abwesenheit der Eltern:
2. ein Lokal zur Unterhaltung und Belehrung;
3. ein Verkaufslokal für den zu errichtenden Konsumverein;
4. Werkstätten, in denen zeitweise beschäftigungslose Genossen Gelegenheit haben, ihre Arbeitskraft in entsprechender Weise nützlich zu verwenden, bis durch den zu errichtenden Arbeitsnachweis eine lohnende Tätigkeit ausfindig gemacht worden ist."

Grundsteinlegung

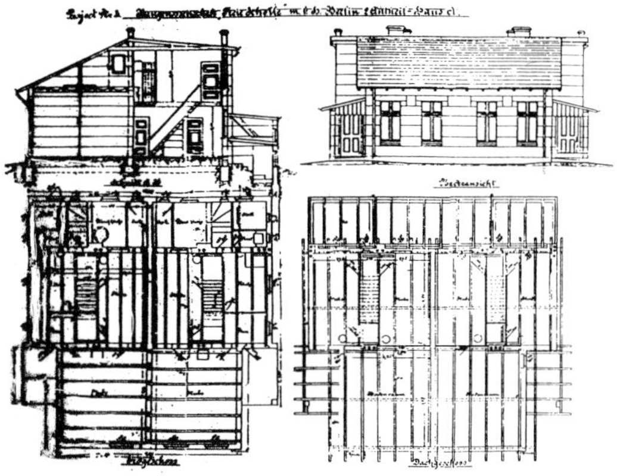

Beitrittsgebühr und Anteil hielt man aus sozialen Gründen niedrig. Daher baute man auf billigem Grund außerhalb der Stadt. Bis 1914 entstanden 71 Häuser, meist als Zweifamilienhäuser. Es waren die ersten Bauten Berlins in organisierter Gruppenselbsthilfe. Noch heute sind diese ersten Bauten im Gemeinschaftseigentum der Genossenschaft. In den zwanziger Jahren wurde die Freie Scholle Mitglied des freigewerkschaftlichen DEWOG-Verbundes.

Geschäftsbericht

der

Baugenossenschaft „Freie Scholle"

eingetragene Genossenschaft mit beschränkter Haftpflicht

zu Berlin-Tegel

für das Geschäftsjahr 1910.

Erstattet vom Vorstand im April 1911.

Zu beziehen durch die Geschäftsstelle der Genossenschaft:
Tegel, (Post Waidmannslust), Freie Scholle Nr. 19.

Alltag und Feste

Erntefest
am Sonntag, den 27. Juli 1913

Programm:

Vorm.	10 Uhr:	Ablieferung von Obst, Gemüse und Geflügel zum Wettbewerb im Schollenkrug.
Mittags	12 „ :	Bekanntgabe des Urteils der Preisrichter und Verteilung der Preise (im Schollenkrug).
	2 „ :	Eröffnung des Festplatzes.
	3 „ :	Kinderfestzug
	4 „ :	Prolog, Festrede und Gesangvorträge.
	4½ „ :	Kinderspiele, Reigen, Turnerspiele etc.
Abends	6 „ :	Wettspiele für Erwachsene.
	7 „ :	Verteilung der Geschenke (Verlosung).
	9 „ :	Fackelzug mit lebenden Bildern.
	10 „ :	Schlusstanz für Kinder.
	10¼ „ :	Feuerwerk.

Der Tanz beginnt um 4½ Uhr. Der Festausschuss.

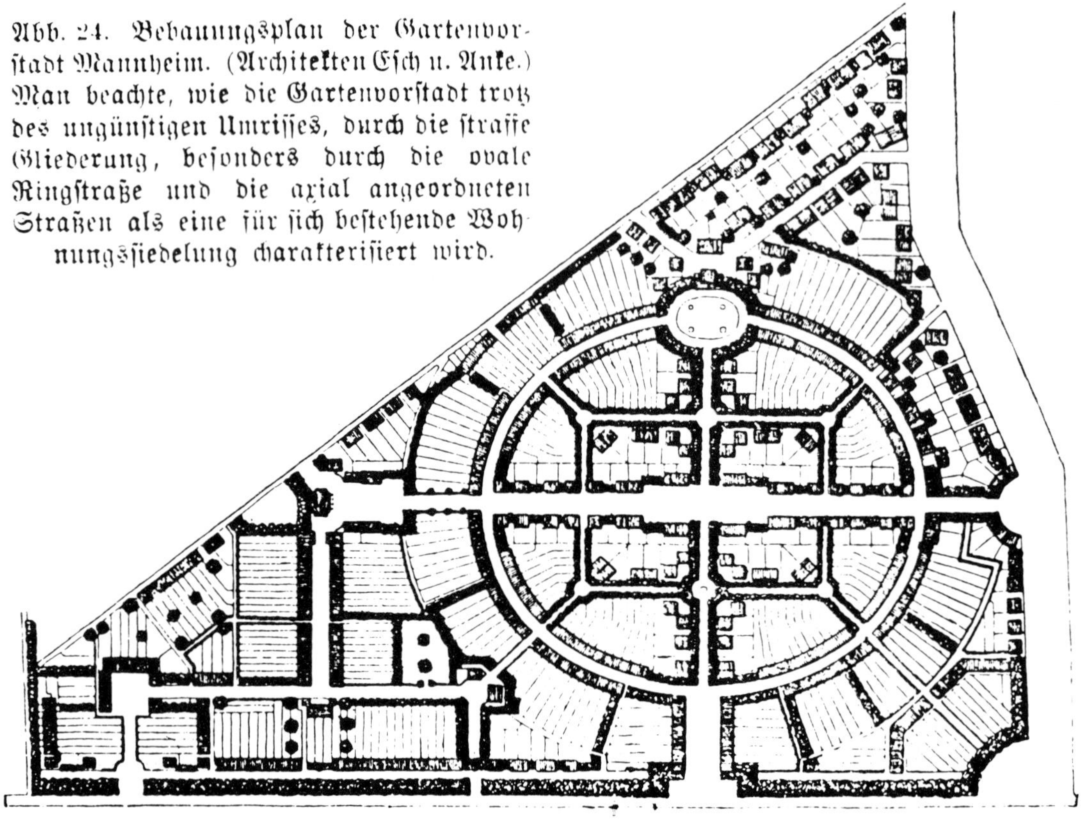

Abb. 24. Bebauungsplan der Gartenvorstadt Mannheim. (Architekten Esch u. Anke.) Man beachte, wie die Gartenvorstadt trotz des ungünstigen Umrisses, durch die straffe Gliederung, besonders durch die ovale Ringstraße und die axial angeordneten Straßen als eine für sich bestehende Wohnungssiedelung charakterisiert wird.

aber mit grundbuchlich gesichertem Wiederkaufsrecht (Ulmer System).

- Staat oder Gemeinden fördern Erwerbshausgenossenschaften, die aber die Wohnungen durch Vertrags- und Grundbuchregelungen vor Spekulation sichern.
- Staat oder Gemeinden fördern Genossenschaften, die ihre Wohnungen dauerhaft in Genossenschaftseigentum behalten.

Die staatliche Förderung des Arbeiterwohnungsbaues setzte als indirekte Folge der Bismarckschen Sozialversicherungsgesetze ein: Die 1889 eingerichteten Alters- und Invaliditätssicherungsanstalten waren gehalten, einen Teil ihrer Mittel (damals noch: Kapitaldeckungsverfahren) zinsgünstig gemeinnützig anzulegen. Da bot sich der Arbeiterwohnungsbau geradezu an. Ab 1895 setzte dann noch mit dem Preußischen Wohnungsfürsorgefonds die direkte staatliche Förderung ein, zunächst nur für Beamte und Staatsbedienstete. Die Hintergründe dieser frühen Staatseingriffe werden im „Mahnruf in der Wohnungsfrage" (1890) von Gustav v. Schmoller (1838–1917), einem der bekanntesten „Kathedersozialisten", deutlich[15]:

„Die besitzenden Klassen müssen aus ihrem Schlummer aufgerüttelt werden; sie müssen endlich einsehen, daß, selbst wenn sie große Opfer bringen, dies nur... eine mäßige, bescheidene Versicherungssumme ist, mit der sie sich schützen gegen die Epidemien und gegen die socialen Revolutionen, die kommen müssen, wenn wir nicht aufhören, die unteren Klassen in unseren Großstädten durch ihre Wohnungsverhältnisse zu Barbaren, zu tierischem Dasein herabzudrücken."

Die beginnende staatliche Förderung, die 1889 eingeführte „beschränkte Haftung" im Genossenschaftsrecht, das Ende des Sozialistengesetzes und der Beginn einer günstigeren Wirtschaftsentwicklung ließen die neunziger Jahre zum Aufbruchjahrzehnt der deutschen Baugenossenschaften werden.

Die individuelle, philantropische „Hilfe zur Selbsthilfe" wurde zunehmend durch die organisierte Beratung und Gründungshilfe der sogenannten Propagandagesellschaften ersetzt. Neben dem *Bund deutscher Bodenreformer,* dem mit zeitweise einer Million Mitglieder stärksten Verband, entstanden zahlreiche Fördervereine – zuerst der *Rheinische Verein zur Förderung des Arbeiterwohnungswesens* (1897) –, die sich schließlich zum *Deutschen Verein für Wohnungsreform* zusammenschlossen, sowie 1902 die *Deutsche Gartenstadtgesellschaft,* die programmatisch die Boden- und Wohnungsreform mit einem neuen Stadtleitbild verband. Von allen drei Richtungen gingen zahllose Gründungsinitiativen aus. Der sozial-engagierte Flügel aller drei Richtungen setzte sich vor allem für die Genossenschaftsform ein – wegen der aus dem Identitätsprinzip folgenden Lern- und Emanzipationsprozesse.

Die gemeinnützige Kapitalgesellschaft wurde als „sozial rückständiges Gebilde" von Wohnungsreformern wie Heinrich Albrecht abgelehnt, da „deren Leiter zwar in Ruhe vor oft unbequemen Angriffen thronen, sie aber auch jede erzieherische Wirkung und jeden sozialen Ausgleich zwischen den sozialen Klassen ausschließt. Die sozialen Aufgaben, welche die Baugenossenschaften erfüllen sollen und die weit darüber hinaus gehen, einige hundert gute Wohnungen herzustellen..., kann die Aktiengesellschaft niemals erfüllen, selbst wenn sie finanziell

Erwerbshäuser der Ehrenfelder Arbeiter-Wohnungsgenossenschaft in Köln-Müngersdorf, Vitalisstraße, gebaut um 1900

noch so sicher fundiert und noch so sicher geleitet ist. Sie ist eben nur ein Faktor mehr in der Reihe der fürsorglichen Einrichtungen, die ganz gewiß für manche Zwecke nicht entbehrt werden, die aber in der lebendigen Entwicklung, in welche die Arbeiterfrage eingetreten ist, keinen dauernden Platz mehr beanspruchen können"[16].

Auf zwei Genossenschaften, die durch Arbeiterwohnungsbau den „sozialen Ausgleich zwischen den Klassen" anstrebten, wird im folgenden näher eingegangen, als Beispiele für Genossenschaften, an denen sich bereits Arbeitervereine und Berufsverbände beteiligten, wenn auch in untergeordneter Rolle.

Für den Typus der Erwerbshausgenossenschaft sei ein Beispiel aus dem katholischen Rheinland vorgestellt, wo es manch eine sozialpolitische Tat auf der Basis der Zusammenarbeit von Unternehmertum und christlicher Gewerkschaftsbewegung gegeben hat.

Die Gründungsgeschichte der *Ehrenfelder Arbeiterwohnungsgenossenschaft,* der mit über 4 000 Wohneinheiten heute größten in Köln, ist bezeichnend: Von einem Pfarrer angeregt, unterstützt von einem Ehrenfelder Unternehmer und Stadtverordneten wurde der Plan zur Genossenschaftsgründung zunächst in einer Versammlung der Ehrenfelder Fabrikanten besprochen und gutgeheißen, sodann in einer Versammlung der drei Gewerkschaftsrichtungen beraten; schließlich wurde die Genossenschaft in Anwesenheit von 93 Personen gegründet. Ausdrücklich wurde festgehalten, daß die Genossenschaft politisch auf „neutralem Boden" stehe. Sie befand sich damit von Anfang an im Gegensatz zu der ersten Konsumgenossenschaft, der *Hoffnung,* die zwei Jahre später im Rahmen eines Arbeitskampfes von allen – außer den christlichen – Gewerkschaften gegründet wurde, als ein „auf dem Boden des Klassenkampfes" stehendes Selbsthilfeunternehmen. Für die frühen Kölner Wohnungsbaugenossenschaften gilt ausnahmslos, daß es sich um Gründungen „von oben" für Arbeiter handelte, und nicht – wie oft behauptet – um Selbsthilfegründungen der Arbeiterschaft. Im Vorstand und im Aufsichtsrat saßen hauptsächlich Förderer aus den Kreisen der Industrie, der katholischen Kirche und des Bildungsbürgertums. Das ge-

Der Berliner Spar- und Bauverein

Erster Wohnblock des Berliner Spar- und Bauvereins in der Sickingenstraße, Baujahr 1893, Architekt A. Messel

„Da steht vor uns ein in sich geschlossenes, harmonisch sich auslebendes Gemeinwesen: – der Berliner Spar- und Bauverein. (...) Die Idee, eine Konsumgenossenschaft zu gründen, wurde (....) unter den Mitgliedern des Bauvereins lebendig. Man beabsichtigte sogar eine Bäckerei zu errichten und in eigene Regie zu übernehmen. Die aus dem Wirtschaftsbetrieb sich eventuell ergebenden Überschüsse sollten späteren Wohlfahrtszwecken nutzbar gemacht werden. Ferner schufen sich die Mitglieder der Baugenossenschaft in der Sickingenstraße eine eigene Bibliothek, die im Geschäftsjahr 1896 schon 430 Bände aufzuweisen hatte. In dem Bibliothekslokale wurden Vorträge und schönwissenschaftliche Vorlesungen gehalten. Aus dieser Ansiedlung ging ein Männergesangverein hervor und eine von den Hausbewohnern gewählte ‚Vergnügungskommission'. Sie arrangierte Kinderfeste, deren eigenartiges Leben und Treiben jüngst im ‚Vorwärts' so eingehend geschildert wurde. Überall schlug das Genossenschaftsleben wunderkräftig aus, und die Blütenfülle dieses Lebens stimmte selbst einen anarchistisch-sozialistischen Mann zu folgendem Hymnus auf den Berliner Spar- und Bauverein: ‚Die Mieter wurden bald Genossen und näherten sich untereinander in einer Weise, wie man es in unserer individualistischen Zeit nicht für möglich gehalten hätte. Und es war eine bunte Schar, die da zusammengewürfelt war. Politisch waren alle Parteien vertreten, so daß unser Haus einer Welt im kleinen glich, nur mit dem Unterschied, daß sich die einzelnen nicht so in den Haaren lagen wie in der großen Welt. Da waren Konservative, Liberale, Antisemiten, Sozialdemokraten und – o Schrecken – Anarchisten, und zwar Anarchisten der schlimmsten Observanz. Aber ruhig und friedlich lebten sie zusammen, und wer sie so des Sonntags im Sommer hat herumtoben sehen, der wurde nichts von Meinungsverschiedenheiten gewahr ..." (...) Heute gibt der Berliner Spar- und Bauverein schon eine kleine Zeitung, die ‚Hausblätter', heraus. (...) Und ein begeisterungsvolles Streben, aus den Niederungen des Alltagslebens zum geistigen Lichte emporzusteigen, durchglüht den Schreiber dieser ‚Hausblätter'. ‚Nicht das ist die eigentliche Bedeutung unseres Thuns', so führt er aus, ‚daß wir gesunde und wohnliche Häuser bauen, sondern daß wir sie zugleich zu Pflanzstätten eines gemeinschaftlichen Lebens gestalten, das zu den Höhen des Daseins strebt. Unsere Genossenschaftshäuser, so schön und großartig sie sind, wären nicht viel mehr als gute Mietskasernen, wenn wir wie Fremdlinge nebeneinander wohnten, ohne gesellige Berührung, ohne gemütliche Beziehungen zu einander, ohne gemeinschaftliches Streben, mit einem Wort: ohne Gemeinschaftsgeist.'"

Paul Kampffmeyer

aus: Die Baugenossenschaften im Rahmen eines nationalen Wohnungsreformplanes, Göttingen 1900, S. 31–33

Die Vergnügungskommission

Wohlfahrtshaus der Siedlung Charlottenburg mit Saal für 500 Personen, Wirtschaftsräumen, Kegelbahn, Bibliothek und Lesesaal, erbaut um 1900

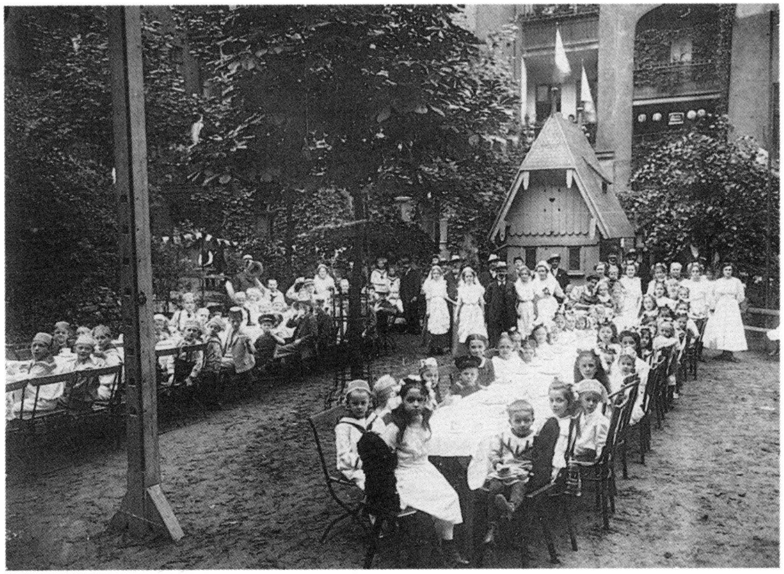

Kinderfest in der Sickingenstraße, organisiert von der gewählten Vergnügungskommission der Hausbewohner

nossenschaftliche Identitätsprinzip trifft hier nicht den Kern: Leistungsträger und -adressat sind nicht ein und dieselbe Person.

Als Beispiel für eine großstädtische Form der Genossenschaft mit all ihren politisch-kulturellen Problemen sei der Berliner *Vaterländische Bauverein* kurz vorgestellt. Unter der Schirmherrschaft des Kronprinzen Wilhelm und des Staatssekretärs des Innern Graf Posadowsky, und unterstützt durch den *Evangelischen Arbeiterverein* sowie das Kartell christlicher Gewerkschaften wurde er 1902 gegründet. Als „Predigt in Steinen" und „Meilenstein auf dem Weg des sozialen Friedens" sollte der erste Baukomplex, die Versöhnungs-Privatstraße in Wedding, gelten[17]. „Unbürgerlicher" haben besorgter Adel und Bürgertum nirgends für die Unterbringung der kleinen Beamten und Arbeiter gesorgt als hier. Als sozial-ästhetisches Denkmal kann dieser Bau höchsten Rang beanspruchen; er ist schillernder Ausdruck einer Haltung, die eine konsequente Reformpolitik durch Wohltaten ersetzen wollte. Gründungen dieser Art – das Nebeneinander von staatsfrommer Gesinnung und konsequenter Architektur- und Städtebaureform – bestätigten die Sozialdemokratie in ihrer ablehnenden Haltung, für die die Worte Cohns aus der weitverbreiteten Schrift „Die Wohnungsfrage und die Sozialdemokratie" (1900) durchaus typisch sind[18]:

„Die hauptsächliche Bedeutung solcher aus genossenschaftlichen, staats-sozialistischen und christlich-sozialen Bestrebungen in der Art der latenten Association V. A. Hubers zusammengebrauten Organisationen liegt aber darin, daß sie als Deckmantel für die Unfähigkeit und die planmäßige Abstinenz der in den Rathäusern und den Ministerien sitzenden Herren dienen. Gibt es ein bequemeres Mittel, jener ernsthaften Reform aus dem Weg zu gehen, als die Unterstützung solcher privatwirtschaftlicher, alles versprechenden Sonderbestrebungen."

Wohnhöfe

Versöhnung-Privatstraße, erster Bau des Vaterländischen Bauvereins in Berlin – von christlichen Gewerkschaften gegründet – „Predigt in Steinen“. Sechs Wohnhöfe in sechs historischen Stilen mit zahlreichen Gemeinschaftseinrichtungen

Grundriß der Gesamtanlage

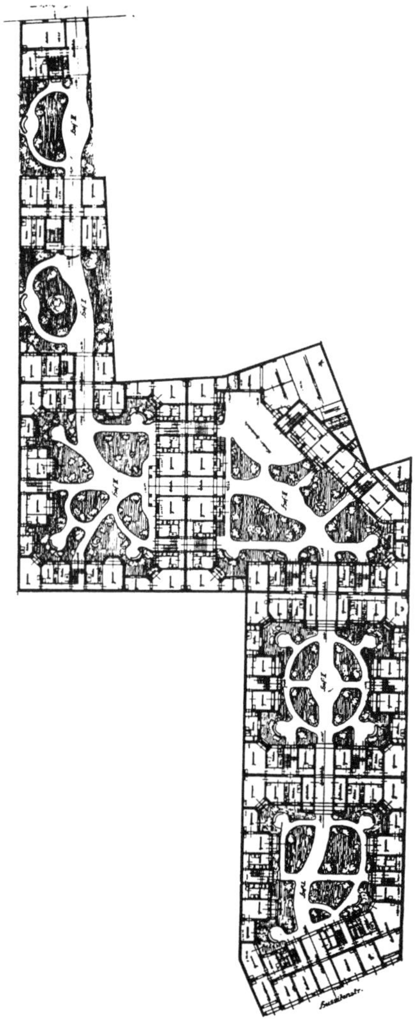

linke Seite: Vorderansicht Strelitzer Straße

Zeitgenössische Darstellung des Romanischen Hofes, Rolandgarten

Wohnreform der organisierten Arbeiterschaft

Die drückende Wohnungsnot und die Erfolge der bürgerlichen Baugenossenschaftsbewegung wie auch der Arbeiterkonsumgenossenschaften erzwangen eine Überprüfung der starren anti-genossenschaftlichen Haltung der Sozialdemokratie und der Gewerkschaftsspitze. Aber eine Programmänderung allein konnte das strukturelle Problem von Arbeiterwohnungsgenossenschaften nicht lösen: Wer sollte die organisatorische und finanzielle Fremdhilfe gewähren, die für jede Gründung unerläßlich war aber nicht in eine politische und sozial-kulturelle Bevormundung ausarten durfte?

Rückschauend lassen sich verschiedene Entstehungsformen sozialistisch-freigewerkschaftlicher Baugenossenschaften erkennen. Ihnen allen gemeinsam ist, daß sie nicht im direkten Angang, sondern meist durch die Umwandlung einer bestehenden Organisation entstanden sind. Man bediente sich der Erfahrungen anderer Organisationen oder sammelte sie anhand leichter zu bewerkstelligender Aufgaben, um sich dann der als schwierig geltenden Wohnraumbeschaffung durch „Selbsthilfe" zuzuwenden. So oder so – es hat immer externer Kristallisationskerne bedurft, um Wohnungssuchende zur Selbstorganisation zu bewegen (Kristallisationskern-These). Einige Varianten seien beispielhaft vorgestellt und illustriert.

Viele später als freigewerkschaftlich-sozialdemokratisch geltende Genossenschaften entstammen reformbürgerlichen Gründungen. Mit der Gründungswelle der *Spar- und Bauvereine* ab 1885 (Hannover, Berlin 1892) entsteht ein Genossenschaftstyp (Gemeinschaftseigentum, Gemeinschaftseinrichtungen, Pflege des Genossenschaftsgeistes), dessen neue architektonische und gelebte Wohnformen es der Sozialdemokratie leicht machten, ihn programmatisch und reform-

Der

Hannoversche Miethverein

gründet auf nachstehendes Statut

den

Spar- und Bau-Verein

Eingetragene Genossenschaft.

Hannover,

Berenberg'sche Buchdruckerei.

1885.

Der 1885 gegründete Spar- und Bauverein Hannover war Vorbild für die Genossenschaftsrichtung, die anstelle des Erwerbshausprinzips den Gemeinschaftsbesitz stellte

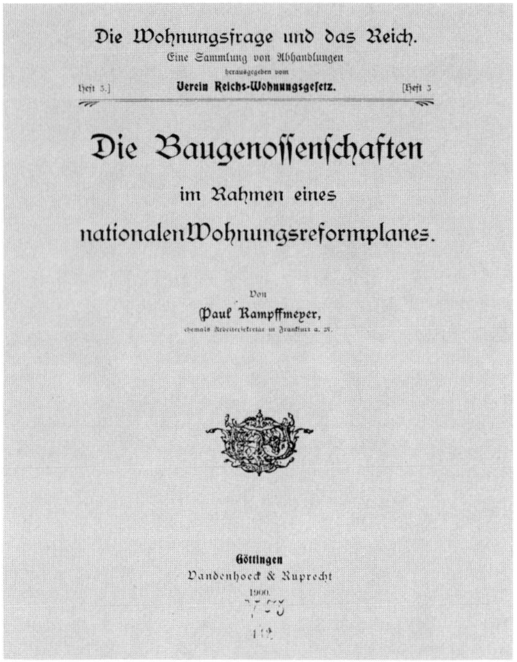

Die Wohnungsfrage und das Reich.

Eine Sammlung von Abhandlungen

herausgegeben vom

Heft 3.] Verein Reichs-Wohnungsgesetz. [Heft 3

Die Baugenossenschaften

im Rahmen eines

nationalen Wohnungsreformplanes.

Von

Paul Kampffmeyer,

ehemals Arbeitersekretär in Frankfurt a. M.

Göttingen

Vandenhoeck & Ruprecht

1900.

Als einer der ersten prominenten Sozialdemokraten propagierte Paul Kampffmeyer den genossenschaftlichen Wohnungsbau für Arbeiter in seiner Partei

praktisch zu bejahen. Als erster prominenter Sozialdemokrat bekennt sich Paul Kampffmeyer in der Schrift „Die Baugenossenschaften im Rahmen eines nationalen Wohnungsreformplanes" (1900) zu den Baugenossenschaften, die sich in dem 1897 gegründeten *Verband der auf der Grundlage des Gemeinschaftseigentums ruhenden Deutschen Baugenossenschaften* organisierten. Die ein Jahr zuvor erschienene Schrift Bernsteins „Die Voraussetzungen des Sozialismus und die Aufgaben der Sozialdemokratie", die ein Auslöser für die Revisionismusdebatte war, bedeutete zwar den anerkennenden Durchbruch in Sache Genossenschaften; gemeint waren allerdings hauptsächlich die Arbeiterkonsumgenossenschaften; von den Wohnungsbaugenossenschaften ist bei Bernstein noch nicht die Rede.

Diese auf Gemeinschaftseigentum ruhenden Genossenschaften, die sich bewußt verbandspolitisch von dem mittelständisch dominierten *Allgemeinen Verband* (Schultze-Delitzsch) abgespalten hatten, wurden Träger der Städtebaureform und neuer Wohnkultur sowie neuer Lebensformen. Für den bekannten Bauhistoriker Posener stellt die genossenschaftliche Bautätigkeit einen „Höhepunkt der Architektur und des Städtebaues" dar. Sie sei „ohne Präzedens: die einmalige Antwort fortschrittlich-kritischer Tendenzen auf die einmalige Ungeheuerlichkeit der Mietskasernenstadt". Zu ihrer reformpolitischen Bedeutung schreibt Posener[19]:

„Reform schafft Inseln, Oasen, nicht mehr. Sie schafft dadurch Beispiele, und sie wirken beispielhaft, nicht so sehr dadurch, daß sie im großen Maßstab wiederholt werden; vielmehr stellen sie einen Anspruch her, dem die bestehende Ordnung nicht genügen kann. Dadurch untergräbt die Reform allerdings die Ordnung und befördert die Veränderung."

Die demokratische Satzung der Genossenschaften machte es Sozialdemokraten und Gewerkschaftern möglich, Einfluß in vielen bestehenden Genossenschaften zu erlangen. Spätestens nach der Republikgründung wurden bei den Wahlen die Gründungshonoratioren ab- und die „eigenen" Vertreter in die Genossenschaftsorgane gewählt. Die meisten Gründungen der *Deutschen Gartenstadtgesellschaft,* die unter dem Protektorat der Kronprinzessin stand, wurden spätestens 1919 „rote" Hochburgen. Dies gilt für die Gartenstädte *Reform* in Magdeburg und *Falkenberg* in Berlin (für die Bruno Taut gebaut hat) ebenso wie für die Gartenstädte in Mannheim, Nürnberg und Ludwigshafen.

Der wachsende Einfluß von Mitgliedern der Sozialdemokratie und der freien Gewerkschaften in den bestehenden Baugenossenschaften blieb nicht immer ohne Widerstand. Spektakulär spitzte sich die Situation im Hamburger *Spar- und Bauverein* zu, der für seine großzügige Bauweise viel Aufmerksamkeit erhalten hatte. Dort entzogen sich die Gründer und Sozialanleger den drohenden neuen Mehrheiten, indem sie in einer schnellen Aktion die Genossenschaften in eine Aktiengesellschaft umwandelten (heute: *Bau-Verein zu Hamburg AG*). Solche auch in den Reihen der bürgerlichen Wohnungsreformer scharf kritisierten Schritte blieben jedoch die Ausnahme.

Eine zweite Entstehungsvariante freigewerkschaftlich-sozialdemokratischer Genossenschaftsgründungen bildete sich dadurch heraus, daß bereits bestehende Arbeiterorganisationen, in denen sich schon einiges an gemeinschaftlichem Selbstvertrauen entwikkelt hatte, ihre Zielsetzung in Richtung

Visualisiertes Programm – Bauten des Kasseler Spar- und Bauvereins um die Jahrhundertwende

Von der Genossenschaft zur Kapitalgesellschaft

In Hamburg wurde der sehr erfolgreiche Bau- und Sparverein (innerhalb der ersten zehn Jahre mehr als 800 Wohnungen) 1903 in einer schnellen Aktion in eine Aktiengesellschaft umgewandelt. Sozialisten hatten unter den Mitgliedern Einfluß gewonnen. H. Albrecht, der zwar ebenfalls der bürgerlichen Wohnungsreformbewegung angehörte und keineswegs Sozialist war, verurteilte die inkonsequente Haltung der Hamburger Wohnungsreformer:

„Es liegt aber kein Anlaß vor, darin eine besonders glückliche Lösung des Konfliktes zu erblicken, daß an die Stelle der Genossenschaft mit ihrer allmählichen Hebung des Arbeiterstandes anbahnenden Organisation die sozial rückständige Aktiengesellschaft getreten ist, deren Leiter zwar in Ruhe vor oft unbequemen Angriffen thronen, die aber auch dafür jede erzieherische Einwirkung und jeden sozialen Ausgleich zwischen den sozialen Klassen ausschließt. Die sozialen Aufgaben, welche die Baugenossenschaften erfüllen sollen und die weit darüberhinaus gehen, einige hundert gute Wohnungen herzustellen …, kann die Aktiengesellschaft niemals erfüllen, selbst wenn sie finnaziell noch so sicher fundiert und noch so sicher geleitet ist. Sie ist eben nur ein Faktor mehr in der Reihe der fürsorglichen Einrichtungen, die ganz gewiß für manche Zwecke nicht enbehrt werden, die aber in der lebendigen Entwicklung, in welche die Arbeiterfrage eingetreten ist, keinen dauernden Platz mehr beanspruchen können.“ (1903).

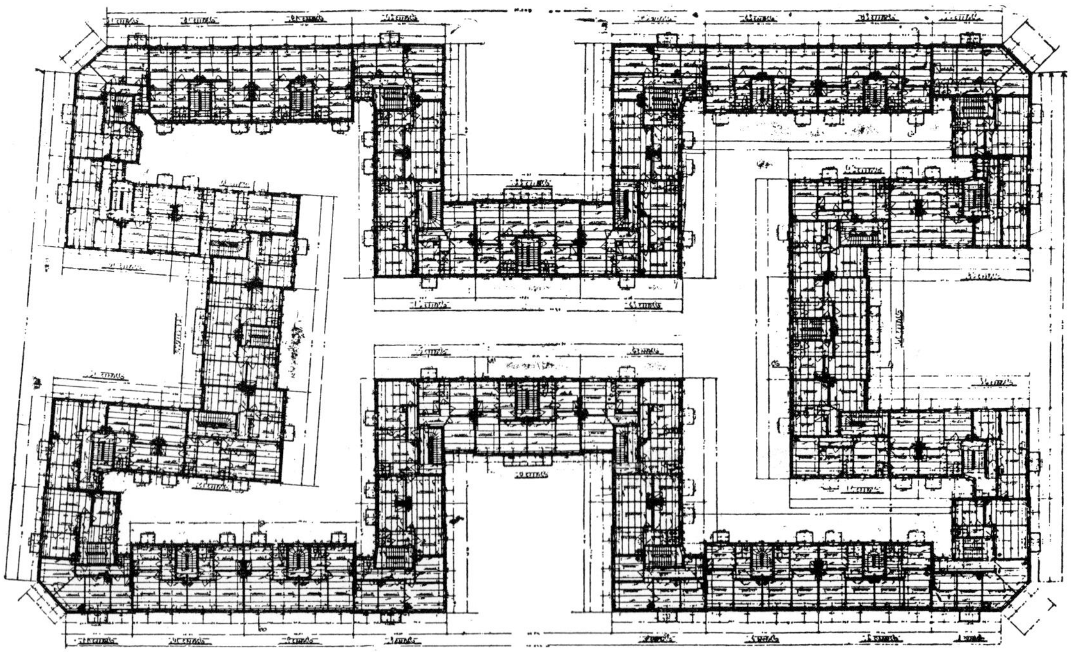

Wohnanlage Eilbecktal des Hamburger Bau- und Sparvereins, der aus politischen Gründen in eine Aktiengesellschaft umgewandelt wurde. Ansicht, Grundriß 1. Obergeschoß

Genossenschaftliche Selbsthilfe – die Anfänge der Gemeinwirtschaft

Hermann Schulze-Delitzsch, der Förderer von Handwerkergenossenschaften, schuf die Voraussetzungen für die Verabschiedung des ersten deutschen Genossenschaftsgesetzes (1867), das auch den Genossenschaften der Arbeiter als gesetzliche Grundlage diente

Erster Bau der Berliner Baugenossenschaft „Ideal" 1907/08 – gegründet von der AOK unter sozialdemokratischem Einfluß

Berlin um 1910. Kolorierte Postkarte der Charlottenburger Baugenossenschaft

Einladungsplakat zu einem Festkonzert der sozialistischen Baugenossenschaft „Freie Scholle", Berlin

Wohnungsbau erweiterten oder veränderten. Produktivgenossenschaften, Arbeiterorganisationen und Kleingartenvereine erwiesen sich so als Kristallisationskerne für Genossenschaftsgründungen.

Die *Schiffszimmerergenossenschaft* entstand 1875 als Produktivgenossenschaft für ausgesperrte Schiffszimmerer durch Unterstützung des *Allgemeinen Deutschen Schiffszimmerer-Vereins*, der zuständigen sozialistisch orientierten Gewerkschaft. Infolge des Strukturwandels im Schiffbau – vom Holz zum Stahl – geriet die an mehreren Orten zeitweise über 400 Personen beschäftigende Genossenschaft in eine Krise. Es gelang ihr, ihr Vermögen über die Zeit des Belagerungszustandes (Sozialistengesetze) herüberzuretten, und nach der berüchtigten Epidemie von 1892 wandelte sie sich in eine Baugenossenschaft um. 1900 wurde der erste eigene Baukomplex errichtet, der wegen seiner Gestalt und Größe (128 Wohnungen, Versammlungssaal mit Genossenschaftsgaststätte und sieben Läden) bald den Namen *Arbeiterschloß* erhielt.

Kopf der Zeitschrift der Schiffszimmerer-Gewerkschaft

„Arbeiterschloß", erster Baukomplex der Schiffszimmerergenossenschaft (1900) mit Sitzungsräumen und Gemeinschaftseinrichtungen, Ansicht und Grundrißausschnitt

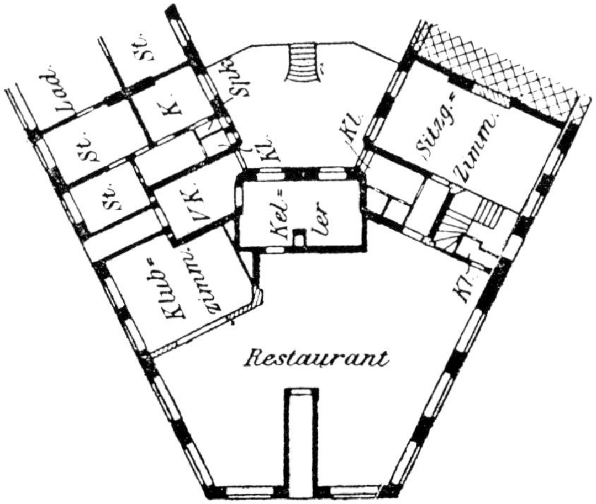

Auch die Baugenossenschaft *Freie Scholle* Bielefeld ging unmittelbar aus den Zusammenhängen der sozialistischen Arbeiterbewegung hervor. Kristallisationskern war der Verein *Freie Turnerschaft,* der sich mit seinen mehr als tausend Mitgliedern der ständigen Schikane der Bielefelder Behörden ausgesetzt sah. Polizeieinsätze, Raumverbote, Strafandrohungen u. a. führten 1910 zu dem Beschluß, eine eigene Turnhalle zu bauen. Eigens dazu wurde die *Freie Scholle* gegründet, die ihre Tätigkeit bald auch auf den Bau von Wohnungen ausdehnte. Die *Freie Scholle* entwickelte sich zu einer Mustergenossenschaft der freigewerkschaftlich-sozialdemokratischen Richtung. Hilfe zur Selbsthilfe gewährten „befreundete Organisationen": Kredite gab es zunächst von den Sportvereinen *Frisch Auf* und *Ruhig Voran,* später von der *Volksfürsorge,* der *Arbeiterbank,* der gewerkschaftlichen Hypothekenbank, dem Bielefelder *Konsumverein* und der *AOK;* der *ADGB* selbst setzte Baufondsmarken in Umlauf. Zwischen der *Freien Scholle* und der *Bauhütte Teutoburg* bestand ein enger Verbund.

Eine dritte Variante sozialdemokratischer-freigewerkschaftlicher Genossenschaftsgründungen besteht darin, daß große Selbsthilfeorganisationen der Arbeiterschaft ihren Aufgabenbereich auf die Wohnraumbeschaffung ausdehnten. Professionalität, wirtschaftliche Stärke und lebenskulturelle Nähe machten sie – zum Beispiel die Arbeiterkonsumgenossenschaften oder die Krankenkassen (vor allem *AOKs*) – zu idealen Förderern von Arbeiterwohnungsbaugenossenschaften. Schon die „redlichen Pioniere von Rochdale" (1844) hatten als Punkt zwei ihres Programmes festgehalten: „Bau oder Kauf von Häusern als Wohnstätte von Mitgliedern, die sich gegenseitig helfen wollen, ihre wirtschaftliche Lage zu verbessern." In Deutschland hatte vor allem der *Konsum-, Bau- und Sparverein Produktion* in Ham-

IN GROSS-BERLIN WOHNEN 600000 MENSCHEN IN WOHNUNGEN, IN DENEN JEDES ZIMMER MIT 5 UND MEHR PERSONEN BESETZT IST. ▫ 353000 VOLKSSCHULKINDER SIND OHNE SPIELPLATZ.

Von Wohnungsreformern in Auftrag gegebene Spendenkarte von Käthe Kollwitz – anläßlich des großen Kongresses in der „Neuen Welt" in Berlin

burg diesen Weg eingeschlagen; bis 1914 entstanden mehr als 4 000 Wohnungen für seine Mitglieder – mit guter Ausstattung bis hin zu Versammlungsräumen für Jugendliche.

Die Ortskrankenkassen *(AOKs)* mit ihren Selbstverwaltungsorganen waren wichtige erste Handlungsfelder der organisierten Arbeiterbewegung im staatsnahen Raum. Paul Kampffmeyer notierte dazu: „Freigewerkschaftliche Arbeiter hatten fast auf allen deutschen Krankenkassenkongressen die Führung."[20] In vielen Fragen der Sozialhygiene und vorbeugenden Medizin wurden die *AOKs* initiativ. „Heimstätten statt Heilstätten" wurde vielen *AOKs* zum Programm. So gründeten leitende Mitglieder der *AOK Rixdorf* (heute Berlin) die *Rixdorfer Baugenossenschaft Ideal,* die 1907/08 mit der *Ideal*-Passage eine großstädtische Hofbebauung mit Gemeinschaftseinrichtungen (z. B. *Ideal*-Casino) durchführte. Daß Genossenschaftsgründungen aus den Reihen der organisierten Arbeiterschaft – anders als die unternehmerischen Gründungen – auf vielfältige Weise behindert wurden, brachte der SPD-Abgeordnete Göhre 1913 im Reichstag zur Sprache:

„Die Mustersiedlung *Ideal*-Britz (der dritte Baukomplex der *Ideal,* d. Verf.) in Neukölln wird auch von den Behörden noch schikaniert; weil dort auch Sozialdemokraten wohnen, dürfen Beamte nicht hinziehen, und weil keine Beamten dort sind, gibt es auch keine Beihilfen."[21]

Eine vierte Gründungsvariante entstammt einem Strategiewechsel der großen Schutzorganisationen der Arbeiterschaft: vom abwehrenden Schutz zum aufbauenden Wirtschaftskampf, von der Kritik am Kapitalismus zur „positiven Ökonomie" sozialer Bewegungen. Die Mieterschutzvereine gingen zuerst diesen Weg. Mit der Entstehung staatlicher Förderung schien sich für sie eine grundsätzliche Alternative anzubahnen: sel-

Rixdorfer Baugenossenschaft „Ideal"

Am Dienstag den 1. August 1911, abends 8½ Uhr

Lichtbilder-Vortrag

über Kleinhausbau und Eigenwohnung

im „Gesellschaftshaus" in Britz, Chausseestraße 97.

Die Gesamteinwohnerschaft von Britz ladet höflichst ein

Der Vorstand.

Seit der positiven Stellungnahme des SPD-Parteitags in Magdeburg 1910 zur Genossenschaftsfrage unterstützten die Arbeiterorganisationen verstärkt den genossenschaftlichen Wohnungsbau

Rechts unten: Erster Bau der Arbeiterbaugenossenschaft „Paradies" gegründet 1902 in Berlin – erste rein sozialdemokratische Gründung im Reich, Postkartenansicht 1907

Zeitschrift für Wohnungswesen

ORGAN

des

Rheinischen Vereins für Kleinwohnungswesen, des Westfälischen Vereins zur Förderung des Kleinwohnungswesens, des Vereins für Förderung des Arbeiterwohnungswesens und verwandte Bestrebungen in Frankfurt a. M., des Hessischen Zentralvereins für Errichtung billiger Wohnungen (Ernst Ludwig-Verein), des Deutschen Vereins für Wohnungsreform, des Verbandes der auf der Grundlage des gemeinschaftlichen Eigentums stehenden deutschen Baugenossenschaften, des Verbandes schleswig-holsteinischer Baugenossenschaften und des Verbandes ostpreußischer Baugenossenschaften.

Herausgeber:
Professor Dr. H. Albrecht in Groß-Lichte[illegible]

Redakteur:
Dr. jur. J. Altenrath in Charlottenburg

Erscheint am 10. und 25. jeden Monats. Bezugspreis: halbjährlich 4 M., postfrei 4.50 M. Preis der einzelnen Nummer 40 Pf. Anzeigen 40 Pf. für die dreigespaltene Petitzeile.

Bestellungen übernehmen alle Buchhandlungen und Postanstalten sowie die Expedition der Zeitschrift in Berlin W, Mauerstraße 43/44.

Jahrgang X | Berlin, 25. Oktober 1911 | Nr. 2

GEWERKSCHAFTEN UND WOHNUNGSFRAGE.

Die Förderung des Kleinwohnungswesens durch die Gewerkschaften wird in Solingen in die Wege geleitet. Die Kreisversammlung des Deutschen Metallarbeiterverbandes beschloß auf Antrag des Spar- und Bauvereins Solingen, dem Verein als Mitglied beizutreten und zehn Anteilscheine zu je 300 Mark zu übernehmen. Auch an die übrigen Gewerkschaften hat sich der Spar- und Bauverein mit dem gleichen Antrag gewendet.

Anders verhielten sich die Gewerkschaften in Gera. Dort hat sich das Gewerkschaftskartell in einem Schreiben an den Stadtrat gewandt und sich dahin ausgesprochen, daß es aus Mangel an Vertrauen den Arbeitern nicht empfehlen könne, sich an dem Gemeinnützigen Bauverein für Reuß j. L. zu beteiligen. Das Schreiben bezeichnet die Wohnungsbeschaffung als Sache der Gemeinde und der Gewerkschaften. Wie die Gewerkschaften die Wohnungsbeschaffung betreiben wollen, bleibt rätselhaft.

ber Bauherr zu werden. So wurden viele lokale Mieterschutzvereine (verschiedener politischer Ausrichtung) selbst Gründer von Baugenossenschaften (z.B. in Hannover, Köln, Frankfurt/M., Berlin usw.). Daß die Gewerkschaften sich unmittelbar dem Gründungsprozeß von Wohnungsbau-Selbsthilfeunternehmen annahmen, blieb dem Strategiewechsel nach dem Scheitern der Sozialisierungspolitik 1919 vorbehalten. Darauf wird später ausführlich einzugehen sein. Bis 1914 unterstützten sie mittelbar auf vielfältigste Weise die Gründung und Tätigkeit von sozialreformerisch ausgerichteten Wohnungsbaugenossenschaften.

Dafür sei ebenfalls ein Beispiel genannt. Die *Arbeiter-Bau-Genossenschaft Paradies* (Berlin), die 1902 von 18 Personen gegründet wurde, dürfte die erste rein sozialdemokratische Gründung im Reich gewesen sein. Die ersten beiden Werbeveranstaltungen fanden im großen Saal des Berliner Gewerkschaftshauses statt. Mehr als 500 Interessierte fanden sich jeweils ein, und vor Jahresende hatten sich mehr als 1 000 Personen eingetragen. „Kleinhäuser mit Gärten" war das Programm: „sich frei machen von den kapitalistischen Bestrebungen der Hausagrarier". Doch die Grundstücks- und Finanzierungsbeschaffung erwies sich als mühsam und langwierig. Auch zeigte sich, daß man den Einfamilienhausbau nicht durchhalten konnte. „Befreundete Organisationen" sprangen ein und gaben jeweils die zweite Hypothek für alle Bauvorhaben zwischen 1905 und 1914. Es waren dies die *Gewerkschaft der Buchdrucker*, der *Verband der Gemeinde- und Staatsarbeiter*, die *Ortskrankenkasse der Buchbinder*, der *Deutsche Buchbinderverband*, die *Krankenkasse der Gold- und Silberarbeiter*, der *Verband der Schuhmacher*, die *AOK*-Berlin und der *Verein Arbeiterpresse*. Durch diese ungewöhnliche, solidarische Finanzierungshilfe entstanden bis 1914 insgesamt 149 Wohnungen.

Von der Fürsorge-Vereinigung zur Kapitalgesellschaft

Der langwierige Gründungsprozeß der gewerkschaftlich-genossenschaftlichen „Volksfürsorge AG“[22]

Konsumvereine und Baugenossenschaften stellten ohne Zweifel die bedeutendsten Ausprägungen der wirtschaftlichen Selbsthilfebewegung der Arbeiterschaft vor dem Ersten Weltkrieg dar. Was die meisten Selbsthilfeunternehmen in dieser Zeit miteinander verband, war u. a. der vorherrschende lokale Charakter und die genossenschaftliche Form.

Gleichwohl zeigten sich auch schon in den Jahren vor Ausbruch des Weltkrieges in einzelnen Bereichen strukturelle Grenzen des genossenschaftlichen Selbsthilfeprinzips, und zwar nicht nur bei den wenigen Produzentenassoziationen, die über eine Nischenexistenz nicht hinauskamen, sondern auch bei Selbsthilfevereinigungen der Arbeiter als Konsumenten.

Ein wichtiges Beispiel hierfür waren die traditionellen gewerkschaftlichen Pensionskassen auf Gegenseitigkeit, deren Zahl seit den 1890er Jahren rasch zugenommen hatte. Die Leistungsfähigkeit dieser Kassen war gering, weil der bunte, vielfältig abgestufte und von lokalen Strukturen geprägte Charakter der frühen Gewerkschaftsbewegung in ihnen und ihrem Aufbau häufig fortlebte. Ein Rechtsanspruch auf ihre Leistungen bestand in der Regel nicht; auf außergewöhnliche Belastungen reagierten die Kassenleitungen mit Abänderungen bei den Beiträgen und Auszahlungen. Auch Totalzusammenbrüche waren keine Seltenheit. Häufig wurden danach auch die Verbände selbst durch Austritte empörter Mitglieder in Mitleidenschaft gezogen. Weder das objektive noch das subjektiv artikulierte Versicherungsbedürfnis der Arbeiterschaft wurden von diesen Einrichtungen auch nur annähernd abgedeckt.

Heinrich Kaufmann (1864–1928), am 23. November 1864 in Bredegad, Schlesien, geboren. Ausbildung als Lehrer, ab 1894 leitender Redakteur des sozialdemokratischen „Hamburger Volksblattes“. Beteiligt an der Gründung der GEG, erster Sekretär des 1903 errichteten ZdK. Mitglied im Tarifamt des Zentralverbandes und dem Vorstand der Pensionskasse des ZdK. Später Vorstandsvorsitzender der Volksfürsorge – neben A. v. Elm eine der Schlüsselpersönlichkeiten in der konsumgenossenschaftlichen Bewegung und für den Ausbau der Wirtschaftsmacht der Arbeiterbewegung überhaupt

Auf diese Mängel der verbandlichen Pensionsvereinigungen reagierte die private Versicherungswirtschaft mit dem Aufbau eines speziell auf die Arbeiterschaft ausgerichteten Zweiges der Lebensversicherung, der sogenannten „Volksversicherung“. Obwohl sich in diesem Versicherungszweig bald erhebliche Mißstände einstellten, blieb die Konjunktur der „Volksversicherung“ in der Arbeiterschaft über lange Zeit ungebrochen. Gleichzeitig nahmen allerdings auch die Proteste geprellter Arbeiter zu. In den Gewerkschaften entwickelte sich daraus ein starker Handlungsdruck auf die Verbandsführungen.

In Reaktion darauf entstand eine von ZdK und Generalkommission gemeinsam getragene Initiative, die nach langwierigen Diskussionen zur Gründung einer eigenen großen Versicherungsgesellschaft führte. Zweierlei war an dieser Entwicklung bemerkenswert und folgenreich: die erstmalige Überwindung des Genossenschaftsprinzips in großem Stil und der Ausgangspunkt der Initiative, der eindeutig bei den Führungsorganen der Bewegungen lag. Darin deuteten sich Veränderungen grundsätzlicher Art an, die insbesondere die Einstellung der Gewerkschaftsleitungen zur Errichtung und Führung eigener Wirtschaftsunternehmen betrafen – Veränderungen, die in vollem Umfange allerdings erst nach dem Ende des Weltkrieges in den zwanziger Jahren zum Tragen kamen.

Die „Volksversicherung“ im Deutschen Reich

In den Jahren nach 1890 wandte sich auch in Deutschland eine Reihe großer Versicherungsgesellschaften dem bis dahin weitgehend vernachlässigten Kundenkreis der Arbeiterschaft zu und entwickelte dabei nach englischem Vorbild eine besondere Vertragsform, eben die „Volksversicherung“. Charakteristisch für diese Form waren vier Merkmale: Wegfall der ärztlichen Untersuchung, Einführung von Wochen- und Monatsprämien, Festsetzung der jährlichen Versicherungsprämien auf höchstens 1 500 RM, Einschluß der Kriegsversicherung ohne Son-

Nr. 298. Sonnabend, den 21. Dezember 1912. 26. Jahrgang.

Hamburger Echo.

Filialen:

Hamburg und Umgegend.

Die Gründung der „Volksfürsorge", gewerkschaftlich-genossenschaftliche Versicherungs-Aktiengesellschaft,

erfolgte am 16. Dezember in Hamburg vor einem Notar. Die Gesellschaft ist mit einem Aktienkapital von 1 Million Mark gegründet worden. Dieses Aktienkapital wurde voll eingezahlt. Es wird uns darüber geschrieben: Der Vorstand der „Volksfürsorge" setzt sich zusammen aus sechs Personen, von denen zwei die eigentlichen Vorstandsgeschäfte führen, während vier weitere Vorstandsmitglieder nur im Nebenamt diese Aufgaben erfüllen. Zu geschäftsführenden Vorstandsmitgliedern wurden die Herren A. v. Elm und Fr. Lesche (Hamburg) bestellt. Als Vorstandsmitglieder im Nebenamt sind von den Genossenschaften die Herren Kaufmann und Lorenz, von den Gewerkschaften die Herren Paeplow und Wentker, sämtlich in Hamburg, bestimmt worden.

Der Aufsichtsrat der „Volksfürsorge" setzt sich aus acht Personen zusammen, von denen vier die gewerkschaftliche und vier die genossenschaftliche Seite repräsentieren. In den Aufsichtsrat wurden gewählt die Herren Bauer-Berlin, Leipart-Berlin, Ebert-Berlin und Schlicke-Stuttgart als gewerkschaftliche Vertreter und die Herren Junger-Berlin, Fräßdorf-Dresden, Hoffmann-Magdeburg und Dr. August Müller-Hamburg als genossenschaftliche Vertreter.

Mit der Vornahme des notariellen Gründungsaktes ist die Gesellschaft „Volksfürsorge" ins Leben getreten. Ihre Eintragung ins Handelsregister kann allerdings erst erfolgen, wenn das Aufsichtsamt für Privatversicherung den Geschäftsplan, die Tarife und die Versicherungsbedingungen der Gesellschaft genehmigt und ihr die Erlaubnis zum Geschäftsbetrieb erteilt hat.

Der Antrag auf Eröffnung des Geschäftsbetriebes und Veröffentlichung der Tarife und Versicherungsbedingungen ist nach den bereits geführten Vorverhandlungen nunmehr am 18. d. M. von der gegründeten Aktiengesellschaft auch formell gestellt worden. Selbst wenn die Erledigung dieses Antrages keinerlei Verzögerung erfährt, werden aber noch einige Wochen verstreichen, ehe der eigentliche Geschäftsbetrieb der „Volksfürsorge" aufgenommen werden kann. Alle die zahlreichen Freunde des Unternehmens, die ihm Versicherungsaufträge zuweisen wollen, müssen daher noch einige Zeit Geduld haben. Der bedeutsamste Teil der sehr schwierigen und zeitraubenden Vorverhandlungen, die Festsetzung des Gesellschaftsvertrages, der Tarife und Versicherungsbedingungen, ist aber nun glücklich zu Ende gebracht, und die Hoffnung darf wohl geäußert werden, daß in nicht allzu ferner Zeit die „Volksfürsorge" mit ihrer Tätigkeit beginnen wird.

Korp
J. A.: J. Massa, Berl

Vor dem gelb

Augsburg ist bekann
Sumpfblume, mit der es abe
gelbe System gerichteten Pr
gewaltig abwärts geht. Seit
achtete Uebung verlassen, die
die letzte Veröffentlichung 190
mit 6800 Mitgliedern. In de
von dem gelben Verein der A
berichtet, daß er 1909 um 54,
zurückgegangen ist. 1908 zähl
noch 2389 Mitglieder, also 15
auf den ersten Blick nicht erh
Bedeutung, wenn man betrac
8300 Arbeiter beschäftigte, zu
beachten, daß jetzt die Beiträg
Lohn abgezogen werden, wäh
einkassiert wurden. Dadurch
hemmt. Der Metallarbeiter
gleichen Zeit um 600, der Ge
dem die freien Gewerkschaft
4000 Mitglieder zugenommen
lichen klar, wie mächtig es mi
Wer von der gelben Bewe
der Tatsache deutlich, daß se
wegung in der Maschinenfabr
preise um nicht weniger als
sind, eine Lohnherabset
können, wenn die Arbeitersch
gelähmt gewesen wäre. Hoff

Zum Braunkohlenarbeiter

wird uns noch berichtet: Info
Bergleute und nachdem auch de
hat sich die Direktion eines B
unbilliger Weise erfolgte Lohr
Daraufhin beschloß eine am B
besuchte Versammlung der B
gehoben zu erklären und die
die Direktion jedenfalls nicht
eingetreten: eine Stärkung
Bergarbeiterverbandes.

Schon vor der Gründung der Volksfürsorge verwendeten die Gewerkschaften erhebliche Summen für die vielen selbstorganisierten Unterstützungskassen

derprämie[23]. Mit dieser Regelung gelang den privaten Lebensversicherungsgesellschaften auch im Deutschen Reich der entscheidende Durchbruch beim Ausbau der Volksversicherung.

In nur fünf Jahren, von 1895 bis 1900, stieg der Bestand von Verträgen in dieser Sparte von rd. 800 000 auf 3,2 Millionen an[24]. Bis zum Jahre 1911 verdoppelte sich diese Zahl noch einmal. Insgesamt gab es in jenem Jahr bereits 7 Millionen Versicherungspolicen mit einer Versicherungssumme von 1,4 Milliarden RM. Unter den Versicherungsnehmern befanden sich auch viele organisierte Arbeiter, die auf diese Art und Weise versuchten, finanzielle Vorsorge für sich und ihre Familien zu treffen.

Zu den regulären Mitteln, mit denen die privaten Versicherungsgesellschaften auf dem Gebiet der Volksversicherung ihre Kosten senkten und Überschüsse erwirtschafteten, kamen andere, äußerst problematische Gewinnquellen hinzu. Gerade diese jedoch trugen dazu bei, daß die Volksversicherung seit der Jahrhundertwende zu einem der am meisten diskutierten und umstrittensten Versicherungszweige überhaupt wurde.

Eine der wichtigsten Gewinnquellen der Gesellschaften bildete der vergütungslose Verfall bereits gezahlter Prämien. Ein solcher Verfall zu Lasten des Versicherungsnehmers trat nach den damals üblichen Versicherungsbedingungen immer dann ein, wenn die Prämienzahlung in den ersten Jahren nach Vertragsabschluß eingestellt oder für längere Zeit unterbrochen werden mußte. Da dies jedoch gerade bei den für die Volksversicherung in Frage kommenden Bevölkerungskreisen überdurchschnittlich häufig der Fall war, erreichte der Policenverfall extreme Ausmaße. Im Durchschnitt aller Gesellschaften betrug der vergütungslose Policenverfall im Jahre 1911/12 etwa 50 % des Gesamtabganges. In einzelnen Fällen, so bei der *Wilhelmina,* lag dieser Prozentsatz bei über

Wie denken Sie über die „Volksfürsorge"?

Die „**Volksfürsorge**" ist kein Erwerbsinstitut von Privatkapitalisten.
Die „**Volksfürsorge**" ist ein gemeinnütziges Versicherungs-Unternehmen.
Die „**Volksfürsorge**" ist eine Einrichtung von Gewerkschaften u. Genossenschaften.
Die „**Volksfürsorge**" ist die beste Sterbekasse für das arbeitende Volk.
Die „**Volksfürsorge**" ist eine Ersparungsanstalt, die hohe Zinsen zahlt.
Die „**Volksfürsorge**" ist ausgerüstet mit drei Kinderversicherungstarifen.
Die „**Volksfürsorge**" ist die sicherste Gewähr gegen Prämienverlust.
Die „**Volksfürsorge**" ist die Versicherung für das Volk und durch das Volk.

Anzeige aus der Zeitschrift „Die Genossenschaft" der Konsumgenossenschaft „Hoffnung", Köln 1914

80 %, in einem Fall, dem der Lebensversicherungs-Banken, sogar bei 97 %.

Angesichts dieser Verhältnisse mehrten sich in der damaligen Öffentlichkeit die Stimmen, die nach einer grundsätzlichen Reform der Volksversicherung verlangten. Unter den Kritikern befanden sich auch bürgerliche Sozialreformer, wie der Leiter des 1901 ins Leben gerufenen *Reichsaufsichtsamtes für Privatversicherung* in Berlin, Gruner. In einer anonym verfaßten Broschüre kritisierte Gruner die Mißstände in der Volksversicherung und entwickelte zugleich Vorschläge für eine grundlegende Reform.

Die heftigste Kritik kam jedoch naturgemäß aus dem Lager der Betroffenen und ihrer Vertretungen selbst. In der Arbeiterpresse, auf Gewerkschafts- und Parteiversammlungen machten sich der Protest und die Erbitterung der um ihre kargen Ersparnisse geprellten Arbeiter Luft.

Unter dem Druck der Basis ergriffen im Jahre 1905 auf dem Gewerkschaftskongreß der *Generalkommission der Gewerkschaften Deutschlands (GkG)* in Köln die Verbände der Büroangestellten und der Tabakarbeiter die Initiative und forderten in einem Antrag, „daß der nächste Kongreß, eventuell unter Bestellung eines sachverständigen Referenten, sich mit der von großen kapitalistischen Versicherungsgesellschaften oft in skrupelloser Weise betriebenen sogenannten Volksversicherung beschäftigen möge, die der erdrückenden Mehrheit der zum größten Teil der Arbeiterschaft angehörenden Versicherten nur zum Schaden gereicht"[25].

Die Gründungsvorbereitungen

Die Resolution des Gewerkschaftskongresses gab den Ausschlag dafür, daß sich die *Generalkommission* in der Folgezeit eingehend mit der Frage der Errichtung eines Lebensversicherungsinstituts beschäftigte. Noch vor der Ausarbeitung eines detaillierten Planes beschloß die *Generalkommission*, die Zusammenarbeit mit den Konsumgenossenschaften in dieser Frage zu suchen. Anläßlich von Beratungen in der gemeinsamen Tarifkommission trugen die Vertreter der Gewerkschaften den Repräsentanten der Konsumgenossenschaften ihren Plan vor. Es spricht für den hohen Grad der Annäherung zwischen beiden Bewegungen, daß sich die Konsumgenossenschaften ohne Zögern zu einem gemeinsamen Vorgehen bereit erklärten.

Die Vorarbeiten für die Gründung des Unternehmens gingen in der Anfangsphase sehr zügig voran. In einer gemeinsamen Sitzung von Vertretern der *Generalkommission* der Gewerkschaften und des *Zentralverbandes deutscher Konsumvereine* am 16. Februar 1911 wurde der Leiter der Verlagsgesellschaft des *ZdK*, Heinrich Kaufmann, beauftragt, ein Gutachten über die Grundzüge einer zu errichtenden Volksversicherungsgesellschaft zu erstellen. Bereits einen Monat später legte Kaufmann beiden Organisationen einen Entwurf vor, der die Richtung der Diskussion und der Verhandlungen in der ersten Phase wesentlich bestimmte[26].

Den größten Teil seiner Ausführungen widmete Kaufmann der Frage der Rechtsform des geplanten Unternehmens. Zunächst setzte er sich dabei mit der Problematik einer kapitalgesellschaftlichen Unternehmensform auseinander. Gegen die von ihm zuerst diskutierte Form einer Aktiengesellschaft sprachen aus seiner Sicht u. a. finanzielle Gründe. Nach seinen Schätzungen belief sich das von den Gesellschaftern, also den Gewerkschaften und Genossenschaften, einzuzahlende Aktienkapital auf mindestens 5 bis 10 Millionen Reichsmark. Kaufmanns Bedenken richteten sich dabei sowohl gegen die absolute Höhe dieses Betrages wie auch gegen das mit einer solchen Einzahlung für die Trägerorganisationen zwangsläufig verbundene Risiko. Im Falle der Gründung einer Aktiengesellschaft werde es sich dann auch kaum vermeiden lassen, das Unternehmen „im gewissen Sinne kapitalistisch" zu leiten.

Ein weiterer wichtiger Grund, der nach Auffassung des *ZdK*-Sekretärs gegen die Gründung einer Versicherungsgesellschaft auf Aktienbasis sprach, waren die dabei zu befürchtenden Einschränkungen bei der Anlage der Versicherungskapitalien. Kaufmann spielte mit diesem Argument auf die Existenz des im Jahre 1901 gegründeten Reichsaufsichtsamtes für Privatversicherung an und auf dessen Eingriffsmöglichkeiten bei der Verwendung der durch die Versicherungen angesammelten Deckungskapitalien. Dem Unternehmen der Gewerkschaften und Genossenschaften würde, so Kaufmanns Argument, bei einer Unterstellung unter die staatliche Aufsicht u. U. die Möglichkeit genommen, diese Kapitalien im Interesse der Arbeiterbewegung und des Ausbaus ihrer Wirtschaftsmacht zu verwenden. Kaufmann beschwor die Gefahr, daß die Gelder der Arbeiterbewegung auf lange Sicht zur Finanzierung des Obrigkeitsstaates und seines defizitären Staatshaushaltes herangezogen werden könnten. Es sei „Grund zu der Annahme vorhanden, daß die Organe der Gesetzgebung, um den schlechten Kursstand an Staatspapieren zu heben, in absehbarer Zeit beschließen werden, daß die gesamten Rücklagen der Versicherungsgesellschaften und ein Teil der Sparkassenanlagen in Staatspapieren anzulegen seien"[27].

Um der Gefahr einer zwangsweisen Unterstellung der Gesellschaft unter die Aufsicht des Reichsamtes zu entgehen, schlug Kaufmann vor, „aus taktischen Gründen sowohl in dem Namen, wie auch in dem Statut de[n] Ausdruck ‚Versicherung' streng zu vermeiden". Man solle „überhaupt die Organisation so auf [...] bauen, daß von einer Versicherung im technischen Sinne des Wortes keine Rede sein" könne[28].

Angesichts der zahlreichen und schwerwiegenden Nachteile einer kapitalgesellschaftlichen Unternehmensform trat Kaufmann entschieden für das aus seiner Sicht bewährte und geeignete genossenschaftliche Modell als Rechtsform ein. Zu den wichtigsten Vorteilen dieser Rechtsstruktur zählte Kaufmann die große Anpassungsfähigkeit bei der Entstehung finanzieller Engpässe. In einer wirtschaftlich schwierigen Lage wäre die Generalversammlung der Versichertenvertreter jederzeit in der Lage, „über eine Erhöhung oder Ermäßigung der Leistungen der Vereinigung zu beschließen ..."[29].

Kaufmann übersah bei seinem Eintreten für eine genossenschaftliche Unternehmensform nicht den gewichtigen Nachteil einer solchen Gründung, nämlich den notwendigen Ausschluß jedes Rechtsanspruchs auf einmal zugesagte Leistungen. Er glaubte jedoch, diesen Nachteil durch den Hinweis auf die bisherigen Erfahrungen mit gewerkschaftlichen bzw. genossenschaftlichen Unterstützungskassen einschränken zu können. Der Ausschluß eines Rechtsanspruchs habe der Entwicklung dieser Kassen bislang nicht geschadet. Überhaupt sei es eine Tatsache, daß die persönlichen Mitglieder „auch ohne diesen Rechtsanspruch dem genossenschaftlichen Unternehmen ihr unbedingtes Vertrauen entgegenbringen"[30].

Auf der Grundlage dieses Entwurfes bildete sich am 28. März 1911 eine Studienkommission, der von seiten der Gewerkschaften Gustav Bauer, Theodor Leipart, Paul Umbreit und Otto Hue, von seiten des *Zentralverbandes* Heinrich Kaufmann, Heinrich Lorenz und Adolph von Elm angehörten. Im Verlauf der Beratungen dieser Kommission wurde der Vorschlag Kaufmanns nur unwesentlich modifiziert. Ein erster Satzungsentwurf, den man am 13. Juni 1911 beschloß, sah als Rechtsform weiterhin die eines Versicherungsvereins auf Gegenseitigkeit vor. Zwischenzeitlich wurde dieser Plan auch durch mehrere Gewerkschafts- und Konsumgenossenschaftstage bestätigt.

Eine grundsätzliche Wende in den Planungen trat erst ein, als sich die Studienkommission etwa ein halbes Jahr nach der Annahme des ersten Entwurfs dafür entschied, zu der Ausarbeitung des Tarifwerks einen sachverständigen Versicherungsmathematiker heranzuziehen und gleichzeitig mit dem Kaiserlichen Aufsichtsamt in Verbindung zu treten[31].

Die Verhandlungen mit dem Amt, die am 28. Oktober 1911 begannen, führten in wesentlichen Punkten zu einer Veränderung des ursprünglichen Entwurfs. Dem Präsidenten des Aufsichtsamtes, Gruner, gelang es, die Bedenken der Gewerkschafts- und Genossenschaftsvertreter gegen eine kapitalgesellschaftliche Rechtsform weitgehend zu zerstreuen. Gruner wies u. a. nach, daß die ursprüngliche Schätzung der Summe des einzuzahlenden Aktienkapitals stark überhöht war. Bei einer Beschränkung des Unternehmens auf die Volksversicherung reichte nach dem Urteil der Versicherungsmathematiker des Amtes der Betrag von einer Million Reichsmark als Gründungskapital aus.

Wichtiger noch war jedoch, daß es den Beamten in intensiven persönlichen Verhandlungen auch gelang, die Bedenken der Trägerorganisationen gegenüber den Vorschriften zur Kapitalanlage weitgehend auszuräumen. Auf seiten der Gewerkschaften und Genossenschaften gewann man die Überzeugung, daß auch bei einer Unterstellung der Gesellschaft unter die Aufsicht des Amtes genügend Spielraum für eine Verwendung der angesammelten Kapitalien im Interesse der Arbeiterbewegung bleiben werde. Hinzu kam schließlich, daß im Verlauf der gemeinsamen Beratungen ein Vertrauensverhältnis zwischen den Vertretern der Arbeiterbewegung und dem sozialreformerisch engagierten Präsidenten des Amtes entstand. Gruner sicherte seinen Gesprächspartnern zu, daß ihr Plan „auf jede Unterstützung rechnen dürfe, die innerhalb der Amtsbefugnis des Aufsichtsamtes liege"[32].

Karikatur zum Verhalten des Obrigkeitsstaates gegenüber der Volksfürsorge

Angesichts weitverbreiteter antisozialistischer und antigewerkschaftlicher Ressentiments in der Ministerialbürokratie des deutschen Kaiserreichs war dies eine bemerkenswerte Erklärung, die ihre Wirkung nicht verfehlte. Heinrich Kaufmann selbst faßte gegenüber den Mitgliedern der Studienkommission seinen Eindruck von den Gesprächen mit den Vertretern des Aufsichtsamtes in den Worten zusammen[33]:

„Es sei kein Grund zu der Annahme vorhanden, daß ein solches gewerkschaftlich-genossenschaftliches Unternehmen von dem Kaiserlichen Aufsichtsamt weniger günstig behandelt werde als die Privatunternehmungen."

Noch in der selben Sitzung faßte die Studienkommission einstimmig den Beschluß, dem eigenen Unternehmen die Rechtsform einer Kapitalgesellschaft zu geben. Als Gründungskapital sah man die Summe von einer Million Reichsmark vor, die von beiden Trägern zu gleichen Teilen einzuzahlen war. Einstimmig wurde auch der Beschluß gefaßt, in den Statuten der Gesellschaft einen Passus vorzusehen, der die Dividende auf 4 % begrenzte. Alle weiteren Gewinne sollten einem Reservefonds zugewiesen werden, über dessen Verwendung die Generalversammlung der Aktionäre zu beschließen hatte. Um jede Einflußnahme von außen auszuschließen, beschloß die Kommission weiterhin, daß die Aktien ohne Zustimmung des Vorstandes nicht veräußert werden konnten.

Der Entschluß zur Gründung einer Kapitalgesellschaft, die der Aufsicht des *Reichsamtes für Privatversicherungen* unterstand, beinhaltete zugleich die Entscheidung, Tarife mit Rechtsanspruch einzuführen. Die zwangsläufige Folge dieser Entscheidung war, daß sich das unternehmerische Risiko für die Trägerorganisationen erhöhte. Andererseits jedoch, und darin bestand der große Vorteil dieser Entwicklung, verbesserte sich die Leistungsstruktur und somit auch der Wert des Unternehmens im Bewußtsein der Arbeiterschaft in einem entscheidenden Punkt. Zudem beseitigten Gewerkschaften und Genossenschaften damit von vorneherein einen möglichen Kritikpunkt an ihrer Konzeption und verhinderten dadurch mittelbar auch eine denkbare Schwächung ihrer

Positionen in anderen Bereichen. So etwa in ihrer Auseinandersetzung mit den sozialpolitischen Praktiken der Großindustrie, bei der es immer wieder auch um die Frage des fehlenden Rechtsanspruchs an innerbetriebliche Pensionsfonds und andere Kassen ging.

Konflikte im Innenverhältnis: Gewerkschaften gegen Genossenschaften

Die Frage der Rechtsform blieb nicht der einzige Punkt, in dem das ursprüngliche Gründungskonzept abgeändert wurde. Während die genannte Entscheidung einvernehmlich von beiden Trägerorganisationen getroffen wurde, gab es andere Punkte, in denen es zu Auseinandersetzungen kam. Ein Teil dieser Konflikte hatte seine Ursache darin, daß die zwangsläufigen Folgen der Entscheidung über die Rechtsform nicht von allen Beteiligten von Anfang an in gleicher Schärfe gesehen wurden. Auseinandersetzungen auf anderen Feldern ergaben sich dagegen eher aus prinzipiellen Unterschieden in den Interessen und Zielsetzungen von Konsumgenossenschaften und Gewerkschaften.

Ein Problem, das anfänglich kaum besondere Aufmerksamkeit gefunden hatte, im Laufe der Diskussionen dann aber immer stärker in den Vordergrund rückte und zum Gegenstand eines heftigen Streites zwischen beiden Organisationen wurde, war die Frage der Begrenzung des Versichertenkreises.

In der ersten Phase des Gründungsprozesses hatte zwischen Konsumgenossenschaften und Gewerkschaften Einverständnis darüber geherrscht, daß der Versichertenkreis auf die Mitglieder der beiden Trägerorganisationen zu beschränken sei. Diese Beschränkung war jedoch von dem Augenblick an nicht mehr aufrechtzuerhalten, als der Beschluß zur Gewährung von Versicherungsleistungen mit einem einklagbaren Rechtsanspruch gefaßt war. So nötigte das Reichsaufsichtsamt den Vertretern der Gewerkschaften schriftlich und mündlich die Erklärung ab, auch bei ausgetretenen und selbst bei ausgeschlossenen Mitgliedern („Streikbrechern") für eine regelmäßige Beitragskassierung zu sorgen[34].

Malz-Kakao-Würfel
kräftig — erquickend
sehr geeignet für Touristen!

Die Rechnungsstelle der „Volksfürsorge" ist mit dem Sekretariat der Konsumgenossenschaft „Hoffnung" vereinigt worden. Das Büro befindet sich jetzt in Kalk-Gremberg, Zentrale der Genossenschaft. Wie im Inseratenteil ersichtlich, sucht die „Volksfürsorge" branchenkundige und solche Genossen, die sich der Sache der „Volksfürsorge" widmen wollen, als Akquisiteure. Offerten unter Angabe der bisherigen Betätigung in der Arbeiterbewegung sind an die Rechnungsstelle, Sekretariat der Konsumgenossenschaft „Hoffnung", Postamt Köln-Kalk, zu richten.

„Volksfürsorge" Wir suchen per sofort eine Anzahl gegen Provision arbeitende Akquisiteure. Die Bewerber müssen gewerkschaftlich und genossenschaftlich organisiert sein. Genossen, die in der Versicherungsbranche kundig sind, oder sich derselben zuwenden und sich einen Nebenverdienst verschaffen wollen, wollen ihre Offerte unter Angabe ihrer bisherigen Tätigkeit in der Arbeiterbewegung an untenstehende Adresse gelangen lassen. Unser Büro ist nach der Zentrale der Konsumgenossenschaft Hoffnung, Kalk-Gremberg, verlegt worden. Bei Zuschriften genügt folgende Adresse: Sekretariat Konsumgenossenschaft Hoffnung, Postamt Köln-Kalk. Unsre Telephonnummer ist Kalk 169. **Die Rechnungsstelle.**

Anzeige aus der Zeitschrift „Die Genossenschaft" der Konsumgenossenschaft „Hoffnung"

Die Konsumgenossenschaften nahmen diese Entwicklung zum Anlaß, ihre bisher in dieser Frage vertretene Auffassung abzuändern. Genaugenommen handelte es sich dabei allerdings nicht um eine vollständige Kehrtwendung, da in den Verhandlungen der Studienkommission bis zu diesem Zeitpunkt die Frage des Mitgliederkreises noch nicht eingehend behandelt worden war. Nun sprachen sich vor allem die in den provisorischen Vorstand des Unternehmens berufenen Repräsentanten der Konsumgenossenschaftsbewegung gegen eine Beschränkung der Werbearbeit auf den organisierten Teil der Arbeiterschaft aus. Ein solches Vorgehen, so lautete ihre Begründung, hieße, „ein großes Gebiet für den Abschluß von Versicherungen einfach den gegnerischen Gesellschaften [zu] überlassen und dadurch die Volksfürsorge in ihrer Entwicklung wesentlich [zu] hemmen. Eine Volksversicherung wird nur Erfolg haben, wenn sie als Massengeschäft betrieben wird. Vom rein versicherungstechnischen Standpunkt ist es erforderlich, dahin zu wirken, daß der Kreis der Versicherten der Volksfürsorge ein möglichst großer wird; dadurch wahren wir auch am besten die Interessen der Gewerkschaften und Genossenschaften, die, wenn die Volksfürsorge Erfolge hat, sich zweifellos die Sympathien weiter, ihnen heute noch fernstehender Volkskreise erwerben werden"[35].

In den folgenden Verhandlungen mit den Vertretern der *Generalkommission* nutzten die Konsumgenossenschaften die indirekte Schützenhilfe des Reichsamtes, um sich mit ihren Auffassungen von der Ausdehnung des anzusprechenden Versichertenkreises gegenüber den Gewerkschaften möglichst weitgehend durchzusetzen. Umgekehrt bemühte sich die *Generalkommission* unter Carl Legien und besonders auch Gustav Bauer darum, auf informellem Wege mit den Konsumgenossenschaften eine Absprache zu erreichen, daß die von ihr weiterhin abgelehnte Ausweitung in der Praxis möglichst eingedämmt werden sollte.

Die Bedenken der Gewerkschaften wurden zum Teil mit der Sorge begründet, die neugeschaffene Gesellschaft könne sich, ginge man auf die Wünsche der Konsumgenossenschaften ein, zu einer „Jedermann"-Versicherung entwickeln, die, ähnlich wie die privatkapitalistische Konkurrenz, eine „Acquisition von Haus zu Haus" betreiben und sich in ihrem Geschäftsgebaren dann rasch der Konkurrenz anpassen werde[36].

Erst kurz vor der Aufnahme des Geschäftsbetriebes, im Jahre 1913, gelangten

Brotabgabetag während des Ersten Weltkriegs in einer Verteilungsstelle der Konsumgenossenschaft „Hoffnung" in Köln

Gewerkschaften und Genossenschaften bzw. Vorstand und Aufsichtsrat des Unternehmens zu einem Kompromiß. Man einigte sich darauf, zumindest für die Anfangsphase die von den Gewerkschaften geforderte Zurückhaltung gegenüber nichtorganisierten Arbeitnehmern und ihren Familien zu üben, stellte dem Unternehmen jedoch anheim, sich langfristig in die von den Konsumgenossenschaften gewünschte Richtung zu entwikkeln.

In den Auseinandersetzungen zwischen Gewerkschaften und Genossenschaften über die Fragen des Versichertenkreises und seiner Begrenzung spiegelten sich, wie auch oben bereits betont, Unterschiede grundsätzlicher Art in den Zielsetzungen und Interessen beider Säulen der Arbeiterbewegung wider. Grundsätzlich war der Mitgliederkreis der Konsumgenossenschaften anders, vor allem weiter gezogen als der der gewerkschaftlichen Verbände. Von dorther ist auch zu erklären, daß die Haltung der Genossenschaften weniger klassen- und organisationsbezogen war und blieb. Aus dieser spezifischen Interessenlage heraus traten die Genossenschaften früher und konsequenter als die Gewerkschaften für eine Öffnung der Arbeiterbewegung hin zu einer sozialen Volksbewegung ein. Umgekehrt betrachteten die Führungen der Gewerkschaften die Gründung der *Volksfürsorge* über lange Zeit ganz aus der Perspektive ihrer Erfahrungen mit den verbandseigenen Versicherungskassen alten Stils. Deren Hauptaufgabe bestand in der Verringerung der Mitgliederfluktuation und in der unmittelbaren Förderung der gewerkschaftlichen Organisationen. In ganz ähnlicher Weise wurde auch der *Volksfürsorge* die Aufgabe zugedacht, die klassenmäßige Solidargemeinschaft und deren wichtigsten organisatorischen Träger, die gewerkschaftlichen Verbände, zu festigen. Von der Vorstellung, daß die *Volksfürsorge* in diesen Zusammenhang einzuordnen sei, trennten sich die Gewerkschaften auch in den Jahren nach der Jahrhundertwende nur sehr zögernd. Die genaue Untersuchung des Gründungsprozesses machte insofern erst recht deutlich, welchen konzeptionellen Entwicklungssprung die Gewerkschaften mit der Gründung der *Volksfürsorge AG* vollzogen.

1918–1933

*Maidemonstration 1923
vor dem wiederaufgebauten
Leipziger Gewerkschaftshaus*

MONATSBLÄTTER FÜR KULTUR D. ARBEITERSCHAFT
KULTURWILLE
WOHNEN
UND
BAUEN
No. 10
LEIPZIG
1. OKT. 1929

Gründerjahre – Die Wirtschaftsunternehmen der Arbeiterbewegung in der Weimarer Republik

SPD-Plakat zur Hamburger Bürgerschaftswahl 1927/28

Wohl in keiner anderen Phase der deutschen Geschichte gab es im Bereich der wirtschaftlichen Selbsthilfe der Arbeiterbewegung so vielfältige praktische Initiativen, so intensive theoretische Reflektionen und Debatten wie in der Zeit der Weimarer Republik. Experimentelle Praxis und Theorie standen in engstem Wechselverhältnis miteinander. Was aber machte diese Zeit zu Gründerjahren in der Entwicklung gewerkschaftlicher Wirtschaftsunternehmen?

Starke Impulse zur Ausdehnung der wirtschaftlichen Tätigkeit der Arbeiterbewegung gingen von bis dahin nicht gewerkschaftlich organisierten Gruppen, wie den Angestellten und Beamten, aus. Mit diesen Gruppen erweiterte sich die Arbeiterbewegung der Vorkriegszeit zur Arbeitnehmerbewegung.

Die Ursachen für diese Entwicklung lagen vor allem auf ökonomischem Gebiet. Weltkrieg und Inflationszeit hatten bei diesen Schichten die Illusion zerstört, ihr Lebensstandard werde auf Dauer von Konjunktur, Inflation und Arbeitsmarktschwankungen unberührt bleiben. Eine Welle der Vergewerkschaftung erfaßte daraufhin die traditionellen Angestellten- und Beamtenorganisationen. Anders als in der sozialdemokratisch-freigewerkschaftlichen Arbeiterschaft gab es bei diesen neuen Gruppen keine ideologischen Vorbehalte gegenüber Aktivitäten auf wirtschaftlichem Gebiet. Tatsächlich gelang es einzelnen Beamten- und Angestelltenverbänden in nur wenigen Jahren, große und überaus erfolgreiche Wirtschaftsunternehmen aufzuziehen.

Da die neuen zur Gewerkschaftsbewegung stoßenden gesellschaftlichen Gruppen – nicht anders als die Arbeiterschaft – wiederum in verschiedene weltanschauliche Lager gespalten waren, vervielfachte sich durch ihre Tätigkeit auf wirtschaftlichem Gebiet zwangsläufig auch die Zahl der Unternehmungen. Nur in wenigen Fällen kam es zu einer Berufe, Schichten und Weltanschauungen übergreifender Kooperation.

Die verstärkte Gründungstätigkeit bei den Wirtschaftsunternehmen nach 1918 war im übrigen auch ein Resultat des verschärften Konkurrenzdrucks zwischen den Gewerkschaften, der durch die Neugründungen angefacht worden war. Florierende Wirtschaftsunternehmen erschienen vielen Verbänden als geeignete Instrumente im Kampf um Mitglieder und ökonomische Ressourcen.

Darüber hinaus war den Wirtschaftsunternehmen die Aufgabe zugedacht, als Bindemittel in den sozialen Milieus zu wirken, aus denen sich die Berufsverbände rekrutierten. Besonders in konservativen Beamten- und Angestelltenverbänden beobachtete man mit Sorge, wie der fortlaufende Generationswechsel, die Mobilisierungs- und Umschichtungseffekte des Krieges und der Ausbau einer modernen Freizeit- und Kulturindustrie in der Weimarer Republik die eigenen Herkunftsmilieus aufzuweichen drohten. Die Gründung eigener Wirtschaftsunternehmen sollte vor dem Hintergrund dieser Prozesse dazu beitragen, die Bindungen zwischen Organisationen und Milieus zu vertiefen und das Milieu selbst durch den Aufbau einer materiellen Infrastruktur zu stabilisieren.

Der Umfang wirtschaftlicher Aktivitäten der Arbeiterbewegung nahm schließlich auch dadurch zu, daß die nach wie vor größten freigewerkschaftlichen Verbände ihre traditionellen Bedenken gegenüber der Gründung eigener Wirtschaftsunternehmen endgültig ablegten und auf einer Reihe von Feldern, wie dem Bankensektor, neue Initiativen unternahmen.

Nicht zu übersehen ist schließlich auch der Beitrag, den die Basis selbst zum Ausbau der gewerkschaftlichen Wirtschaftsunternehmen leistete. Die Enttäuschung über die Konzeptionslosigkeit der Organisationen und ihrer Führungen in den entscheidenden Monaten der Revolution und das Ausbleiben der erhofften wirtschaftsdemokratischen Umgestaltung erwiesen sich als starker Motor für Versuche zu einer Sozialisierung von unten. Vor allem im Bausektor entwickelte sich daraus eine Bewegung, die zur Gründung einer größeren Zahl produktivgenossenschaftlicher Unternehmungen führte.

Im Wechselbad der Konjunktur: die Konsumgenossenschaften

Die heftigen Ausschläge der wirtschaftlichen Konjunktur in den Jahren zwischen dem Ausbruch des Ersten Weltkrieges und der nationalsozialistischen Machtergreifung sowie die tiefen politischen Einschnitte in diesem Zeitraum bestimmten auch maßgeblich das weitere Schicksal der konsumgenossenschaftlichen Bewegung. Die gleichmäßige Aufwärtsentwicklung der Konsumvereine seit den 1890er Jahren endete abrupt mit dem Beginn des Ersten Weltkrieges.

Viele geplante und schon begonnene Erweiterungsprojekte mußten zurückgestellt werden. Baumaßnahmen wurden aus Mangel an geeigneten Arbeitskräften wie an Materialien abgebrochen. Große Teile des männlichen Verkaufspersonals und auch der gewählten Aufsichtsräte und Vorstände wurden einberufen. In den ersten Wochen und Monaten des Krieges litten die Konsumvereine zudem unter den Folgen des „Kriegsstoßes", jener durch die Mobilmachung und die Umstellung auf die Kriegswirtschaft hervorgerufenen allgemeinen Desorganisation, die überall zu Produktionsstillständen und Massenentlassungen führte[37]. In dieser Lage kam es zu panikartigen Hamsterkäufen der Bevölkerung, wodurch wiederum lokale und regionale Engpässe in der Lebensmittelversorgung entstanden. Während kleinere Konsumvereine ihre Warenbestände ausverkauften, konnten größere regulierend und ausgleichend auf den Lebensmittelmarkt einwirken.

Eine Reihe von Konsumvereinen wurde mit den kriegsbedingten Schwierigkeiten – neben der Güterbeschaffung warf der Personalmangel große Probleme auf – nicht fertig und ging in Konkurs. Andere existierten nur noch auf dem Papier weiter, ohne daß man sie formell aufgelöst hätte. In der verbandlichen Statistik spiegelt sich diese Entwicklung als leichter Rückgang in der Zahl der dem ZdK angeschlossenen Konsumvereine wider. Ähnlich entwickelten sich auch die Betriebsergebnisse. Umsätze und Gewinne der ZdK-Vereine gerieten ins Stocken bzw. gingen in den vier Kriegsjahren leicht zurück. Dagegen stiegen die Mitgliederzahlen weiter an. Unter den Neueintretenden befanden sich erstmals in größerer Zahl Angehörige sozialer Gruppen, die der Arbeiterbewegung bis dahin gesellschaftlich und politisch ferngestanden hatten. Ihnen ging es angesichts der allgemeinen Lebensmittelknappheit vor allem um die Sicherung möglichst vieler Bezugsquellen. Zu einer Umsatzsteigerung führte die Mitgliederzunahme anders als vor 1914 jedoch nicht, da sich die Belieferung der Vereine im Verlauf des Krieges stetig verschlechterte.

Mit dem Ende des Krieges und dem Zusammenbruch des alten Obrigkeitsstaates sah sich die Arbeiterbewegung plötzlich in die Rolle der innenpolitisch wichtigsten Ordnungsmacht versetzt. Die Bedeutung, das Ansehen und auch die Mitgliederzahlen der Gewerkschaften nahmen stark zu. Eine vergleichbare Entwicklung ist auch bei den Konsumvereinen zu beobachten. In den Jahren nach 1918/19 erlebten die Konsumgenossenschaften eine regelrechte Beitrittswelle; in knapp vier Jahren schlossen sich ihnen rd. eine Million neue Mitglieder an.

In wirtschaftlicher Hinsicht führte das Kriegsende jedoch zu keiner wirklichen Normalisierung der Verhältnisse. Es blieb bei einer kurzfristigen Scheinblüte im Sog der immer rascher voranschreitenden Geldentwertung. Die Anfangserfolge der Gewerkschaften bei den Lohnabschlüssen wurden durch die Inflation bald zunichte gemacht. Immer steiler führte der Weg nach unten. Parallel zum Rückgang der Massenkaufkraft sanken auch die Umsätze und Gewinne der Konsumgenossenschaften.

Ein Jahrzehnt nach Ausbruch des Ersten Weltkrieges befand sich die Bewegung in ihrer bis dahin schwersten Existenzkrise. Die Einführung der Rentenmark und mit ihr die Stabilisierung der Währung bedeuteten Rettung in letzter Stunde.

Die Stabilisierung bescherte der Republik eine kaum sechs Jahre dauernde Phase relativ günstiger wirtschaftlicher Konjunktur. Die konsumgenossenschaftliche Bewegung nutzte diese Zeit, um die Schäden von Krieg und Inflation zu beseitigen und den Vorkriegsentwicklungsstand zu erreichen, den sie dann in der zweiten Hälfte der zwanziger Jahre deutlich übertraf.

In den ersten beiden Jahren nach der Einführung der Rentenmark durchlief die Bewegung einen umfassenden internen Reinigungsprozeß. Die Mitgliederkarteien wurden durchforstet und Nichtkäufer unter den Genossen nach entsprechenden Fristen ausgeschlossen. Eine ganze Reihe von Genossenschaftsgründungen aus der letzten Inflationsphase, in der eine Rentabilitätsrechnung nicht mehr möglich gewesen war, wurde liquidiert[38].

Dieser innere Reinigungsprozeß führte zeitweise zum Rückgang der Zahl der Konsumgenossenschaften und ihrer Mitglieder. Er bildete jedoch auch eine wesentliche Voraussetzung für die wirtschaftliche und ideologische Festigung der Bewegung. Nach dem Ende der Ausschlußaktion im Jahre 1927 nahmen die Mitgliederzahlen bis einschließlich des ersten Jahres der Wirtschaftskrise wieder zu. Ende der zwanziger Jahre pendelte sich die Mitgliederzahl der Konsumvereine des ZdK bei rd. drei Millionen ein.

Christliche Konsumgenossenschaften der Weimarer Republik

Der Konsument betrügt sich nicht selbst. Die Konsumgenossenschaften warben mit den Vorteilen, die sich aus dem selbstorganisierten Zusammenschluß der Verbraucher ergaben. „Genossenschaftsfamilie“, Organ des christlichen Reichsverbandes Deutscher Konsumgenossenschaften, Nr. 1/1931

Das genossenschaftliche Identitätsprinzip

In der christlichen Arbeitnehmerschaft galten die Konsumgenossenschaften als Basis für den Aufbau eines nicht-profitorientierten Wirtschaftssystems. Nicht der direkte Kampf gegen das bestehende System, sondern die Erfolge der eigenen Unternehmen sollten den Umschwung bewirken

Werbung aus der Mitgliederzeitschrift „Genossenschaftsfamilie"

In der wirtschaftlichen Entwicklung der Genossenschaften deuteten sich im Vergleich zur Vorkriegszeit jedoch auch einige wichtige Veränderungen an. Auch in den „besten Jahren" der Weimarer Republik erreichten die Reingewinne und die aus ihnen finanzierten Rückvergütungen nicht mehr das Vorkriegsniveau. Der Konkurrenzkampf im Lebensmitteleinzelhandel hatte sich wesentlich verschärft. Verstärkt wurde diese Entwicklung durch das weitere Vordringen großbetrieblicher Verteilungsformen, wie Warenhäuser und Filialbetriebe. Gerade in letzteren erstanden den Konsumvereinen ernstzunehmende Konkurrenten, die den Rationalisierungsvorsprung der Genossenschaften einebneten und zum Teil sogar übertrafen.

Die Konsumgenossenschaften reagierten auf diese Entwicklung mit verstärkten Rationalisierungsbemühungen. Die Vollmachten der gesetzlich vorgeschriebenen Prüfungsverbände wurden ausgedehnt und präzisiert. In größeren Konsumvereinen ging man verstärkt dazu über, hauptberufliche Verteilungsstellenkontrolleure einzusetzen – ein Indiz dafür, daß der gewählte Aufsichtsrat als traditionelles ehrenamtliches Kontrollor-

„Vorwärts Befreiung" Wuppertal hatte seinerzeit die größte einheitliche Konsumgenossenschaftszentrale in Deutschland

Die Gemeinwirtschaft

Nummer 6 Juni 1931 11. Jahrgang

Ein Wahrzeichen
konsumgenossenschaftlicher Wirtschaftsmacht!

Die neue Betriebszentrale der Konsumgenossenschaft „Vorwärts-Befreiung" Wuppertal.

Konsumenten, organisiert euch in der Konsumgenossenschaft „Vorwärts"

Unbeschadet der Stellung in Staat und Wirtschaft führen wir alle einen verzweifelten Kampf um unsere Existenz. Die Einkommensverhältnisse sind geradezu traurig zu nennen. Bitterste Not pocht an den ärmlichen Wohnungen großer Teile der Bevölkerung. Der Selbsterhaltungstrieb zwingt zum Nachdenken und zum praktischen Handeln. Im Kampf um die Existenz der Familie haben ganz besonders unsere **Frauen** zu prüfen, wer an diesem Zustande Schuld trägt und eine Verbesserung der Lebenslage immer wieder verhindert. Die Frauen sollten deshalb prüfen, ob sie ihre große Macht, die im Einkauf liegt, auch richtig verwerten: **denn Kaufkraft erzeugt Kapitalkraft.** Wer mit seiner Kaufkraft die Stützen der privatkapitalistischen Wirtschaft stärkt, fördert das Profitinteresse und damit die Verteuerung der Lebenshaltung selbst. Der wirtschaftliche Reaktionär, der Feind des Achtstundentages, der Feind der Sonntagsruhe, der Lehrlingszüchter und Ausbeuter fremder Arbeitskraft lacht über den dummen Konsumenten, der sich durch geschickte Reklame zu seiner Bereicherung einfangen läßt.

Konsument, das von den organisierten Arbeitern, Angestellten und Beamten seit Jahren geförderte Unternehmen, die Konsumgenossenschaft „Vorwärts" ist dein bester Freund, sie wird mit deiner Hilfe auch dein bester Helfer

Konsumenten, organisiert euch in der Konsumgenossenschaft „Vorwärts"

gan nicht mehr in der Lage war, seine Aufgaben im notwendigen Umfange selbst zu erfüllen. Um die Qualifikation des Leitungspersonals zu verbessern, baute man das Fortbildungswesen aus.

Die Rationalisierungsbewegung erfaßte auch die Werbearbeit. Die *GEG* modernisierte Stil und Instrumente der Werbung, etwa durch den Einsatz von Filmen. Trotz des Aufkommens großbetrieblicher Konkurrenz verstand sich die konsumgenossenschaftliche Bewegung immer noch als Speerspitze des technologischen Fortschritts im Handel.

Zur Stärkung konsumgenossenschaftlicher Wirtschaftsmacht trug auch der beschleunigte Ausbau der zentralen Eigenproduktion bei. Bis 1930 stieg der Anteil eigener Produkte am Gesamtumsatz der Konsumvereine auf mehr als ein Viertel. Bei den meisten Produktionsunternehmen handelte es sich um ehemalige Produktivgenossenschaften, die bereits über längere Zeit mit der *GEG* in geschäftlichem Kontakt gestanden hatten und von dieser in den zwanziger Jahren zu modernen Großunternehmen auf Aktienbasis ausgebaut wurden.

Ende der zwanziger Jahre verfügte die *GEG* u. a. über eine eigene Weberei, Kleiderfabriken, Färbereien, einen großen chemischen Betrieb und umsatzstarke Seifenfabriken in Riesengröba. Hinzu kamen Betriebe im Bereich der Nahrungs- und Genußmittelindustrie sowie eigene Verpackungsunternehmen.

Die verstärkte Rationalisierung und der Ausbau der Eigenproduktion wirkten sich auch auf die Struktur der konsumgenossenschaftlichen Bewegung aus. Das Gewicht der Zentralinstitutionen, *ZdK* und *GEG*, innerhalb der Bewegung nahm zu. Auch trieben beide Entwicklungen den Professionalisierungsprozeß weiter voran. Organisation und Leitung großer Produktionsbetriebe erforderten die Anstellung und Ausbildung eines großen Stabes von qualifiziertem Fachpersonal. Diese Entwicklung ging besonders in den Zentralen fast ganz zu Lasten des ehrenamtlichen Elementes. Die Bewegung zahlte damit den Tribut für ihre zunehmende Ausweitung. Veränderungen infolge des fortgesetzten Wachstums sind auch in der Selbstverwaltung zu erkennen.

Ursprünglich war die innere Verfassung der Konsumvereine streng nach den Prinzipien direkter Demokratie aufgebaut. Ein nach dem Aktienbesitz gewichtetes Stimmrecht, wie es zum Teil bei den mittelständischen Genossenschaften gehandhabt wurde, lehnten die Konsumvereine strikt ab. Es galt der Grundsatz, daß dem einzelnen Mitglied, unabhängig von seiner wirtschaftlichen Stärke, nur jeweils eine Stimme zustehe. Diese basisdemokratischen Grundsätze, auf denen das Selbstbewußtsein der Bewegung ganz wesentlich beruhte, wurden jedoch zum Teil schon durch das rasche Wachstum der Bewegung in den Jahren seit der Jahrhundertwende vielerorts fragwürdig. Besonders in den großen, oft schon mehr als 10 000 Mitglieder umfassenden städtischen Vereinen war die Vorstellung von der Generalversammlung der Mitglieder als letzter Instanz genossenschaftlicher Selbstverwaltung längst zur Fiktion geworden.

Der christliche Konsumverein „Eintracht" in Würselen eröffnete ein „Spezialhaus für rationelle Fußbekleidung"

Die „Heinrich-Lorenz-Stiftung" in Oberhof/Thüringen, das Erholungsheim für die Beschäftigten des Zentralverbandes

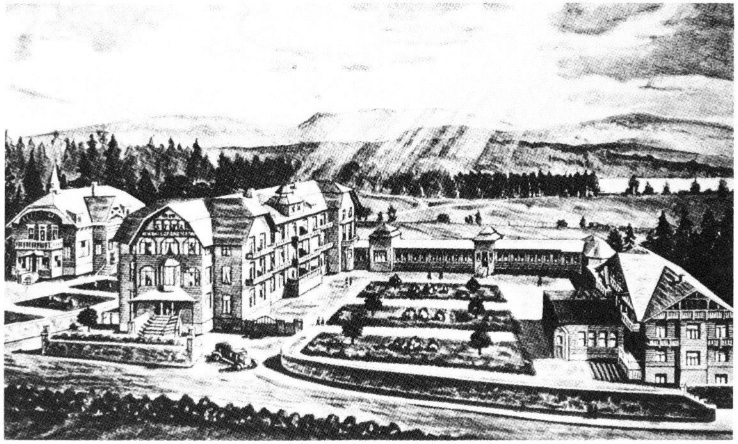

Butter-Kühlraum der christlichen Konsumgenossenschaft „Eintracht" in Köln

Unten: Werbestand der Konsumgenossenschaft „Vorwärts" Dresden

Der Einkauf in der Konsumgenossenschaft hatte auch symbolische Bedeutung. Mit dem Kauf unterstützte man den Aufbau einer eigenen Wirtschaft

Anfang der zwanziger Jahre drängten der *Zentralverband* und sein christlich-gewerkschaftliches Gegenstück, der *Reichsverband deutscher Konsumvereine,* Regierung und Ministerialbürokratie zu einer Novellierung des Genossenschaftsgesetzes von 1889. In mehreren Teilschritten, 1922, 1923 und 1926, wurden repräsentative Elemente in die Genossenschaftsverfassung eingeführt. Seit 1926 schrieb der Gesetzgeber für Genossenschaften mit mehr als 3 000 Mitgliedern die Einführung einer Vertreterversammlung zwingend vor.

Mit dieser Veränderung ihrer inneren Struktur nahm die konsumgenossenschaftliche Bewegung in den zwanziger Jahren Abschied von den direktdemokratischen Vorstellungen ihrer Frühzeit. Eine grundlegende Veränderung bedeutete dies dennoch nicht. Zum einen, weil vieles von dem, was in den Jahren nach 1918/19 gesetzlich festgelegt wurde, ohnehin längst Praxis geworden war; zum anderen aber, weil wichtige Grundsätze der Bewegung, wie die Autonomie der lokalen Vereine u. v. a. m., grundsätzlich fortbestanden. Jeder Versuch, hier (etwa im Zeichen von Rationalisierung und Leistungssteigerung) eine Veränderung herbeizuführen, traf auf zähen, hartnäckigen Widerstand und hätte, mit Nachdruck betrieben, zwangsläufig die Einheit dieser auf freiwilligem Zusammenschluß beruhenden Bewegung bedroht. So fand auch der 1923 in einer Denkschrift geäußerte Vorschlag, den Genossenschaftstag aus Gründen der Kostenersparnis nur noch alle zwei oder drei Jahre einzuberufen und an seine Stelle einen erweiterten Generalrat zu setzen, keine Mehrheit[39].

Ein weiterer Beleg für die ideologische Stetigkeit im Selbstverständnis der konsumgenossenschaftlichen Bewegung ist die Einstellung zur Frage des Nichtmitgliedergeschäftes. Der Verzicht auf den Verkauf an Nichtmitglieder als ein Grundprinzip genossenschaftlicher Geschäftspolitik war vor dem Ersten Weltkrieg weitgehend unumstritten. Alle Ansätze zu einer Lockerung dieser Haltung wurden von der Führung des *ZdK* als Verwässerung grundsätzlicher ideologischer Positionen kritisiert. Lediglich zu Werbe-

Christliche Hauszeitschrift

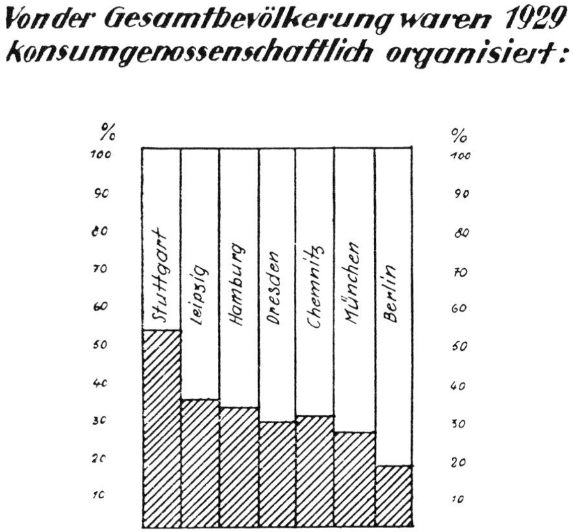

Die Konsumgenossenschaften kommen in Fahrt

Bielefelder Konsumverein um 1900

Pferdewagen des „Lebensbedürfnis- und Produktivvereins" Freiburg i.Br. um 1900

Lieferwagen um 1910

Festwagen zur Feier des internationalen Genossenschaftstags, Mitte der 20er Jahre

Der fahrende Laden der Konsumgenossenschaft Lörrach in den 50er Jahren, „Rollko" genannt

Konsumgenossenschaft „Vorwärts" Dresden

zwecken war man bereit, in geringem Umfang Nichtmitglieder für eine gewisse Zeit zum Verkauf zuzulassen.

Die Diskussion um diese Fragen kam Anfang der zwanziger Jahre in Gang, als von verschiedenen Seiten die Novellierung des Genossenschaftsgesetzes von 1889 gefordert wurde. Der § 8 des Gesetzes, das noch ganz die Handschrift des Vaters der mittelständischen Genossenschaftsbewegung, Schultze-Delitzsch, trug, sah u. a. bei Strafandrohung das Verbot des Verkaufs an Nichtmitglieder vor. Von ihrem Ursprung her handelte es sich bei dieser Bestimmung um ein handfestes Stück Mittelstandsprotektionismus, das den Konsumvereinen in den Jahren vor 1914 zahlreiche Schikanen und Anzeigen durch die mittelständische Konkurrenz eingebracht hatte. Trotz dieser negativen Seiten blieb die freigewerkschaftliche Konsumvereinsbewegung jedoch aus ideologischen Gründen auch jetzt bei ihrer grundsätzlich positiven Einstellung zu dem im Gesetz ausgesprochenen Verbot. In seinem Jahrbuch von 1920 nahm der *ZdK* in folgender Weise dazu Stellung: „Das Verbot des § 8 des Genossenschaftsgesetzes kann daher die Konsumvereine nicht nur nicht schädigen, sondern muß sie fördern, da die Vorschrift aus dem Wesen der Genossenschaft entspringt."[40]

Der *ZdK* bekräftigte hier seine traditionellen ideologischen Positionen. Bemerkenswert erscheint daran, daß er offenbar auch bereit war, um der ideologischen Reinheit willen das Gesetz mit seinen formellen Verboten und Strafandrohungen zu akzeptieren, und auf die Möglichkeit – etwa nach dem Vorbild der englischen Bewegung – die geforderten Verhaltensweisen bei seinen Mitgliedern auf freiwilligem Wege durch Überzeugungskraft durchzusetzen, verzichtete. Gerade dieser Umstand unterstreicht den weiterhin hohen Stellenwert der überkommenen genossenschaftlichen Zielsetzungen im Selbstverständnis der Bewegung in den zwanziger Jahren.

Vor allem aus den Kreisen des bürgerlichen Mittelstandes wurden die Unternehmen der Arbeiterschaft, insbesondere die Konsumgenossenschaften, politisch bekämpft. Wahlplakat der mittelständischen „Wirtschaftspartei"

Wir fassen zusammen: Trotz zeitweiser Unterbrechungen und Rückschläge setzte sich der Aufstieg der konsumgenossenschaftlichen Bewegung in den Jahren nach dem Ersten Weltkrieg fort. Im Jahre 1930 stand die Bewegung auf ihrem Höhepunkt. Freigewerkschaftliche und christliche Genossenschaften zusammen brachten es auf eine Gesamtmitgliederzahl von rd. 3,5 Millionen. Rechnet man zu dieser Zahl noch den über die Haushaltungen miterfaßten Personenkreis hinzu, kommt man leicht auf eine Zahl von mehr als 10 Millionen Menschen, die mit der Bewegung direkt oder indirekt verbunden waren.

Trotz der ungünstigen wirtschaftlichen Rahmenbedingungen behauptete sich die konsumgenossenschaftliche Bewegung im wesentlichen aus eigener Kraft. Gewisse Hilfestellungen gab es zeitweise von anderen Wirtschaftsunternehmen der Arbeiterbewegung, wie der *Volksfürsorge* und der *Arbeiterbank*, dem 1924 gegründeten freigewerkschaftlichen Bankinstitut. Das Fundament des Aufstiegs nach dem Tiefpunkt der Inflationszeit bildete jedoch in erster Linie das Vertrauen der Mitglieder, das sich auch in den rasch wachsenden Spareinlagen niederschlug. Das fortgesetzte Wachstum der Bewegung führte zu einer Reihe von Veränderungen in ihrer Binnenstruktur, die jedoch den Charakter der Bewegung als Ganzes nicht entscheidend veränderten. Nach wie vor blieb die Bewegung fest in ihrem ursprünglichen sozialen Umfeld verankert. Dies gilt nicht nur für die freigewerkschaftliche Bewegung, sondern auch für ihr kleineres christlich-nationales Gegenstück.

In den vielfältig verflochtenen Sozialbeziehungen, die das freigewerkschaftlich-sozialdemokratische Milieu ausmachten, bildete der *Konsum* in der Weimarer Republik immer noch einen der zentralen Schwerpunkte. Besonders in kleineren Orten symbolisierte oft nicht das Gewerkschafts- oder Parteihaus, sondern der Konsumladen das Vorhandensein der Arbeiterbewegung. Nur aus dieser ungebrochenen Einbindung in das jeweilige Milieu erklärt sich auch das große Ausmaß ehrenamtlicher Tätigkeit, von dem die Bewegung immer noch wesentlich getragen wurde.

Erinnerungen an den Konsum

„Einkaufen gingen wir immer in die Lübbener Straße – beim Konsum. Zu Hause wurde ins Einkaufsbuch geschrieben, was wir brauchten, da mußten wir gleich überlegen, was wirklich notwendig war, und wurden nicht im Laden, so wie heute, durch Sonderangebote verführt. Mit dem Buch ging man dann in den Laden und warf es durch einen Schlitz in den Kasten, der auf der Theke stand. Die Verkäuferinnen nahmen dann die Bücher der Reihe nach heraus und suchten die Waren zusammen, die man aufgeschrieben hatte. Während man wartete, bis man dran kam, konnte man sich immer mit den anderen Kunden unterhalten. Wir kannten uns ja alle. Entweder vom Arbeiter-Turn- und Sport-Bund oder von der Sozialistischen Jugend oder von der SPD und Gewerkschaft. Im Konsum kauften fast nur organisierte Arbeiter ein. Das war unser Laden. Am Ende des Jahres wurde abgerechnet, wieviel wir insgesamt eingekauft hatten, und darauf bekamen wir dann Prozente. Bei uns wurden von dem eingesparten Geld immer die Kohlen gekauft. Einmal im Monat gingen wir in das große Kaufhaus Konsum am Oranienplatz (vgl. Bild S. 208).

Mitglied im Konsum war meine Mutter, sie war auch im Mitgliederausschuß. Dort mußte sie die Geschäftsleitung überprüfen und auch Gewichte kontrollieren und darauf achten, daß es immer sauber im Laden war. Denn der Laden war ja Eigentum der Kunden. Einmal im Jahr wurden die Delegierten für die Generalversammlung der Konsumgenossenschaft gewählt. Da waren im Laden dann Wahlurnen aufgestellt, und jedes Mitglied konnte seine Stimme abgeben. Meine Mutter ist oft zu den Abenden für Frauen gegangen, die der Frauenausschuß der Genossenschaft organisierte. Es waren manchmal Vorträge oder Kochvorführungen, manchmal wurde auch ein neues Haushaltsgerät vorgeführt, aber wichtiger war wahrscheinlich, daß die Frauen unter sich waren und einmal aus der Familie herauskamen. Gespart haben wir auch. Im Laden gab es kleine Schränkchen mit Namen, in die jeder soviel Geld einwarf, wie er erübrigen konnte, und zum Wochenende hat der Mitgliederausschuß das Geld dann für jeden auf die Bank gebracht, und es wurde gutgeschrieben. Viel war es ja nicht, was wir zusammensparten, aber es gab ein wenig Sicherheit, und dann war es bis dahin nicht üblich, daß ein Arbeiterhaushalt ein eigenes Konto hatte. Zu einer richtigen Bank wären wir nie gegangen.

(Frau S.)

(aus: Kreuzberg 1933, ein Bezirk erinnert sich, Berlin 1983)

Gegründet 1899

DES VOLKES WOHL IST UNSRER ARBEIT ZIEL

KONSUM-GENOSSENSCHAFT BERLIN u. UMGEGEND EGMBH

K G B

Kerzen

Zündhölzer

Kakao

Tafelöl

Zeichnung von Heinrich Zille zum 25jährigen Bestehen des Berliner Konsumvereins

Wirtschaftskampf in der Bauwirtschaft – die Bauhüttenbewegung

Hebeweinfeier – die Bauhütte München baute für die Baugenossenschaft „Freiland", 1924

Nach der Novemberrevolution von 1918 richteten sich zunächst alle Hoffnungen auf die Zentralgewalt; die Sozialisierung wurde vom ersten Tage an versprochen. Von den sechs Volksbeauftragten wurde eine Sozialisierungskommission eingesetzt, die den Entwurf für eine entsprechende Gesetzgebung vorbereiten sollte. Doch nach außen hin geschah nichts. Auch die von Massenaktionen im Ruhrgebiet und in Sachsen erzwungenen sogenannten Sozialisierungsgesetze vom Frühjahr 1919 waren reformpolitisch eher „reine Farcen ... Kinderspiele ... Lächerlichkeiten ... im Dunkeln blinde Kuh spielen" – wie Walter Rathenau, Mitglied der Sozialisierungskommission, rückschauend zu Protokoll gab[41]. Im Frühsommer 1919 breitete sich tiefe Enttäuschung in den Reihen der sozialistischen Arbeiterschaft aus: Parteien und Politik hatten versagt. Um so größer wurde der Druck auf die Gewerkschaften als die Träger des Reformwillens. Stolz berichtet das „Jahrbuch 1919" des *Deutschen Bauarbeiterverbandes*, daß es der eigene Verbandstag am 6. Mai 1919 gewesen sei, der als „erstes deutsche Gewerkschaftsparlament" die Sozialisierungsfrage aufgenommen, sich zur Sozialisierung des Baugewerbes bekannt und praktische Schritte beschlossen habe.

Absichtserklärungen aber hatte auch die Regierung abgegeben – Taten waren erforderlich. In einer Situation, in der weder die Privatwirtschaft in Gang kam, noch staatlicherseits Sozialisierungsmaßnahmen ernsthaft in Angriff genommen wurden, die nachrevolutionäre Aufbruchstimmung aber noch vorhanden war, griffen viele zur Selbsthilfe. Dem historisch einmaligen Zusammentreffen dieser Umstände entsprach eine ebenso einmalige Gründungswelle von Selbsthilfeinitiativen vor allem genossenschaftlicher Art. Zur Wohnungsversorgung entstanden innerhalb weniger Jahre mehrere Tausende neue Wohnungs- und Siedlungsgenossenschaften (Konsumentenorganisationen), wobei zum erstenmal im großen Maßstab Eigenarbeit in Gruppenselbsthilfe (als „Muskelhypothek") eingesetzt wurde. Während in den Wohnungs- und Siedlungsgenossenschaften die Mitarbeit nur der unmittelbaren Selbstversorgung diente, gründeten arbeitslose Bauarbeiter, Ingenieure und Architekten genossenschaftliche Bauproduktivunternehmen (Produzentenorganisationen), die auf fremde Rechnung arbeiteten und ihnen dauerhaft einen selbstverwalteten Arbeitsplatz sichern sollten.

Wir wollen in den folgenden Abschnitten die Entwicklung der Produzentenorganisationen (Produktivgenossenschaften) zunächst getrennt von denen der „Konsumenten" (Wohnungsgenossenschaften) abhandeln, um die Notwendigkeit der Verbundbildung sichtbar zu machen. Es waren unter anderen die freien Gewerkschaften, die in den spontanen Wildwuchs dieser Selbsthilfebewegungen eingriffen – unterstützend, ordnend, Zukunftsaussichten aufzeigend – und dazu beitrugen, daß hier das interessanteste wirtschaftsreformpolitische Experiment der zwanziger Jahre entstehen konnte. Es gelang

Steinsetzer der „Straßen- und Tiefbaugenossenschaft ‚Brema'" bei der Arbeit

nicht nur, viele Selbsthilfeinitiativen in eine umfassende Reformstrategie einzubinden und zu einem vertikalen Verbund auszubauen; darüber hinaus wurde – gleichsam als kulturpolitische Widerspiegelung dieser Erneuerungskraft – der reichsweite Verbund zum Träger einer sichtbar neuen Ästhetik, einer neuen Wohnkultur und eines reformierten Städtebaues. Ohne den *Verband Sozialer Baubetriebe* und die ihm angeschlossenen Bauhütten, ohne die *DEWOG* und die ihr angeschlossenen, aus der Genossenschaftsbewegung hervorgegangenen Betreuungsorganisationen und Bauträgergesellschaften hätte es den Durchbruch des *Neuen Bauens,* der *Bauhaus*-Architektur, im Massenwohnungsbau nicht gegeben. Kaum etwas ist so vergessen wie dieser Zusammenhang, kaum etwas so in der heutigen Wahrnehmung verzerrt wie die beiden auseinandergerissenen Teile dieses Zusammenhanges. Die Bauhütten sind überhaupt vergessen[42], die *DEWOG* ist allenfalls als irgendwie andersartiger Vorläufer der *Neuen Heimat* bekannt; und die Architektur des *Bauhauses,* das *Neue Bauen,* ist – abgelöst von seinen sozialen Inhalten und Trägern – zum leeren Formalismus verkommen und in Verruf geraten.

„Sozialisierung von unten" in der Bauwirtschaft

Mit nur vereinzelten Ausnahmen waren im deutschen Sprachraum Produktivgenossenschaften immer gescheitert. Franz Oppenheimer, Bodenreformer, „liberalsozialistischer" Genossenschaftsgründer und Hochschullehrer im Dienste der konkreten Utopien, hatte schon 1896 für die Produktivgenossenschaft das heute nach ihm benannte „Gesetz der Transformation" formuliert:

> „Nur äußerst selten gelangt eine Produktivgenossenschaft zur Blüte, wo sie aber zur Blüte gelangt, hört sie auf, eine Produktivgenossenschaft zu sein."[43]

Aufgrund des Gruppenegoismus der Gründer wird sie nämlich in eine Kapitalgesellschaft umgewandelt. Die neuen Mitarbeiter werden dann nicht mehr als Genossenschafter aufgenommen, sondern als Lohnabhängige. Aber diese „Transformation" durch Erfolg ist die Ausnahme, denn die meisten

Produktivgenossenschaften gingen – so machte schon Oppenheimer in empirischer und theoretischer Analyse aus – schon vorher an mangelndem Kapital, Führungs- und Disziplinproblemen sowie Absatzmangel ein.

Doch 1919/20 geschah das Überraschende: Entgegen allen bisherigen Erfahrungen entstand eine breite Produktivgenossenschaftsbewegung – im Bausektor. Es waren vor allem gewerkschaftlich organisierte, aber arbeitslose Bauarbeiter, Ingenieure und Architekten, die Produktivgenossenschaften gründeten: die *Gemeinnützige Bau- und Betriebsgenossenschaft Berlin,* die *Bau- und Erdarbeitergenossenschaft Zukunft* in Nürnberg, die *Bayrische Bau-Werksgenossenschaft Neuland,* die *Soziale Bau- und Betriebsgenossenschaft Gera,* die *Gemeinnützige Bauarbeitergenossenschaft Bauwohl* in Hamburg, die *Baugemeinschaft Grundstein* in Dresden, die *Hoch- und Tiefbaugenossenschaft Aufbau* usw. Bis Ende des Jahres 1919 waren ca. 20 Betriebe verschiedenster Satzung entstanden; im Laufe des Jahres 1920 kamen mehr als 100 weitere Betriebe hinzu. 1922 wurde mit 207 Betrieben der Höhepunkt dieser Gründungswelle erreicht. Dabei sind hier die Bauproduktivgenossenschaften, Baugewerkschaften genannt, im Umfeld der christlichen Arbeiterbewegung – ca. 20 hauptsächlich im Rheinland – nicht mitgezählt.

Eine vergleichbare Blüte der Bauproduktivgenossenschaften gab es auch in anderen europäischen Ländern. Diese branchenbezogene Sozialisierungspolitik durch Gewerkschaften – damals unter dem Namen „Gildensozialismus“ bekannt – gab es in England, Holland, Österreich, Schweden, Italien, Spanien, Frankreich, Ungarn, der Tschechoslowakei, später – und noch heute – in der Schweiz sowie in Palästina. Dank des eindeutigen Gewerkschaftsengagements bei dieser „Sozialisierungspolitik von unten“

August Ellinger (1880–1933)

Als Vorstandsmitglied des Deutschen Bauarbeiterverbands und Chefredakteur des „Grundstein“ propagierte Ellinger die Sozialisierung der Bau- und Wohnungswirtschaft und bewegte die Gewerkschaften zur Mitarbeit und Mitfinanzierung der Bauhütten. Von 1919–22 war er Mitglied der Hamburger Bürgerschaft (SPD). Unter seiner Leitung entwickelte sich die Zeitschrift „Soziale Bauwirtschaft“ von einem Propagandaorgan zu einem allseits anerkannten Fachblatt der selbstverwalteten Belegschaftsunternehmen. Unter seiner Geschäftsführung (seit 1922) wurde der Verband sozialer Baubetriebe zu einem stabilen Rückgrat von 129 Bauhütten und 29 Zweigstellen (1931)

entfaltete die deutsche Bewegung im internationalen Vergleich die größte Dynamik. Von ihr ging auch die Idee zur Gründung des *Internationalen Baugildenverbandes* aus, der seinen Sitz dann auch in Deutschland nahm. Fritz Paeplow, Vorsitzender des *Deutschen Bauarbeiterverbandes* und Aufsichtsratsvorsitzender des *Verbandes sozialer Baubetriebe,* des 1920 gegründeten Verbandes der neuen Bewegung, übernahm auch den Vorsitz des *Internationalen Baugildenverbandes.* Martin Wagner, die herausragende Persönlichkeit der gewerkschaftlichen Bau- und Wohnungsreformbewegung, auf die wir gleich zu sprechen kommen, übernahm das Sekretariat.

Die Grenzen des Erfolges – Bauproduktivgenossenschaften im Dilemma

Daß es in der Bauindustrie, der zweitgrößten Industrie Deutschlands, zu einem genossenschaftlichen Aufbruch kommen konnte, erklärt sich daraus, daß die Bauwirtschaft eine wenig kapitalintensive, stark handwerklich-mittelständische Branche war, die sich zudem infolge des Krieges und durch die Schere von explodierenden Baukosten und gesunkenen Reallöhnen in der Krise befand.

Die neuen Arbeiterproduktivgenossenschaften schafften den Markteinstieg also relativ leicht. Ihr schneller Aufstieg wurde auch durch ihre Preispolitik möglich. Sie sprengten nämlich die schon damals herrschenden Preisringe der privaten Bauwirtschaft; ihre Preise lagen um 10 % bis 30 % unterhalb des Kartellniveaus. Stolz konnten sie in der Öffentlichkeit auf ihre preis- und wettbewerbspolitischen Leistungen verweisen; sie fanden auch hauptsächlich in den Kommunen und in anderen gemeinwirtschaftlichen Unternehmen Auftraggeber.

Spätestens mit den Kampfpreisen der sich in Abwehrverbänden organisierenden Privatwirtschaft mußten jedoch die strukturellen Schwächen der Produktivgenossenschaft vollends sichtbar werden. Sie bestanden

– im Mangel an Betriebsmitteln: zum einen konnten die Gründungsgenossen selbst nicht genügend „Betriebskapital“ aufbringen, zum anderen waren sie nicht sonderlich kreditwürdig;

Nummer 24 | Hamburg, den 12. Juni 1920 | 33. Jahrgang

Der Grundstein

Wochenblatt des Deutschen Bauarbeiterverbandes

Verkündigungsblatt der Zentral-Kranken- und Sterbekasse der Bauarbeiter „Grundstein zur Einigkeit" Zuschußkasse

Das Blatt erscheint zum **Sonnabend** jeder Woche. Bezugspreis für das Vierteljahr M. 3 (ohne Bestellgeld), bei Zusendung unter Kreuzband M. 4

Herausgegeben vom
Deutschen Bauarbeiterverbande
Hamburg 25, Wallstr. 1

Schluß des Blattes: **Montag vormittag 10 Uhr.** Vereins-Anzeigen werden mit 30 ₰ für die dreigespaltene Petitzeile oder deren Raum berechnet

Gegen die Wohnungsnot und für die Sozialisierung.

An die deutschen Bauarbeiter, Mieter, Siedler, Kleingärtner.

Die Vorstände der baugewerblichen Arbeiterverbände sehen mit großer Besorgnis das ständige Wachsen der Wohnungsnot. Hunderttausende von Familien sind entweder ganz ohne Wohnung oder müssen sich mit elenden Behelfswohnungen begnügen. In Frankfurt a. M. sind über 30 000, in Berlin über 40 000 Wohnungsuchende vorhanden, für die keine Wohnungen zu beschaffen sind. Aehnlich liegen die Verhältnisse in andern Orten.

Die Ueberfüllung der Wohnungen und damit die Gefahr der schwersten gesundheitlichen und sittlichen Schädigung großer Bevölkerungskreise nimmt ständig zu. **Nach Schätzungen von Sachkennern fehlen in Deutschland zurzeit**

rund eine Million Wohnungen.

Diese Wohnungen müssen gebaut werden, wenn alle unsere Volksgenossen in einigermaßen menschenwürdigen Behausungen untergebracht werden sollen. Sie können aber nicht gebaut werden, weil infolge des W u c h e r s mit Baustoffen aller Art die Baukosten zu wahnsinniger Höhe emporgeklettert sind und weil die Mittel zum Wohnungsbau fehlen.

In den letzten Jahren haben die Regierungen und Parlamente versucht, die Wohnungsbautätigkeit durch G e w ä h r u n g v o n B a u k o s t e n z u s c h ü s s e n in Gang zu bringen. Die Mittel, die für diese Zwecke aufgewendet worden sind, waren vollständig unzureichend. Zur Beseitigung der Wohnungsnot wären Hunderte von Milliarden nötig. Zur Aufbringung dieser Summen haben die Regierungen und Parlamente bis jetzt nicht das Nötige getan. Es besteht die Gefahr, daß die Wohnungsbautätigkeit in absehbarer Zeit ganz eingestellt werden muß, wenn nicht durch das Eingreifen der Volksgesamtheit die nötigen Mittel zum Bau neuer Wohnungen beschafft werden. Der Rückgang der Bautätigkeit hätte

für die deutschen Bauarbeiter eine nie gekannte Massenarbeitslosigkeit

und eine gewaltige Steigerung des Elends zur Folge, dem auch die Organisation der Bauarbeiter nicht mehr steuern könnte. Auf der andern Seite führte die Einstellung oder die weitere Einschränkung der Bautätigkeit zu einer

maßlosen Vergrößerung der Wohnungsnot

und zu einer so gewaltigen **Steigerung der Mieten**, wie sich das wohl heute nur wenige träumen lassen. Den Nutzen davon hätten die Hausbesitzer und Grundrentner, deren Eigentum gewaltig im Werte stiege. Den Schaden aber hätte das gesamte übrige Volk.

Diesen Gefahren gilt es entgegenzuwirken.

Es gilt, das Gewissen der Oeffentlichkeit wachzurütteln und den Regierungen und Parlamenten den Ernst der Lage mit aller Eindringlichkeit und Deutlichkeit vor Augen zu führen.

Die Vorstände der baugewerblichen Arbeiterverbände, einschließlich des Bundes der technischen Angestellten und Beamten, halten es für notwendig, daß die gesamte deutsche Bauarbeiterschaft ihre Wünsche an die Regierungen und Parlamente in einer einheitlichen, machtvollen Demonstration zum Ausdruck bringt. Sie rufen deshalb die deutschen Bauarbeiter auf,

am 1. Juli Massenversammlungen in ganz Deutschland

abzuhalten, um dort ihre Forderungen an die Regierungen und Parlamente zu erheben.

Aber die Förderung der Bautätigkeit und die Beseitigung der Wohnungsnot geht nicht nur die Bauarbeiter an. Auch die **Mieter, Siedler, Schrebergärtner, die Mitglieder der Baugenossenschaften, Heimstättengesellschaften** usw. sind an dem Vorhandensein genügend guter, billiger und gesunder Wohnungen und somit an der Förderung der Wohnungsbautätigkeit interessiert. Sie müssen deshalb ihre Forderungen mit der deutschen Bauarbeiterschaft gemeinsam erheben.

D e u t s c h e B a u a r b e i t e r, M i e t e r, S i e d l e r, K l e i n g ä r t n e r! Die Beseitigung der Wohnungsnot ist nur mit Hilfe umfassender Sozialisierungsmaßnahmen zu erwarten. Solange der Kapitalismus dem Volke im Nacken sitzt, solange Wucherer und Schieber das Volk ausplündern und durch ihr Treiben der Arbeiterschaft die Lust zur Arbeit nehmen, kommt das deutsche Volk nicht aus dem heutigen Elend heraus. Laßt uns deshalb zusammenstehen im Kampfe gegen die Schieber und Wucherer im Baugewerbe! Laßt uns den Kampf gegen die Selbstsucht aufnehmen und laut und deutlich die gemeinwirtschaftliche Regelung des Bau- und Wohnungswesens fordern.

Im einzelnen haben wir folgende Forderungen zu stellen:

1. Rücksichtslose Erfassung des verfügbaren Wohnraumes unter Mitwirkung der wohnungslosen Mieter.
2. Beseitigung des privatkapitalistischen Wohnungswuchers durch Ueberführung des Besitzrechtes der Mietshäuser in die gemeinwirtschaftliche Hand von Heimstätten und Heimstättenverbänden.
3. Schärfste Bekämpfung des Baustoffwuchers. Verbot des Abbruches von Baustoffbetrieben. Ausbau des Beschlagnahmerechts an Baustoffen aller Art.
4. Sozialisierung der Zement- und Kalkindustrie und weitestgehende Unterstützung der von der deutschen Bauarbeiterschaft eingeleiteten Sozialisierung der Baubetriebe.
5. Ueberführung des Besitzrechtes am Boden in die öffentliche Hand. Belastung des Bodens mit der Grundpflicht intensivsten Anbaues zur Hebung unserer Lebensmittelerzeugung.
6. Tatkräftige Unterstützung der bestehenden gemeinnützigen Siedlungsgesellschaften mit Land, Baustoffen und Kapital zur Förderung von Heimstätten mit Gärten.
7. Sicherung und Erweiterung der bestehenden Laubenkolonien und sonstigen Kleingärten für landlose Wohnungen.

Deutsche Bauarbeiter, Mieter, Siedler, Kleingärtner! Wir erwarten, daß Ihr allesamt die Versammlungen am 1. Juli besucht, und sie zu einer Massenkundgebung gegen die heutige Wohnungsnot und für die Inangriffnahme der Sozialisierung macht.

Die Vorstände der baugewerblichen Arbeiterverbände.

Bauen für befreundete Organisationen

Märzgefallenen-Denkmal in Weimar 1921/22
Entwurf: Walter Gropius
Ausführung: Bauhütte Weimar
Der rechtsradikale Kapp-Putsch (1920), zu dessen Niederschlagung sich die Regierungstruppen nicht bereit fanden, scheiterte am Widerstand, vor allem durch den Generalstreik. Zum Gedächtnis an die Toten wurde am 1. Mai 1922 das Märzgefallenen-Denkmal auf dem Friedhof in Weimar enthüllt

Vorraum zu den Büros des Parteivorstandes der SPD in Berlin
Bauherr: SPD, Ausführung: Malerhütte Berlin

Gedächtnisstätte für Rosa Luxemburg und Karl Liebknecht in Berlin, 1926
Bauherr: KPD, Entwurf: Mies van der Rohe
Ausführung: Bauhütte Berlin

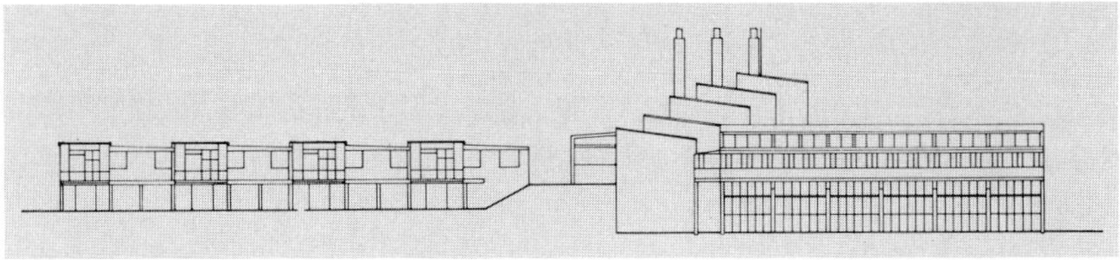

4,5 Millionen Gewerkschaftsmitglieder steuerten je 50 Pfennige bei, um dieses Zentrum der gewerkschaftlichen Kultur zu verwirklichen. Bundesschule des ADGB in Bernau bei Berlin
Entwurf: Hannes Meyer, „Bauhaus"-Direktor;
Ausführung: Bauhütte Berlin
Oben: Nordansicht der Anlage

Haus des Verbandes der Deutschen Buchdrucker in Berlin: Sitzungssaal
Architekten: Max Taut und Hoffmann
Ausführung: Bauhütte Berlin

Jugendheim Striegau
Bauherr: Verein schlesischer Arbeiter-jugend eV. Breslau
Entwurf: Arch. BDA Heim und Kempter
Ausführung: Bauhütte Striegau

Badeanstalt der Allgemeinen Ortskrankenkasse Magdeburg
Entwurf: Karl Krahl
Ausführung: Bauhütte Magdeburg

Unten: Wohlfahrtsgebäude der Konsumgenossenschaft in Lichtenberg
Bauherr: Konsumgenossenschaft Berlin
Entwurf: Arch. Fritz Wetstein
Ausführung: Bauhütte Berlin

Stadtbad Berlin-Mitte
Bauherr: Stadt Berlin
Entwurf: Arch. Heinrich Tessenow
Ausführung: Bauhütte Berlin

- im Mangel an Organisationserfahrung und Leitungsqualifikation;
- in der Gefahr des Betriebsegoismus: Reformprojekte müssen auf ihre Verallgemeinerungsfähigkeit hin angelegt sein; Belegschaftsverwaltung führt leicht zur Selbstbevorteilung (hohe Löhne oder Gewinnanteile, niedrige Arbeitsnormen) zu Lasten anderer Betroffener: Verbraucher, arbeitsloser Berufskollegen, Nachbarn;
- im Fehlen eines organisierten Absatzes und darausfolgender Abhängigkeit von Marktschwankungen und Konkurrenz.

Von der Bauproduktivgenossenschaft zur Bauhütte – das notwendige Ende der Belegschaftsselbstverwaltung

Diese strukturellen Schwächen der Produktivgenossenschaften machte eine sehr grundsätzliche Debatte erforderlich, die entscheidend von dem Schöneberger Stadtbaurat Martin Wagner und dem Chefredakteur des „*Grundsteins*“ (Wochenblatt des *Deutschen Bauarbeiterverbandes)* August Ellinger getragen wurde. Beim Bau der ersten Berliner Großsiedlung nach dem Ersten Weltkrieg, der Lindenhof-Siedlung, war Wagner aufgefallen, daß Staat und Kommune sich weder dazu eigneten, als Bauherr und Verwalter aufzutreten, noch dazu, die Bauausführung durch Regiebetriebe zu überwachen. Aber auch mittelständische Privatbetriebe waren technisch, betriebsorganisatorisch und sozial derart „rückständig“, daß dem Stadtbaurat der Schritt zum modernen Großsiedlungsbau auf dieser Grundlage nicht vorstellbar erschien. Daraufhin entwickelte Wagner das Konzept einer neuen Unternehmensform, die er *Bauhütte* nannte. Wagner selbst schrieb 1924 dazu[44]:

„Hauptveranlassung für die Gründung der *Bauhütte* war für mich die Tatsache, daß der soziale Gegensatz zwischen der Arbeitskraft und dem Unternehmerkapital überbrückt werden müsse, daß der Baubetrieb auf eine neue rationelle Grundlage zu stellen sei, und daß dem Zusammenarbeiten zwischen dem Produzenten und dem Konsumenten, d.h. zwischen dem bauausführenden Unternehmer und dem Bauherrn, das gegenseitige Mißtrauensverhältnis nicht dienlich sein könne. So stand für mich damals schon fest, daß das Wohnungswesen in sozialer, technischer und ökonomischer Beziehung nur dann auf eine höhere Stufe der Entwicklung gebracht werden konnte, wenn die an der Ausführung eines Baues Beteiligten sich auf ein gegenseitiges Treuhändertum einstellen. Die Organisation solcher treuhänderisch arbeitenden Baubetriebe, wie sie heute in der festgefügten Bauhüttenorganisation mit ihren 19 Bauhüttenbetriebsverbänden und ihren 220 Bauhütten in Deutschland dasteht, schien mir die dringendste, aber auch die schwierigste Aufgabe zu sein, und so entschloß ich mich im Jahre 1920, dieser von den Bauarbeitern selbst aufgegriffenen Aufgabe meine Arbeitskraft zur Verfügung zu stellen.“

Martin Wagner (5. 11. 1885–28. 5. 1957)

Wagner war der bedeutendste Exponent der Wohnreform während der Weimarer Republik, ein herausragender Theoretiker und Praktiker der sozialistischen Gemeinwirtschaftsbewegung. Er studierte Architektur, Städtebau, Volkswirtschaftslehre und Kunstgeschichte in Dresden und Berlin. Die Zeit bis zur Promotion sieht ihn im Atelier H. Muthesius, in den Bauämtern Weißensee und Hamburg, als Stadtbaumeister in Rüstringen (Wilhelmshafen) und als Abteilungsleiter im Zweckverband Groß-Berlin.
Im Juli 1918 wird er Stadtbaurat von Berlin-Schöneberg. Sein Engagement in der von der Zentralregierung eingesetzten Sozialisierungskommission bleibt wirkungslos.
Wagner war es, der durch Übertragung gildensozialistischer Prinzipien die überall von Bauarbeitern in Selbsthilfe gegründeten Bauproduktivgenossenschaften in sogenannte „Bauhütten“ überführte. Er entwickelte das Modell der Bauhütte als Zelle einer schrittweise von unten zu sozialisierenden Bauwirtschaft, gründete die erste Bauhütte in Berlin, den Vorband sozialer Baubetriebe und den internationalen Verband, zudem war er Vorsitzender des Verbandes und Herausgeber des Verbandsorgans.
Mit der Gründung und Leitung (1924–26) der gemeinnützigen Bauherrenorganisation DEWOG schuf er eine Art „Wohnungskonsumentenring“, der in örtlichen Dachgesellschaften Wohnungssuchende, Baugenossenschaften, Gewerkschaften und die zuständigen Kommunalbehörden vereinigte.

Deutschlands erste Verwaltungsgenossenschaft – von der Gemeinde errichtet und belegt, dann in eine Genossenschaft überführt – Lindenhof-Siedlung in Berlin; Architekt: Martin Wagner; Junggesellenheim mit Saal von Bruno Taut.

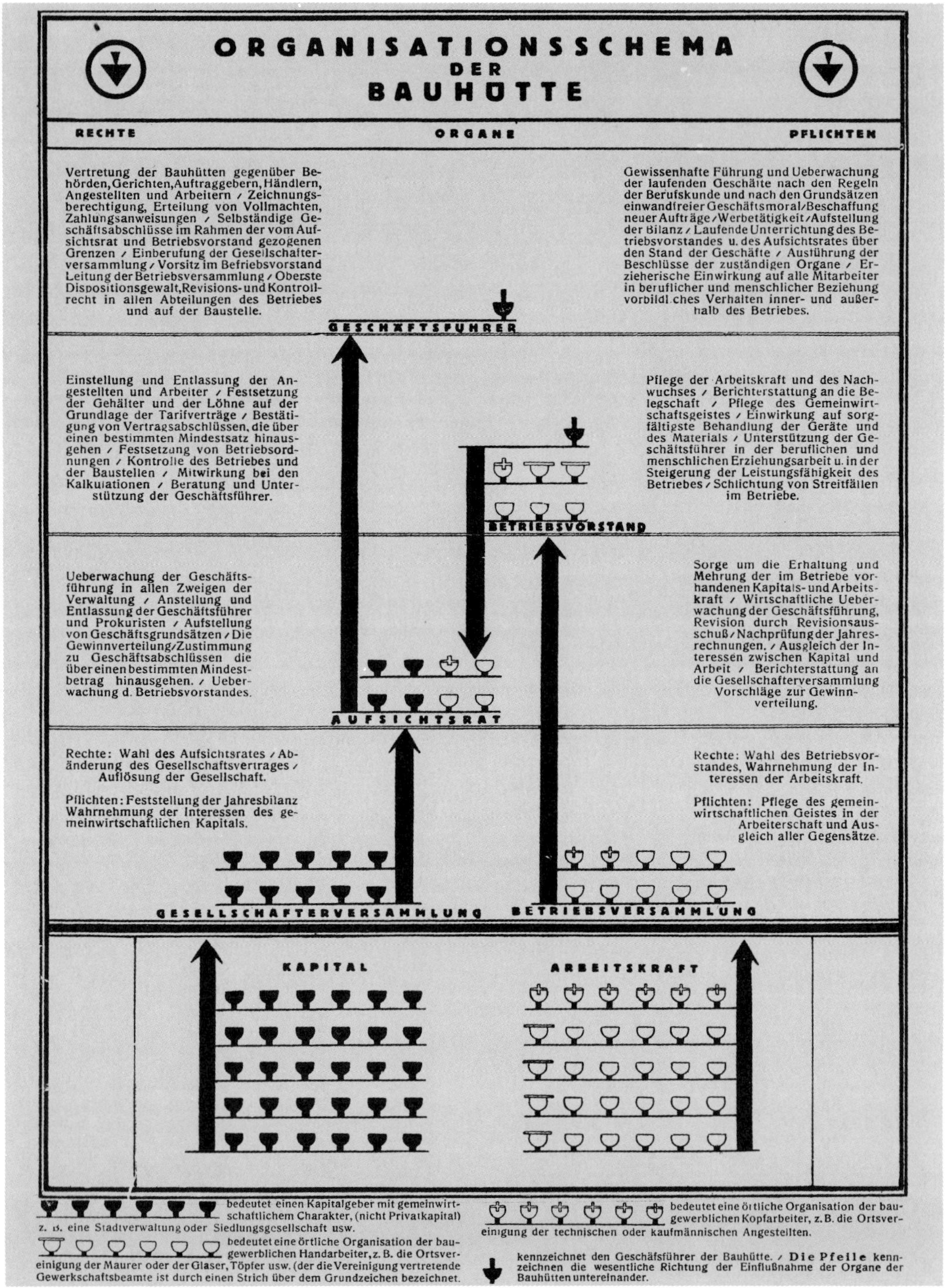

In der eher kargen Geschichte von Wirtschaftsreformprojekten stellt diese Bauhüttenkonzeption einen vergessenen Meilenstein dar. Für zahlreiche Probleme des isolierten Selbstverwaltungsbetriebes sind hier Lösungen angegeben, allerdings um den Preis des Verlustes der Genossenschaftsform. Denn die *Bauhütte* ist eine GmbH, deren Entscheidungsstruktur halbparitätisch aufgebaut ist (siehe Organisationsschema). Die eine Hälfte der Stimmen entstammt der Belegschaft, die andere der Versammlung der Gesellschafter, wobei sich diese aus dem politischen Umfeld der Bauhüttenbewegung rekrutieren: Gewerkschaften, Bau- und Konsumgenossenschaften, Arbeiterbank, sozialdemokratisch geführte Institutionen (vor allem Kommunen). Das von diesen „befreundeten“ Organisationen eingebrachte „Kapital“ ist nicht ertragsorientiert, sondern auf 5 % Verzinsung neutralisiert. Durch diese Mischstruktur, bei der die Genossen ihren Doppelstatus als Gesellschafter und Beschäftigte verlieren, werden zwei der vier eben genannten Probleme „gelöst“: „Sozialkapital“-Quellen werden erschlossen; durch die Mitsprache außerbetrieblicher Interessenvertreter werden die tendenziell betriebsegoistischen Anliegen der Belegschaft begrenzt.

Wagner ging es um mehr als um die bloße Reform isolierter Einzelunternehmen. Ihm ging es um eine Wirtschaftsreformstrategie, bei der der Sozialismus branchenweise durch Reorganisation der Gewerkschaften zu erkämpfen war. Ziel Wagners war der Gildensozialismus, ein Mittelding zwischen Syndikalismus und Staatssozialismus, bei dem sich die einzelnen Wirtschaftszweige weitgehend selbst verwalten. Hier wären die Gewerkschaften Zwangsorganisationen aller Kopf- und Handarbeiter einer Branche, organisatorisch zusammengefaßt mit Vertretern der Verbraucher.

Aber auch schon in der Übergangszeit hätten – nach Wagner – die Gewerkschaften

Von der „Sozialisierung der Köpfe" zur „Rationalisierung der Köpfe"

Das Frankfurter Montageverfahren auf einer Baustelle der Siedlung Praunheim in Frankfurt. Die Häuser, entworfen von Ernst May, wurden aus vorgefertigten, normierten Platten errichtet

In der arbeitsorganisatorischen und produktionstechnischen Rationalisierung waren die Bauhütten führend – „Ein neuartiger Säulenschwenkkran"

Bauhütte Chemnitz, Glaserei

Laufende Sozialisierungsbeiträge der Bauarbeiter

REIHE B DER NR. 18399

VERBAND SOZIALER BAUBETRIEBE

bekundet hierdurch, von

wohnhaft zu

gegen Aushändigung dieses Scheines ein Darlehn auf fünf Jahre im Betrage von

DREIHUNDERT

MARK

deutscher Reichswährung, laut umstehenden Bedingungen erhalten zu haben und verpflichtet sich, diese Summe jährlich mit vier Prozent zu verzinsen.

VERBAND SOZIALER BAUBETRIEBE

GESELLSCHAFT MIT BESCHRÄNKTER HAFTUNG / SITZ HAMBURG
GESCHÄFTSSTELLE: BERLIN W 50, AUGSBURGER STRASSE 61

Am 4. Verbandstag des Bauarbeiterverbandes 1922 in Leipzig wurde folgender Antrag unter großem Beifall fast einstimmig angenommen:

1. Von den der Bundeskasse zufließenden ordentlichen Beiträgen werden 5 v. H. für die Sozialisierung des Baugewerbes verwendet...

2. Den Mitgliedern des Verbandes wird empfohlen, die Sozialisierung nach besten Kräften auch durch die Erwerbung von Schuldscheinen des Verbandes sozialer Baubetriebe zu unterstützen.

3. Wo von Vereinen oder von Bezirkstagen zur Förderung der Sozialisierung besondere örtliche oder bezirkliche Beiträge beschlossen werden, hat diese jedes Mitglied zu zahlen.

Gegen die erfolgreiche Sozialisierungsbewegung im Bausektor gründen die Privatunternehmen den „Sozialisierungs-Abwehrfonds"

Aufruf zur Bildung eines Sozialisierungs-Abwehrfonds.

Die gegen das Unternehmertum unserer Bauwirtschaft gerichteten Sozialisierungsbestrebungen haben auf Grund der gegenwärtigen parteipolitischen Machtverhältnisse einen derartigen Umfang angenommen, daß das Unternehmertum zu tatkräftiger Abwehr schreiten muß, wenn nicht dem Industriellen die freie Verfügung über sein Werk, dem Händler und Baugewerbetreibenden die Möglichkeit einer gesunden Weiterentwicklung genommen und damit unsere Bauwirtschaft von Grund auf erschüttert werden soll. Bisher lag die Führung dieser Sozialisierungsbestrebungen in der Hand des Verbandes sozialer Baubetriebe. In einigen Bezirksgruppen dieses Verbandes wurden bereits namhafte Summen zur Förderung des Sozialisierungsgedankens aufgebracht. In jüngster Zeit ist durch organisatorischen Zusammenschluß die Zusammenfassung der baugewerblichen Arbeiterschaft und der Arbeiterschaft sämtlicher Baustoffindustrien herbeigeführt und damit eine einheitliche Kampfesfront gegen das Unternehmertum in Baustoffindustrie, -handel und -gewerbe gebildet worden. Die neue Organisation führt den Namen „Baugewerksbund" und betrachtet nach Ausweis ihrer Satzung die Förderung der Sozialisierung als ihre Hauptaufgabe. Zu diesem Zweck wird von jedem beim Baugewerksbund eingehenden Verbandsbeitrag ein gewisser Betrag abgezweigt und einzig und allein zur Bekämpfung des Unternehmertums unserer Bauwirtschaft verwendet werden. Selbst bei vorsichtiger Schätzung muß damit gerechnet werden, daß jährlich eine Summe von 20 Millionen Mark für den Kampf gegen die Lebensbedingungen unseres Unternehmertums zur Verfügung stehen wird. Es kann keinem Zweifel unterliegen, daß auch das Unternehmertum für diesen Kampf ausreichende Geldmittel aufbringen muß. *Wir richten daher an das gesamte Unternehmertum der Bauwirtschaft die dringende Mahnung, durch Gewährung der unbedingt nötigen Geldmittel die Möglichkeit zu schaffen, den privatwirtschaftlichen Gedanken zu verteidigen und zu seiner alten Geltung zu bringen.* Zahlungen bitten wir unter Benutzung der beiliegenden Zahlkarte zu richten an das Konto: Geschäftsführer Dr. Walther Schmidt, wegen „Ausschuß Bauwirtschaft", Dresdner Bank, Berlin, Depositenkasse E, Kurfürstendamm 238.

Hochachtungsvoll

Ausschuß Bauwirtschaft.
Der Vorsitzende gez. Urbach.

neue Aufgaben zu erfüllen: die Wende vom abwehrenden zum aufbauenden Wirtschaftskampf sei zu vollziehen. Mit den Bauhütten sollte Zug um Zug die „Eigenwirtschaft der Arbeiterklasse" aufgebaut werden. Am 18. Oktober 1919 fand die Gründung der ersten Bauhütte statt. Ihr genauer Name *Bauhütte Berlin Soziale Baugesellschaft m.b.H.* Anders als später war es hier die *Märkische Heimstätte,* eine staatliche Siedlungsbank für Berlin und Brandenburg, die auf Drängen Wagners und gegen den Widerstand der Handwerkskammer und der Privatwirtschaft das Gründungskapital zur Verfügung stellte.

Vom Erfahrungsaustausch zur Vereinheitlichung – Gründung des Verbandes sozialer Baubetriebe

Im Herbst 1919 wurde in der Bauarbeitergewerkschaft beschlossen, eine Konferenz einzuberufen, die dem Austausch von Erfahrungen dienen sollte. Im Einladungsaufruf heißt es[45]:

„Wir müssen uns darüber klar sein, daß nach Lage der Verhältnisse eine Sozialisierung des Baugewerbes von ‚oben', eine Sozialisierung mit Hilfe der Gesetzgebung vorläufig nicht zu erwarten ist ... Die Bauarbeiter haben eingesehen, daß sie selbst es sind, die die Sozialisierung vorbereiten und praktisch in Angriff nehmen müssen. Es wird auf diesem Gebiet sein, wie es auf dem Gebiet der Krankenversicherung und auf vielen anderen war: Die Arbeiterschaft wird erst selber zeigen müssen, daß ihre Forderungen durchführbar sind. Sie wird erst selber die Grundlage für ein allgemeines Vorgehen schaffen müssen. Das kann sie aber nach Lage der Dinge nur, indem sie selbst sozialisierte Baubetriebe ins Leben ruft. Indem sie das tut, findet sie zugleich Gelegenheit, sich zur Leitung oder Mitleitung solcher Betriebe

NUMMER 9 * BERLIN, 1. MAI 1927 * 7. JAHRGANG

SOZIALE BAUWIRTSCHAFT

HERAUSGEGEBEN VOM VERBAND SOZIALER BAUBETRIEBE

LEHRLINGSFRAGE UND BAUHÜTTENBEWEGUNG.

Anregungen zur Heranbildung eines tüchtigen Nachwuchses für unsere Betriebe.

Von A. Ellinger.

Die Arbeiterbewegung hat keinen Mangel an Festrednern und sogenannten Arbeiterphilosophen, doch betriebs- und berufskundige Kräfte werden immer noch gebraucht.

Hans Krauß, in den Vierteljahrsheften der Berliner Gewerkschaftsschule

Für unsere Bauhüttenbewegung ist die Heranbildung eines tüchtigen beruflichen Nachwuchses von unschätzbarer Bedeutung. Sie ist viel wichtiger als die Kapitalfrage. Kapital läßt sich in gutgeleiteten Wirtschaftsbetrieben mit tüchtigen Angestellten ... beitern ohne allzu gr... hwierigkeiten ... beweisen ... mer,

Von diesen Gesichtspunkten ausgehend, hat sich die Beiratssitzung des Verbandes sozialer Baubetriebe am 12. April 1927 mit der Lehrlingsfrage im Baugewerbe und mit der Heranbildung eines tüchtigen Führernachwuchses beschäftigt. Durch eine Entschließung, die wir in der letzten Num... unserer Zeitschrift im Wortlaut abgedruckt h... t sie unseren Betrieben empfohlen, de... eines tüchtigen ... hwuchses ... amkeit zu

Eigene Weiterbildung in der Bauhüttenschule in Leipzig. Hugo Scheibel und Max Richter auf einem Lehrgang

Bauhüttenplakette des Hamburger Bildhauers W. Rex. „Die linke Seite des Vordergrundes einer sich weit ins Land hinein erstreckenden Siedlung nehmen als Symbol der schaffenden Arbeit drei Bauarbeiter ein“

vorzubilden und damit die Vollsozialisierung in wirkungsvollster Weise vorzubereiten... Es besteht die Absicht, einen *Verband sozialer Baubetriebe* ins Leben zu rufen, um den jungen sozialisierten Betrieben ein eigenes festes Rückgrat und eine feste Verbindung zu schaffen, die zugleich ein Gegengewicht gegen die Verbände der Unternehmer sein soll.“

Auf der Konferenz waren 43 soziale Baubetriebe vertreten, Produktivgenossenschaften, die *Berliner Bauhütte* und einige kommunale Regiebetriebe. Martin Wagner entwickelte die Notwendigkeit eines Zentralverbandes als Interessen- und Wirtschaftsträger. Trotz der gänzlich verschiedenen Ausgangsstrukturen war man sich in der strategischen Einschätzung der Aufgaben einig und beschloß die Gründung eines solchen Verbandes. Dies geschah am 16. September 1920, nachdem verschiedene Gewerkschaften und soziale Baubetriebe die notwendigen Mittel zur Verfügung gestellt hatten. In den Monaten davor hatten die Gewerkschaften noch einmal in zahlreichen Demonstrationen auf Wohnungsnot, kapitalistische Spekulationswirtschaft und die Notwendigkeit der Sozialisierung hingewiesen. Zahlreiche Programme und Schriften erschienen in hoher Auflage.

Der Verband *(VSB),* dessen erster Geschäftsführer Martin Wagner wurde, entwickelte sich schnell zum strategisch handelnden Organ. Zum Zweck der Theoriebildung und -vermittlung wurde das Verbandsorgan „Soziale Bauwirtschaft“ gegründet, das Fragen der Sozialisierungs- und Produktionspolitik aufnahm. Erfahrungsaustausch und Theoriedebatten ließen bald eine Mustersatzung für Bauhütten entstehen, die eine Antwort auf die Probleme der Betriebsdisziplin von Produktivgenossenschaften sein sollte. Inflationsbedingte Schwierigkeiten, Zahlungsverpflichtungen fristgemäß zu erfüllen, sowie die Aufklärungsarbeit des Verbandes ließen die Vereinheitlichung rasch voranschreiten: Baugenossenschaften wurden in Bauhütten umgewandelt. Bezirks- und Betriebsverbände wurden aufgebaut, Baustoffabteilungen angegliedert. Kurse und Schulungen der Bauhüttenschule sollten Leitungsfähigkeiten vermitteln und moderne Organisationsverfahren verallgemeinern.

Nicht Genossen-, sondern Gemeinwirtschaft – die schwierige Solidarität

Auch in England hatten die Baugilden große Erfolge. In manchen Punkten wirkten sie konsequenter als die deutschen Bauhütten. So hatten sie etwa die Entlohnung nach Bedürfnis (Familiengröße) durchgesetzt, wie auch Unkündbarkeit und Lohnfortzahlung unabhängig von der Auftragslage. Doch diese sensationelle Besserstellung der Baugildenmitglieder stieß bald an Grenzen. Den Baugilden drohte die Zahlungsunfähigkeit. Ein wiederholter Aufruf an die Gewerkschaften, die Existenz der Baugilden zu sichern, blieb wirkungslos, ja wurde empört abgelehnt, mit dem Hinweis, unter Solidarität sei keinesfalls zu verstehen, daß die Mehrzahl der Lohnabhängigen einigen weni-

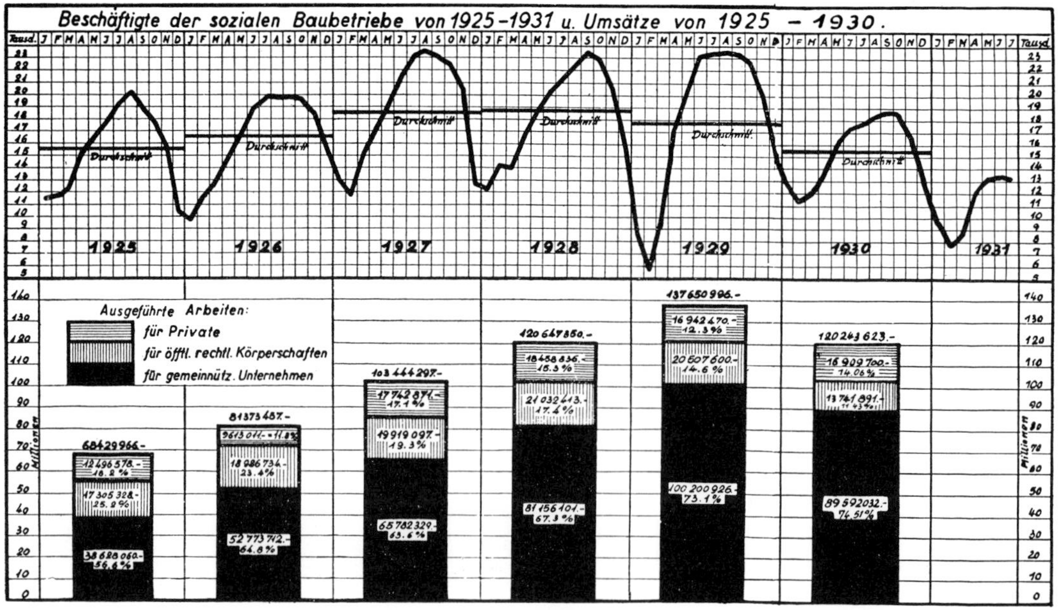

Bauhüttenausstellung Berlin 1931

„Es ist kein Zufall, daß in dieser Krisenzeit der Gedanke, eine groß angelegte Bauausstellung zu organisieren, Wirklichkeit geworden ist. Fünf Millionen Arbeitslose. Einbuße von Absatzgebieten. Leerlauf in allen Industriezweigen. Zusammenbrüche, Hunger, Armut.

Die besten Köpfe suchen einen Ausweg, ein Ventil, das den seelischen und materiellen Druck erleichtern könnte.

Wir wissen, daß wirtschaftliche, soziale, kulturelle und politische Bestrebungen miteinander zusammenhängen und eine Einheit bilden. Wir wissen, daß das Gefüge der Gesellschaft durch die Art und Größe dieser Bestrebungen aufs stärkste beeinflußt wird.

Was eignet sich besser, gesellschaftliche, soziale, wirtschaftliche und technische Zusammenhänge aufzuzeigen, die neue befreiende Ideen hervorbringen können, als das Haus, das Bauwerk allgemein?"

(aus: Soziale Bauwirtschaft, 8. Juni 1931, S. 163)

Blick in die Halle der gewerkschaftlichen Ausstellung

Unten: Symbolische Darstellung der Revisionsabteilung des Verbandes sozialer Baubetriebe

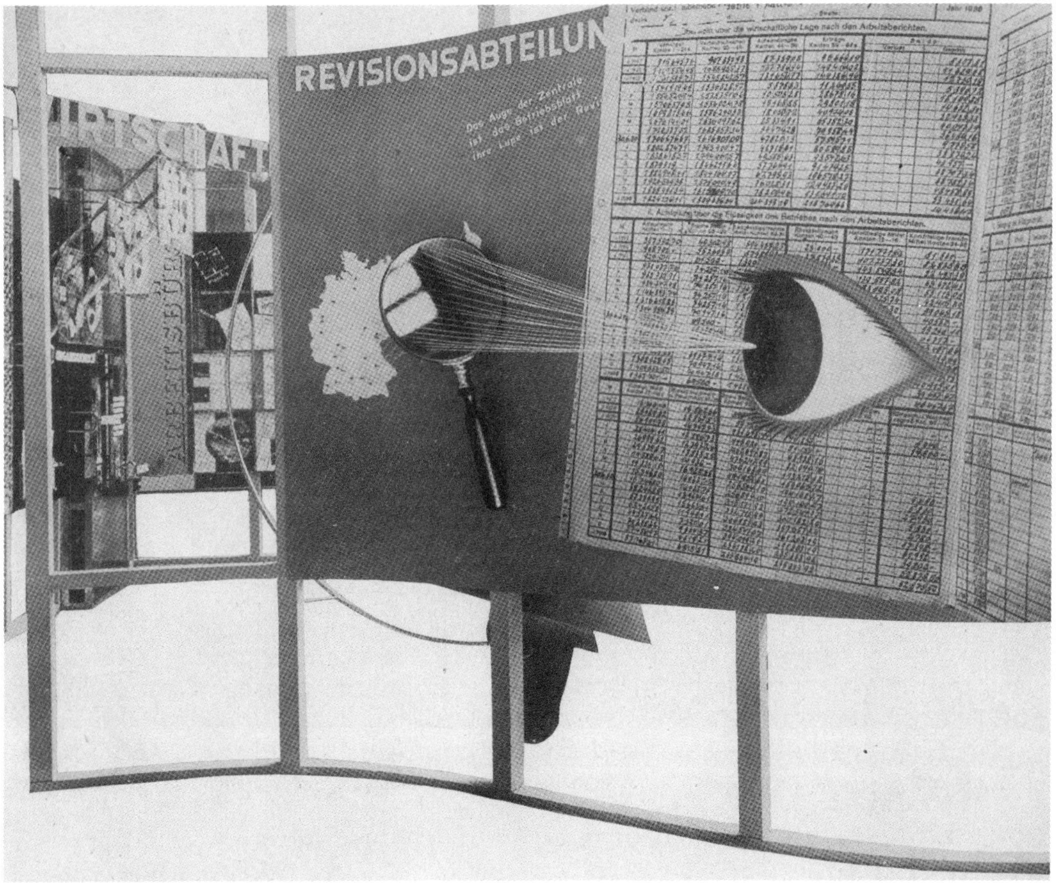

Selbstdarstellung der Freien Gewerkschaften auf der Bauausstellung

Der Bauhüttenwagen bei der Berliner Gewerkschaftsdemonstration am 19. September 1926 vor der Abfahrt

gen ein Privilegiertendasein zu finanzieren habe.

In Deutschland wurde die Solidarität der Gewerkschaften, die mit festen Sozialisierungsbeiträgen zum Aufbau der gewerkschaftlichen Gemeinwirtschaft beitrugen, als ernste Verpflichtung aufgefaßt. Immer schärfere Richtlinien für die Zugehörigkeit von Betrieben zur Bauhüttenbewegung wurden erlassen. Strenge Kontrollen und Revisionspflicht sollten Mißwirtschaft und Selbstbegünstigungen verhindern. Zu den Bestrebungen der Genossenschaften, ihre eigenen Interessen gegen die der Allgemeinheit durchzusetzen, äußerte sich 1924 die „Soziale Bauwirtschaft"[46]:

„Die Bauhütte arbeitet in genossenschaftlichem Geiste. Sie unterscheidet sich jedoch von den Genossenschaften vor allem dadurch, daß ihr Zweck nicht die Förderung des Erwerbes ihrer Mitglieder, sondern schlechtweg Dienst am Allgemeinwohl ist. Die Bauhütte ist nicht dazu da, den bei ihr Beschäftigten besondere Vorteile zuzuweisen."

In den „Neuen Grundsätzen und Richtlinien des *VSB* für die Zugehörigkeit sozialer Baubetriebe zur Bauhüttenbewegung und für die Aufnahme von Betrieben in die Bewegung" heißt es[47]:

„1) Die sozialen Baubetriebe sind geschaffen worden, um der Allgemeinheit zu dienen und den arbeitenden Massen durch die Gewerkschaften einen möglichst großen Einfluß auf die deutsche Bauwirtschaft zu sichern. Das hohe Ziel der sozialen Baubetriebe ist die Herbeiführung einer von den Gewerkschaften kontrollierten Gemeinwirtschaft im Baugewerbe.

2) Die sozialen Baubetriebe sollen die Bemühungen der Gewerkschaften zur Hebung der Lebenshaltung der Arbeiter, Angestellten und Beamten dadurch unterstützen, daß sie auf dem Baumarkt preisregulierend wirken und damit zur Verminderung der Ausgaben der breiten Volksmassen in Form von Mieten und Steuern und zur Steigerung des Reallohnes beitragen."

Spätestens mit dieser Aufgabenstellung mußte die Bewegung in die Klemme geraten. Angetreten war sie als Selbsthilfebewegung mit dem Ziel: Arbeit ohne Ausbeutung und Entfremdung. Durch die Identifikation der Beschäftigten mit dem „eigenen" Betrieb sollte die Produktivität gesteigert werden. Mit der Verallgemeinerung der Solidaritäts- und Gleichheitsnormen näherten sich die Bedingungen jedoch zunehmend denen von privaten Baubetrieben. Daß dadurch die Motivation vieler Beschäftigter der „ersten Stunde" überfordert wurde, ist verständlich. Richtig war aber auch das rigorose Vorgehen des *VSB*. Die mühsame Gratwanderung der Ausbalancierung von Interessen mußte gewagt werden. In einem letzten Anlauf in den Jahren 1924/25 wurden die verbliebenen Genossenschaften in Bauhütten umgewandelt oder – sofern sie sich weigerten – ausgeschlossen. Damit erhielten sie auch keine weitere Finanzierung durch die gewerkschaftlichen Sozialisierungsbeiträge mehr, die jedes Mitglied abführte und die ja erst die Solidaritätspflicht nötig machten.

Dialektik des Organisationszwanges – die produktiven Folgen des privaten Abwehrkampfes

Es gibt zahlreiche Gründe dafür, daß Reformunternehmen ihrer Isoliertheit und ihrer Abhängigkeit vom Markt durch den Zusammenschluß zu einem Verbund, einem innergemeinwirtschaftlichen Kreislauf – möglichst von der Rohstoffproduktion bis zum organisierten Absatz –, zu entgehen suchen. Oft vergessen wird, daß es gerade die Kampfmaßnahmen der Privatwirtschaft sind, die zu dieser Vernetzung beitragen. Schon die Konsumgenossenschaften wurden durch Lieferboykotte gezwungen, Eigenproduktionsstätten zu errichten, wodurch sie relativ gestärkt aus den Kämpfen hervorgingen. Auch bei den Bauhütten läßt sich eine solche Dialektik des Organisationszwanges nachweisen. Gegen die Sozialisierungstendenzen „von unten" mobilisierte die Privatwirtschaft lokale Gründungen, dann die Branchengründung eines „Sozialisierungsabwehrfonds"; schließlich wurde die ganze Industrie zur Solidarität gegen die Bauhütten aufgerufen:

„Es sollte wohl selbstverständlich erscheinen, daß das freie Unternehmertum derartigen Unternehmungen völlig ablehnend gegenübersteht, doch geben einzelne Fälle, in denen Privatunternehmungen Bauaufträge an sozialisierte Baubetriebe vergeben haben, erneut Veranlassung, auf die großen Gefahren der vorgenannten Sozialisierungsabsichten eindringlich hinzuweisen und die Mitglieder zu bitten, mit allen Mitteln darauf hinzuwirken, daß die gesamte Privatindustrie diesen Kampf des Baugewerbes unterstützt und jegliche Förderung der sozialisierten Baubetriebe entschieden ablehnt."[48]

Jedenfalls hatten auch hier die Boykotte die Folge, daß besonders schnell ein überörtliches System der Betriebsverbände aufgebaut wurde, die Baustoffbetriebe jeder Art unterhielten. Später stellte sich heraus, daß viele dieser Betriebe überregional nicht wirtschaftlich zu führen waren; die meisten von ihnen wurden dann von starken örtlichen Bauhütten weiterbetrieben. 1928 gab es in der Bauhüttenbewegung insgesamt zehn Ziegeleien, fünf Sägewerke, fünf Kiesgruben, vier Zementfabriken, drei Steinbrüche, drei Holzbearbeitungsfabriken und eine Schiefergrube.

Gemeinnütziger Wohnungsbau

ZUR ERÖFFNUNG DER INTERNATIONALEN BAUAUSSTELLUNG IN BERLIN

Auf der Bauausstellung in Berlin werden nicht nur die großen Behördenorganisationen und Industriefirmen ihre Arbeit aufzeigen. In all den verschiedenen Unterabteilungen werden auch die deutschen Gewerkschaften unter Führung des Baugewerksbundes und die gemeinnützigen und genossenschaftlichen Baubetriebe ausstellen. Dazu sind sie um so mehr berechtigt, weil nach den statistischen Errechnungen von den 136 000 Neubauwohnungen, die in den großen Mittelstädten im Jahre 1930 errich:et wurden, 99 300 Wohnungen durch gemeinnützige Bauvereinigungen erstellt wurden. Die gemeinnützigen Baugenossenschaften, vor allem die von den freien Gewerkschaften gegründeten, haben dabei noch eine besondere Aufgabe zu erfüllen gehabt. Sie mußten ihre Wohnbautätigkeit so einstellen, daß sie besonders den Wohnungsbedarf der ärmeren Volksschichten befriedigten. Trotzdem auch die Mieten recht niedrig gehalten werden mußten, durften die notwendigsten wohnkulturellen Einrichtungen nicht fehlen. Insbesondere waren die gemeinnützigen Baugesellscha:ten darauf bedacht, dem Wohnungsbau insofern eine neue Zielsetzung zu geben, als einmal größere Siedlungsblocks geschaffen wurden, die entweder in die Nähe von größeren Grünanlagen gelegt wurden oder die selbst größere Grünanlagen mit eingebaut erhielten. Es sei da nur an die Tätigkeit der Berliner gemeinnützigen Baugesellschaften der freien Gewerkschaften, an die Gehag und Einfa, erinnert, die in Britz, Zehlendorf, in Weißensee und Treptow vorbildliche Wohnanlagen geschaffen haben. Unser Bildermaterial zeigt Ansichten aus diesen neuen Schöpfungen.

Neben den Ausstellungshallen am Kaiserdamm werden ja auch diese Siedlungen das Ziel vieler Architekten und Baufachleute sein, die zu den Tagungen nach Berlin kommen. Die Sozialdemokratie und die Gewerkschaften haben mit diesen Gesellschaften auch auf dem Gebiete des modernen Wohnungswesens neue Wege gezeigt und insbesondere bewiesen, daß man rentabel bauen kann, ohne den Menschen allzu stark zu beengen, ohne ihn allzu stark abzuschneiden von den nun einmal die Wohnung ergänzenden Gärten und Erholungsanlagen. Auch da, wo diese Baugesellschaften Etagenbauten errichten mußten, haben sie trotzdem mit Geschick einen Mietkasernenstil vermieden und auch in diese Wohnbauten Grünanlagen miterrichtet und dadurch die so notwendige Auflockerung und die Vergrößerung des Lebensspielraums des einzelnen erreicht.

Arno Scholz.

Oben: *Einfamilienhäuser in der Großsiedlung Berlin-Zehlendorf*

Unten: *Fassaden Berliner Mietkasernen*

Siedlung Praunheim bei Frankfurt a. M.

Wohnblock in Berlin-Britz

Links: *Gartenstadtsiedlung Berlin-Zehlendorf*

Rechts: *Wohnstadt Carl Legien in Berlin*

Zeitschrift „Volk und Zeit“
anläßlich der Internationalen Bauausstellung
Berlin, 1931

Auf dem Weg zu einer neuen Wohnungspolitik – Gewerkschaftlicher Wohnungsverbund

Verspätete Konzepte, vertane Chancen

Nach der Schilderung der Gemeinwirtschaftsbewegung im Produktionsbereich der Bau- und Baustoffwirtschaft bedarf es, bevor eine Darstellung der gewerkschaftlich vorangetriebenen Verbundbildung in der Bau- und Wohnungswirtschaft erfolgen kann, zunächst der Beschreibung der zeitlich genau parallellaufenden Selbsthilfebemühungen der Wohnungssuchenden, also der Konsumenten durch die Gründung von Genossenschaften sowie gemeinnützigen Träger- und Betreuungsgesellschaften in den ersten Jahren der jungen Republik.

Den Forderungen aus der Arbeiterschaft nach Sozialisierung und einer Wirtschaftsreformpolitik stand die Sozialdemokratie im November 1918 ohne ein entsprechendes Programm gegenüber. Mit Vergleichen wie, hier gehe es darum, „Rezepte für die Garküche der Zukunft auszuspintisieren“, hatte Karl Kautsky, der „Gralshüter des orthodoxen Marxismus“ (K. Korsch), unter Bezugnahme auf Friedrich Engels die Debatten um die Wirtschaftspolitik des Zukunftsstaates gebrandmarkt[49]. Zwischen den radikalen, aber notwendigerweise blutleeren Formeln des Erfurter Programmes von 1891 (Vergesellschaftung aller Produktionsmittel) und den bescheidenen Forderungen der wohnungspolitischen Programme der sozialdemokratischen Gemeinderatsfraktionen (1911 immerhin knapp 9000 Gemeinderäte) klaffte eine Lücke, die auszufüllen man sich nach 1918 energisch bemühte.

Als dann endlich fruchtbare Ergebnisse vorlagen – so 1921 die „Richtlinien zu einem Gesetz über die gemeinwirtschaftliche Regelung des Wohnungswesens“ –, waren die politischen Chancen der Umsetzung längst vertan. Alle sachkundigen Mitstreiter in der Debatte um eine Neuorganisation der Wohnungswirtschaft hatten statt des sozialistischen Allheilmittels der Kommunalisierung die Einführung von Selbstverwaltungskörperschaften der Bewohner vorgeschlagen („Hausschaften“, „Bewohnergenossenschaften“, „Heimstätten“). Die veränderten politischen Mehrheitsverhältnisse, der Machtverlust der Linken, machten eine gesetzliche Einführung der Selbstverwaltungskörper unmöglich. Es blieb nur, sie „von unten“ – gleichsam vorstaatlich – im Neubaubereich aufzubauen. Dies geschah in zwei Varianten: einmal gab es die wildwüchsige Gründung von Tausenden von Selbsthilfegenossenschaften, zum anderen gründeten Gewerkschaften aller Richtungen professionelle Bauträgergesellschaften (in der Rechtsform der AG und GmbH).

Anders als in dem für seinen kommunalen Volkswohnungsbau berühmten *Roten Wien* gab es in Deutschland weder in den Kommunen noch auf Reichsebene eindeutige und stabile Mehrheiten, die ein langfristiges kommunales Bauprogramm zur Voraussetzung gehabt hätte. Auch fehlten den deutschen Kommunen die steuerpolitischen Hoheiten, die Wien als Bundesland hatte und nutzte. So kommt es, daß in Deutschland der Reformwohnungsbau der zwanziger Jahre wesentlich von freigemeinwirtschaftlichen, das heißt nicht-staatlichen, Organisationen getragen wurde. Je weniger gefestigt die kommunalen Machtverhältnisse waren, desto größer wurde die Bedeutung der „freien“ Träger, desto mehr konnte sich die Vielfalt verschiedener Gruppeninteressen

Donnerstag, den 1. Juli,
finden in ganz Deutschland
Demonstrations-Versammlungen
der Bauarbeiter, Mieter, Siedler, Kleingärtner usw. statt.
Die Versammlungen sollen Stellung nehmen
gegen Wohnungsnot und Wohnungselend,
gegen Baustoffnot und Baustoffwucher,
gegen die drohende Arbeitslosigkeit der Bauarbeiter,
für die Sozialisierung.
Verbandskollegen! Sorgt für einen guten Besuch der Versammlungen!
Kein Bauarbeiter darf in diesen Versammlungen fehlen!

Demonstrationsaufruf des Deutschen Bauarbeiterverbandes, 1920

Land und Geld für Heimstätten
Beschlüsse des „Ständigen Beirats für Heimstättenwesen beim Reichsarbeitsministerium“
Herausgegeben vom
„Aktionsausschuß der deutschen Gewerkschaften für das Reichsheimstättenamt“

Als Antwort auf gescheiterte Sozialisierungsversuche von oben schufen sich die Gewerkschaften und Sozialdemokraten eigene Organisationen zur schrittweisen Wohnungsreform von unten

Unten: Siedlung Bruchfeldstraße in Frankfurt. Architekt Ernst May. Neben der hohen Wohnqualität der Kleinwohnungen wurde besonderer Wert auf den Gemeinschaftscharakter des Wohnumfeldes gelegt. Gartenhof mit Planschbecken und Gemeinschaftshaus. Dachterrassen eröffnen den Blick über die gesamte Siedlungsanlage

Links: Frankfurt war eine der Städte, in denen die Kommune den Massenwohnungsbau energisch in die eigene Hand nahm. In den 20er Jahren kamen hier 11 % der Bevölkerung in den Genuß vorbildlicher Wohnqualität. Die Verordnung des „Neuen Bauens" ließ jedoch Genossenschaften wenig Raum für ihre üblicherweise pluralistische Architektur

und Lebensbedürfnisse wohnpolitisch entfalten. Nur wenige Städte hatten die politischen Vorbedingungen für eine kontinuierliche, eigene Baupolitik. Dort, wo sie gelang – wie in Frankfurt *(Das Neue Frankfurt)*, in Hamburg oder ansatzweise in Köln unter seinem Oberbürgermeister *Konrad Adenauer* – war sie weniger Sozialreform, denn Sozialhygiene und Städtebaureform. Die kommunalpolitisch erzwungene Durchsetzung des neuen Stils *(Bauhaus, Neue Sachlichkeit)* bedeutete tatsächlich die Entmündigung der „freien Träger", die Beseitigung der Konkurrenz in der architektonischen Selbstdarstellung und damit die Zerstörung von Formenvielfalt als Ausdruck sozialen Pluralismus. Dem „modernen Stil" wurde damit ein Bärendienst erwiesen. Denn die Verordnung des „neuen Stils" – mag sie (wie bei Ernst May in Frankfurt) subjektiv noch so fortschrittlich beabsichtigt gewesen sein – schrieb die Verselbständigung des Stils und der Form gegenüber dem sozialen Inhalt fest. Selbst die konservative GAGFAH mußte sich in Frankfurt mit dem Flachdach abfinden, gegen das sie sich sonst – im Dienste ihrer ständisch-nationalen Mitgliedschaft – erfolgreich wehrte. Doch blieben – wie gesagt – die Städte, die allen Genossenschaften und Gesellschaften denselben Stil aufnötigten, die Ausnahme.

Selbsthilfe der Wohnungssuchenden – Deutschlands größte wohnungsbaugenossenschaftliche Gründungswelle

Spätestens Mitte 1919 war allen klar, daß weder von der Privatwirtschaft (Teuerung, Arbeitslosigkeit, Niedriglöhne) noch vom Staat oder den Kommunen eine Neubautätigkeit für das Heer der Wohnungssuchenden zu erwarten war. Zeitlich parallel zur Selbsthilfebewegung in der Bauwirtschaft setzte auch im Siedlungsbereich eine Selbst-

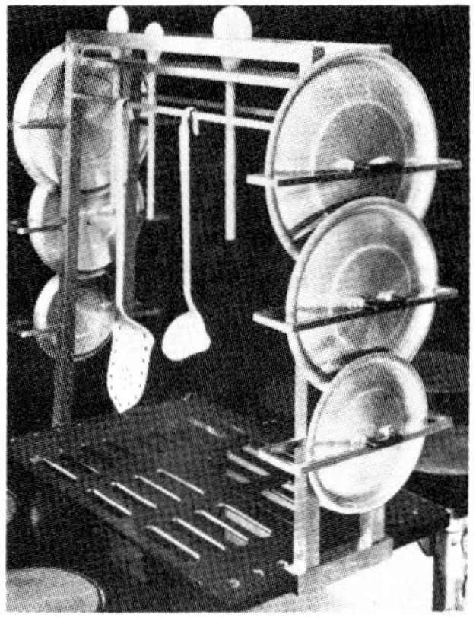

Deckel- und Löffelgestell, entworfen von Grete Schütte-Lihotzky: am Herd anschraubbar

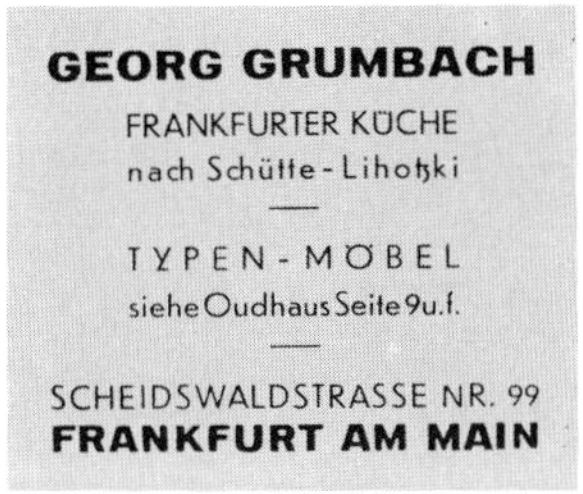

Die Frankfurter Küche ist das Vorbild der modernen Kücheneinrichtungen. Neben der einfachen Form ermöglichte die zweckmäßige Anordnung eine rationellere Küchenarbeit.

Fahnen heraus!

In dieser Woche gilt die Parole der Eisernen Front: **Täglich die rote Fahne mit den 3 Pfeilen zeigen.** — Unser Bild ist eine Teilansicht der Gewerkschaftshäuser an der Gröpelinger Heerstraße, die besonders reichen Flaggenschmuck zeigen. —

Bremen, Siedlung Gröpelinger Heerstraße

hilfebewegung ein. Innerhalb der nächsten sieben Jahre nahm die Zahl der Genossenschaften um mehrere Tausend auf etwa das Dreifache zu. Ausgangspunkte der meisten Gründungen waren die verschiedenen Berufsverbände und zahlreiche Vereine, wie die der Kinderreichen, der Kriegsheimkehrer oder die Mieterschutzbünde. Köln und München beispielsweise verzeichneten mehr als je 35, Duisburg, Nürnberg und Essen je mehr als 20 Neugründungen.

Anders als die meisten Vorkriegsgenossenschaften, die eine möglichst breite Bevölkerungsmischung zusammenbringen wollten, gingen nun die meisten Gründungen von geschlossenen Gruppen aus: Ein neues Wohnleitbild – das Wohnen in der Gemeinschaft aufgrund tragender Gemeinsamkeiten – war entstanden. In Köln entstanden Genossenschaften des Mittelstandes, der Handwerker, der Arbeiter und Angestellten der verschiedenen Berufsgruppen und Gewerkschaftsrichtungen; ja selbst die Universitätsprofessoren gründeten eine Genossenschaft für ihre Villensiedlung. In Essen gab es sogar eine Freimaurergenossenschaft.

Die meisten der bis 1924 gegründeten Genossenschaften bauten Einfamilienreihenhaussiedlungen. Städtebaulich oft angeregt durch die romantisierenden Planungen der *Deutschen Gartenstadtgesellschaft* (Mittelplatz, gebogene Straßenzüge, Tore, abgeschlossene Siedlungseinheiten), hielt man sich meist an einen neobiedermeierlichen Stil, das einzige bürgerlich-demokratische Stilvorbild, auf das man nun – in der Republik – zurückgreifen zu können glaubte. Viele Siedlungen entstanden in wirklicher Gruppenselbsthilfe; ein- bis dreitausend Siedlerstunden waren pro Familie zu leisten. Die meisten Häuser hatten Gärten, viele auch einen Stall für die Kleintierhaltung – zur Selbstversorgung. Zum erstenmal in der Baugenossenschaftsgeschichte konnten mittellose Arbeiter und Arbeitslose mitmachen; sie brachten ihren Anteil als „Muskelhypothek" ein. Oft griff man zu Ersatzbaustoffen, wie selbstgepreßten Ziegeln oder Lehm.

Da diese Genossenschaften durch die Mobilisierung der Selbsthilfe meistens die einzigen Neubauträger waren und damit die oft handlungsunfähigen oder konzeptlosen neuen Gemeindeverwaltungen entlasteten, erhielten sie auf vielfältige Weise kommunale Unterstützung: durch die Vergabe von Gemeindegrund in Erbpacht, durch den Erlaß von Gebühren, Erschließungskosten und Bauauflagen, durch verlorene Bauzuschüsse usw.

Ohne daß sie ausdrücklich genannt worden wären, standen bei einem hohen Prozentsatz der Nachkriegsgründungen die Gewerkschaften im Hintergrund. Dem sozialistisch-freigewerkschaftlichen Zusammenhang entstammen beispielsweise der *Arbeiter-Bauverein Freiheit* in Düsseldorf, die Genossenschaften *Fortschritt, Grundstein* und *Gartensiedlung* in Köln, die *Gartenstadtgenossenschaften* in Hamburg und Nürnberg sowie die Genossenschaft *Firnha-*

Nach dem Ersten Weltkrieg errichteten viele Arbeitergenossenschaften ihre Siedlungen noch im neo-biedermeierlichen Baustil. Wohnanlage – „Moskau" genannt – der Baugenossenschaft des Mietervereins Kornwestheim, dem mehrheitlich der KPD nahestehende Arbeiter angehörten

Bauproduktiv-Genossenschaft „Eintracht" e. G. m. b. H., Dortmund,
Schleswiger Straße 21.

Am Sonntag, den **24. März 1929**, nachmittags 3 Uhr, im Lokal zum „Goldenen Löwen", 1. Kampstraße 93,

Generalversammlung.

Tagesordnung:

1. Geschäftsbericht,
2. Genehmigung der Bilanz und Beschlußfassung über die Verteilung des Gewinnes,
3. Entlastung des Vorstandes,
4. Wahl für die satzungsgemäß ausscheidenden Mitglieder des Aufsichtsrates,
5. Wahl für die satzungsgemäß ausscheidenden Mitglieder des Vorstandes,
6. Anträge und Sonstiges.

Der Vorsitzende des Aufsichtsrates:
Heinrich Petri.

Eigenheim-Genossenschaft „Eintracht" e. G. m. b. H., Dortmund,
Westerbleichstraße 64.

Einladung zur
Generalversammlung für das Geschäftsjahr 1928.

Auf Grund der Satzungen berufe ich auf Sonntag, den **24. März 1929**, die Generalversammlung ein. Dieselbe findet um **18 Uhr** in Dortmund im Lokal „Zum goldenen Löwen", 1. Kampstraße 93, mit folgender Tagesordnung statt:

1. Geschäftsbericht,
2. Genehmigung der Bilanz,
3. Entlastung des Vorstandes,
4. Anträge und Sonstiges.

Der Vorsitzende des Aufsichtsrates:
Heinrich Petri.

Die Verbundbildung der christlichen Bauproduktiv- und Wohnungs-Genossenschaften auf lokaler Ebene drückt sich schon durch ihre Personalunion aus

berau in Augsburg. Manchmal gründete dieselbe Gruppe von Bauarbeitern nicht nur eine Produktivgenossenschaft, sondern – zwecks Selbstversorgung mit Wohnungen – auch eine Wohnungsbaugenossenschaft. In der Identität des Namens kommt dies sogar einige Male deutlich zum Ausdruck. So gab es die sozialistisch orientierte Produktivgenossenschaft *Grundstein* und eine gleichnamige Wohnungsbaugenossenschaft in Köln. In Dortmund findet sich die gleiche Parallelität im Lager der christlichen Gewerkschaften: *Bauproduktivgenossenschaft Eintracht* und *Eigenheim-Genossenschaft Eintracht.*

Entlastung und Einbindung durch vertikale Arbeitsteilung und Verbundbildung

Die Vielzahl ehrenamtlich und nicht berufsmäßig geleiteter Kleingenossenschaften war in doppeltem Sinne überfordert. Schon bei der Selbstversorgung mit Wohnungen mußte man oft zeitraubende und kostspielige Erfahrungen machen; zudem war eine Verallgemeinerung des Kleinwohnungsbaues auf dieser Grundlage kaum vorstellbar. Großzügige Bodenbeschaffung und notwendige Erschließungen, die Finanzierung, Planung und Baubetreuung machten die Beschäftigung bezahlter Fachkräfte erforderlich. Schon vor dem Ersten Weltkrieg entstand der Plan zur Gründung von genossenschaftlichen Dienstleistungsunternehmen durch bestehende Genossenschaften und Kommunen zwecks Betreuung der Bewohnergenossenschaften, die man tatsächlich für die beste Verwaltungsform hielt. In Köln entstand 1913 die *GAG*, gegründet von den ortsansässigen Genossenschaften, der Stadt und Einzelinteressierten[51]. Die *GAG* sollte großzügig erschließen und bauen und die schlüsselfertigen Häuser dann an bestehende oder eigens gegründete Bewohnergenossenschaften abgeben. Diese Idee einer vertikalen Arbeitsteilung und Zusammenarbeit zwischen professioneller Betreuungsgesellschaft und Verwaltungsgenossenschaften der Bewohner führte dann regio-

Siedlungsgenossenschaft Augsburg-Firnhaberau

Die enorme Wohnungsnot nach dem Ersten Weltkrieg konnte oft nur behoben werden, wenn die Wohnungssuchenden zur gemeinschaftlichen Bauselbsthilfe griffen, um so fehlendes Baukapital zu ersetzen. In Augsburg errichtete die Siedlungsgenossenschaft Firnhaberau zwischen 1921 und 1927 132 Einfamilienhäuser mit Gartenland und zahlreichen Gemeinschaftseinrichtungen auf Baugelände, das die Stadt zur Verfügung gestellt hatte. Bis 1923 führten die Siedler sämtiche Arbeiten in Selbsthilfe aus. Als Gemeinschaftseinrichtungen entstanden ab 1924 ein Geschäftshaus mit Läden, ein Genossenschaftshaus mit Gaststätte und Versammlungssaal, der auch als Turnhalle genutzt wurde, später Waschhaus und Kindergarten. Die Bauhütte übernahm Baubetreuung und professionelle Arbeiten.

Am 13. März 1921 wurde der erste Spatenstich getan

„Die alte Schmiede mit ihren ‚fröhlichen Gesellen'"

Selbstverständlich gehörte zur Selbstversorgung die Ziege, die „Kuh des kleinen Mannes"

Gemeinwirtschafts-
bewegung
im Bau- und
Wohnungssektor

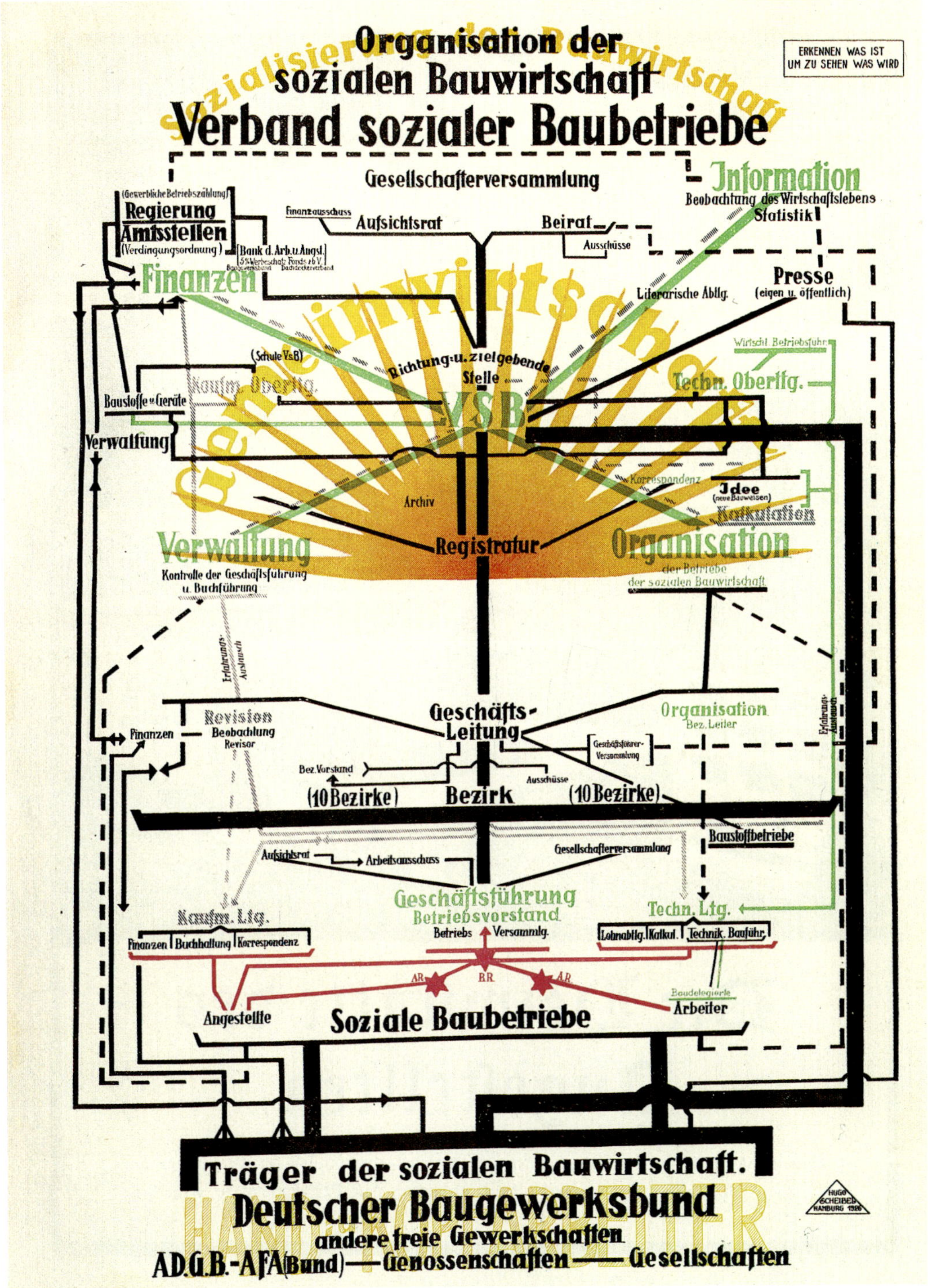

Schulungstafel des Verbandes Sozialer Baubetriebe

Rechte Seite:

Siedlungen des Siedlungswerkes Nürnberg 1919, einem aus der Soldatenrätebewegung hervorgegangenen Projekt, das als Körperschaft des öffentlichen Rechts organisiert wurde, weil den sozialistisch gesinnten Beteiligten „die Form der Genossenschaft als zu kapitalistisch“ galt. Das Siedlungswerk Nürnberg 1919–1925, Nürnberg 1926

oben: Siedlung Buchenbühl, Saalbau mit geplanter Wirtschaft (links), Häusergruppe am Paulusstein (rechts), unten: Siedlung Loher-Moos, an der Ziegelsteinstraße

Gründungsschrift der GAGfAH, 1918 von H. Bechly – die GAGfAH war eine Gründung der Reichsversicherungsanstalt für Angestellte und der verschiedenen Angestelltenverbände unter Dominanz der Deutsch-nationalen

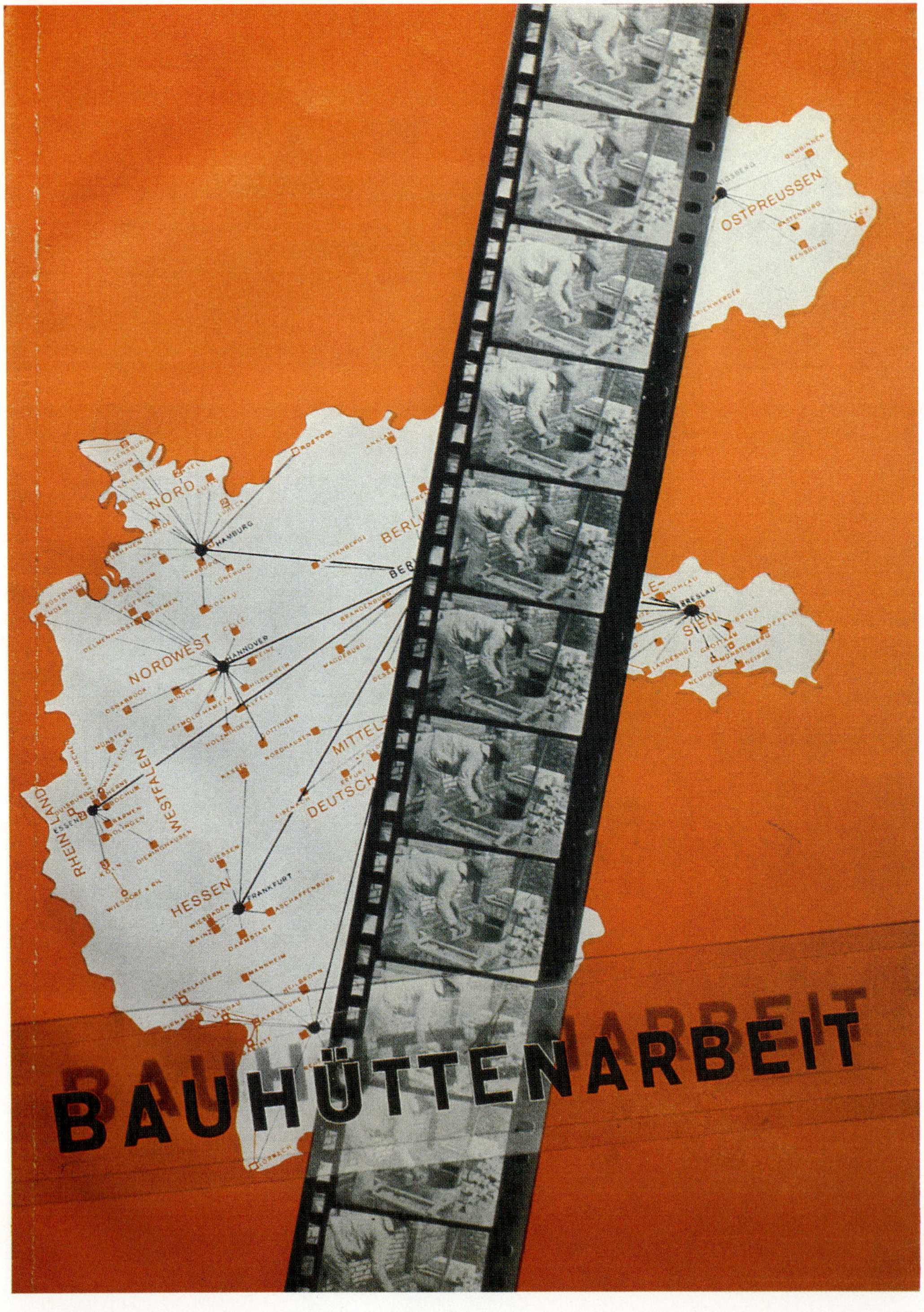

Titelblatt der Festschrift zum 10jährigen Bestehen der Bauhüttenbewegung, 1930

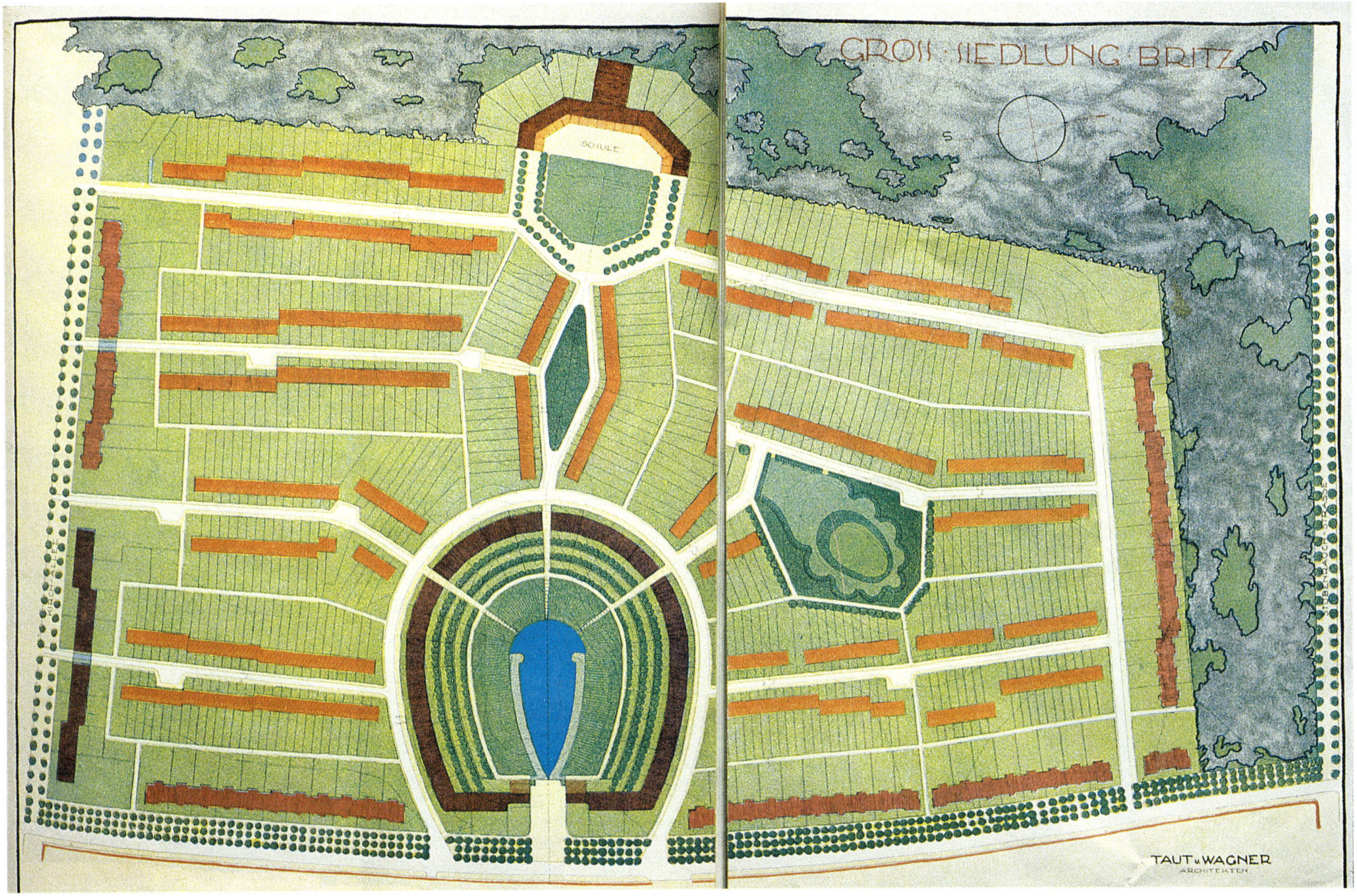

Hufeisensiedlung in Berlin-Britz, Architekten: Martin Wagner und Bruno Taut, Bauherr: GEHAG, Verwalter: EINFA, Bauausführung: Deutsche Bauhütte, 1924

Siedlungsplanungen von Bruno Taut für gemeinwirtschaftliche Wohnungsunternehmen

Gartenstadt Falkenberg in Berlin, 1913/14 – die sogenannte Tuschkastensiedlung

Hufeisensiedlung Berlin-Britz, 1925

Karl-Legienstadt in Berlin, 1928–30,
Bauherr: GEHAG, Verwaltung: EINFA,
Bauausführung: Deutsche Bauhütte

Zimmergestaltung nach Bruno Taut, rekonstruiert von O. Putz

DER REGENBOGEN

AUFRUF ZUM FARBIGEN BAUEN

Die vergangenen Jahrzehnte haben durch ihre rein technische und wissenschaftliche Betonung die optische Sinnenfreude getötet. Grau in graue Steinkästen traten an die Stelle farbiger und bemalter Häuser. Die durch Jahrhunderte gepflegte Tradition der Farbe versank in dem Begriff „Vornehmheit", der aber nichts anderes ist als Mattheit und Unfähigkeit, das neben der Form wesentlichste Kunstmittel im Bauen, nämlich die Farbe, anzuwenden. Das Publikum hat heute Angst vor dem farbigen Haus und vergißt, daß die Zeit nicht so lange her ist, in der die Architekten keine schmutzigen Häuser bauen durften und in der man kein Haus verschmutzen ließ. Wir Unterzeichneten bekennen uns zur farbigen Architektur. Wir wollen keine farblosen Häuser mehr bauen und erbaut sehen und wollen durch dieses geschlossene Bekenntnis dem Bauherrn, dem Siedler, wieder Mut zur Farbenfreude am Innern und Äußern des Hauses geben, damit er uns in unserem Wollen unterstützt. Farbe ist nicht teuer wie Dekoration mit Gesimsen und Plastiken, aber Farbe ist Lebensfreude und, weil sie mit geringen Mitteln zu geben ist, deshalb müssen wir gerade in der Zeit der heutigen Not bei allen Bauten, die nun einmal aufgeführt werden müssen, auf sie dringen. Wir verwerfen den Verzicht auf die Farbe ganz und gar, wo ein Haus in der Natur steht. Nicht allein die grüne Sommerlandschaft, sondern gerade die Schneelandschaft des Winters verlangt dringend nach der Farbe. An Stelle des schmutzig-grauen Hauses trete endlich wieder das blaue, rote, gelbe, grüne, schwarze, weiße Haus in ungebrochen leuchtender Tönung.

Bruno Taut

„Der Regenbogen". Aufruf zum farbigen Bauen von Bruno Taut

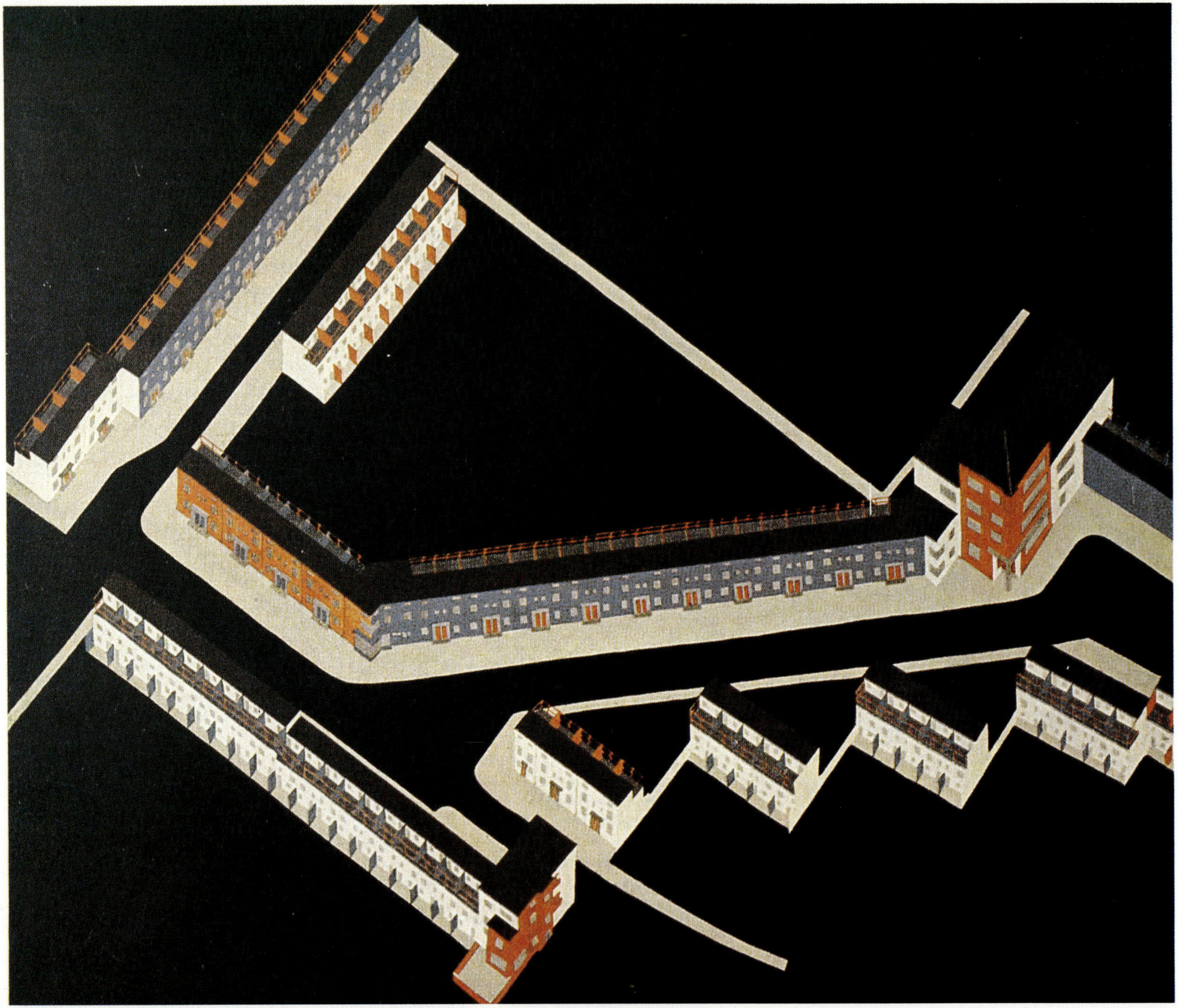

Das Neue Frankfurt – Siedlung Praunheim, 1927–29. Architekt: Ernst May, Farbgestaltung: Hans Leistikow

Gartenstadtgenossenschaft Hamburg-Berne

Volk und Zeit

Bilder vom Tage

Nr. 45 / 1925 Beilage zum „Hamburger Echo" , Hamburg, 8. November 1925 7. Jahrgang

Die Gesundung der Großstadtwohnung

Oben: Arbeitersiedlung Berne (Hamburg). Unten: Elendsquartiere in Rotenburgsort (Hamburg)

Der um die Jahrhundertwende entwickelte Gartenstadtgedanke wurde seit 1919 vielfach von Siedlungsgenossenschaften der Arbeiter aufgegriffen. Wohnen im Grünen, Einfamilienhäuser mit Gärten, genossenschaftliche Besitzverhältnisse zur Verhinderung von Bodenspekulation waren die Grundsätze, nach denen sich im Januar 1919 in Hamburg meist gewerkschaftlich organisierte Arbeiter zusammenfanden. Zum großen Teil in Bauselbsthilfe errichteten sie die Gartensiedlung Hamburg-Berne, die Ende 1927 bereits 467 Häuser umfaßte. 1928 entstand aus einem alten Stallgebäude das Gemeinschaftshaus „Volkshaus Berne".

Die Dachziegelpresse. Bauselbsthilfe in Hamburg-Berne, selbst die Dachziegel stellte man in Handarbeit her

Zwei Arbeitersiedlungen in Hamburg. Oben: In der Gartenstadt Berne verwirklichten Arbeiter ihre Wohnleitbilder selbst. Unten: Mietskasernen in Rotenburgsort

nal und politisch zu einer Vielzahl von Gründungen: beispielsweise des *Badischen Baubundes* (1917) sowie der staatlichen *Wohnungsfürsorgegesellschaften* und *Heimstätten* vor allem für den Kleinwohnungsbau auf dem Lande (13 Gründungen zwischen 1918 und 1925)[52].

Unter diesen Wohnungsfürsorgegesellschaften, also Betreuungsorganisationen, bildeten sich zwei Typen heraus: die „neutralen" und die „richtungsgebundenen". Die in den ersten Jahren nach dem Weltkrieg gegründeten Unternehmen, vor allem diejenigen, die durch staatliche Initiative zustande kamen, verstanden sich als Anbieter eines rein technischen Service: Sie übernahmen die Boden-, Kapital- und Baustoffbeschaffung sowie die Baubetreuung.

Auch die *GAGfAH (Gemeinnützige Aktiengesellschaft für Angestellten-Heimstätten)* ist eine von der *Reichsversicherungsanstalt für Angestellte (RfA)* ermöglichte Gründung, die zunächst von allen Angestellten-Gewerkschaften mitgetragen wurde und folglich „neutral" sein sollte. Die *GAGfAH* sollte die zentrale hypothekarische Bewirtschaftung der *RfA*-Mittel übernehmen, wurde also von oben nach unten errichtet. Ein dreistufiges System entstand: Unterhalb der Muttergesellschaft *GAGfAH* wurden 50 Tochtergesellschaften (unter Beteiligung örtlicher Industrieunternehmen und der Gemeinden) gebildet, *Heimags* genannte, die nach den Plänen und entsprechend der Finanzierung der Mutter am Ort als Bauherr wirkten. Wohnungssuchende Angestellte konnten sich bei ihren Gewerkschaftssekretariaten melden und wurden zu sogenannten *Ortsvereinigungen für Angestellten-Heimstätten* zusammengefaßt. Nach der Übernahme der von der *Heimag* errichteten Wohnungen wandelten sich die *Ortsvereinigungen* in *Heimstättenvereinigungen* um, die die Bewohner pflichtzusammenfaßten und sie gemeinsam an der Verwaltung und der einheitlichen Gestaltung der Siedlung beteiligten. Diese Konzeption, 1918/19 die zweifellos fortgeschrittenste, wurde jedoch für die meisten, vor allem die freien Angestelltenverbände dadurch problematisch, daß der *Deutschnationale Handlungsgehilfenverband* von den personellen Gründungszusammenhängen sowie der Beteiligungshöhe her das Übergewicht in der *GAGfAH* hatte.

Die politisch konservativ-nationalistische Programmatik des Verbandes, seine ständische Abgrenzung von der Arbeiterschaft sowie seine wirtschaftsfriedliche, sozialpartnerschaftliche Haltung zur Industrie drück-

Wohnhäuser der sozialistischen Baugenossenschaft „Fortschritt" in Köln, Vorgebirgsstraße. Der genossenschaftlich-gemeinwirtschaftliche Verbund findet seinen Ausdruck in der Vergabe der Bauarbeiten an die „Bauhütte" Köln und der Einrichtung einer Verteilungsstelle der Konsumgenossenschaft „Hoffnung"

„Siedlung am Krankenhaus" in Wuppertal-Barmen; Bauherr: GAGFAH, Baugesellschaft dominiert vom Deutschnationalen Handelsgehilfenverband

Die „Siedlung am Zoo" in Wuppertal-Elberfeld, erbaut von der Wuppertaler Tochtergesellschaft der „Heimat"-Baugesellschaft des wirtschaftsfriedlichen Hirsch-Dunckerschen Gewerkschaftsbundes der Angestellten (GDA). Die „Heimat" ging aus der GAGFAH hervor, die 1918 unter Mitwirkung der Angestelltengewerkschaften aller politischen Richtungen und der Reichsversicherungsanstalt der Angestellten gegründet worden war

ten sich auch in entsprechenden Wohn- und Architekturleitbildern aus, die beispielsweise für die sozialistischen Gewerkschaften nicht annehmbar sein konnten. Mit der Zeit zogen sich die anderen Angestelltenverbände aus der *GAGfAH* zurück und gründeten eigene Wohnungsfürsorgegesellschaften, die nun nicht mehr „neutral", sondern „richtungsgebunden" die Mitgliederinteressen wohnkulturell zum Ausdruck brachten. Im Angestelltenbereich gründete der *GdA*, der *Gewerkschaftsbund der Angestellten* (Hirsch-Dunckersche Richtung) die *Heimat. Gemeinnützige Bau- und Siedlungs-Aktiengesellschaft* in Berlin, die sich selbst als Bauherr betätigte, sich aber auch an der Gründung und Betreuung örtlicher Baugenossenschaften beteiligte; Beispiel: *Gemeinnütziger Bauverein des Gewerkschaftsbundes der Angestellten* in Elberfeld.

Auch alle anderen Berufsverbände begannen, eigene Wohnungsunternehmen und zentrale Wohnungsfürsorgegesellschaften aufzubauen. Die Vielfalt der Richtungsverbände schlug sich dann in einer entsprechenden Vielfalt der Unternehmens- und Verbundtypen sowie in unterschiedlichsten Architekturen und Wohnformen nieder. Diese heute kaum noch vorstellbare Vielfalt der Organisationen war die materielle Basis für jenes neue Wohnleitbild, das viele der Neubausiedlungen der zwanziger Jahre bestimmte und noch heute auszeichnet: Man wohnte in einer sozial und oft auch politisch übereinstimmenden Gemeinschaft. Und anders als bei den Werkssiedlungen der Vorkriegszeit waren es jetzt die eigenen Berufsverbände, die für ein dem arbeitenden Menschen angemessenes, gesichertes Wohnen und Leben sorgten. Diese frei gewählten Gemeinschaften versuchten ihr Anliegen auch in einer Namensgebung, in einer Gestaltung und Ästhetik zu symbolisieren, die diesen Siedlungen jahrzehntelang – ja oft bis heute – ein bestimmtes Gepräge gaben. Sowohl in der Selbst- wie auch in der Fremdwahrnehmung waren diese Reformsiedlungen etwas Besonderes. Man gehörte dazu – oder nicht. Das Stadtrandeinerlei wurde strukturiert, der Alltag politisiert, die greifbaren Reformen waren sichtbarer Ausdruck von Zukunftsversprechen; sie vermittelten symbolisch zwischen dem meist harten Alltag und den Hoffnungen auf eine bessere Gesellschaft. Daher Namen wie *Neue Gesellschaft, Neuland, Neue Heimat, Freidorf, Freiheit, Zukunft, Hoffnung* usw.

Von der „Lübecker Baugesellschaft" errichtete Wohnhäuser mit Eingang zur Zimmerei in der Märkischen Straße

„Schöpfungen der Lübecker Arbeiterschaft – Was gewerkschaftliche Selbsthilfe zu leisten vermag"

Die Lübecker Arbeiterschaft baute in den 20er Jahren eine Vielfalt von Unternehmen vor allem im Bausektor auf, die einen gemeinwirtschaftlichen Verbund bildeten. Ziel war es, die Mitglieder, später auch die gesamte Bevölkerung genossenschaftlich zu organisieren und zwar nicht nur im Bau- und Wohnungssektor, sondern in allen Wirtschaftsbereichen. Aus der 1919 gegründeten „Lübecker Arbeitsgenossenschaft", die eine Bautischlerei, eine Möbelschreinerei, eine Tapeziererei, ein Möbelverkaufshaus und eine eigene Bankabteilung unterhielt, entstanden die „Lübecker Baugesellschaft" als Bauproduktivbetrieb und der „Bauverein Selbsthilfe". Sie arbeiteten zusammen mit dem Lübecker Konsumverein, der Genossenschaftsbäkkerei, der Bestattungsgesellschaft, der Gewerkschaftsbau-Gesellschaft, der gemeinnützigen Siedlungsgenossenschaft, der Lübecker Verkehrsgesellschaft und dem Architekturbüro Hansa.

„Daß zu diesen Erfolgen auch die geistige Einstellung der Arbeiter und Angestellten unserer Betriebe zu ihrem Betrieb nicht wenig beigetragen hat, ist selbstverständlich. In dem Bewußtsein, nicht für Privatkapitalisten zu arbeiten, sondern zum Nutzen ihrer Gewerkschaften und der Allgemeinheit, arbeiten die Belegschaften unserer Betriebe mit ganz anderer Freude als bei den Privatunternehmen ... Die Lübecker Gewerkschaften können auf das von ihnen Geschaffene stolz sein. Sie haben damit gezeigt, wie durch die Umleitung der Konsumkraft aus der privatkapitalistischen Wirtschaft in die gemeinwirtschaftlichen Betriebe der Gewerkschaften die Produktionsmittel schrittweise in den Besitz der Arbeiterschaft gebracht werden können, ohne daß dies die geringste Störung im Wirtschaftsleben verursacht."

(August Ellinger, in: Soziale Bauwirtschaft, 1928, S. 255)

Zimmerei der „Lübecker Baugesellschaft"

Wohnhäuser der „Gewerkschaftshaus-Gesellschaft", erbaut von der „Lübecker Baugesellschaft"

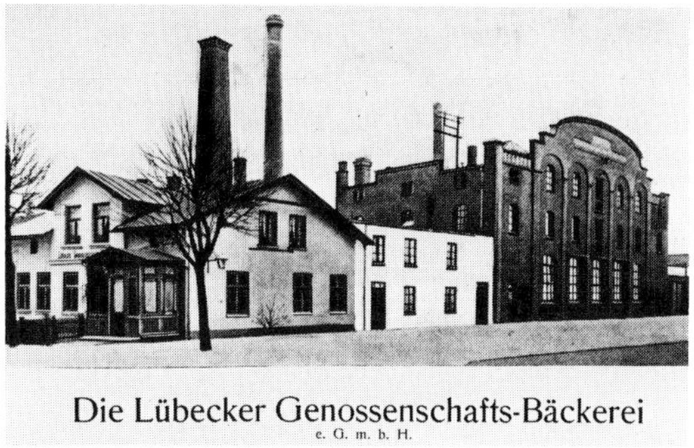

„Bauverein Selbsthilfe", Wohnblock an der Friedrichstraße. Planung: „Architekturbüro Hansa". Bauausführung: „Lübecker Baugesellschaft"

Konsumverein Lübeck, Wohnhaus mit Läden, errichtet von der „Lübecker Baugesellschaft"

Häuser der „Gemeinnützigen Siedlungsgenossenschaft Lübeck", erbaut von der „Lübecker Baugesellschaft"

„DEWOG-Bewegung“ – freigewerkschaftlich-genossenschaftliche Wohnungsfürsorge

Von drei Seiten her ergab sich die Notwendigkeit weiterer gewerkschaftlichen Maßnahmen im Wohnungsbereich:

- Die vielen spontanen Wohnungsgenossenschaftsgründungen im Umfeld lokaler Gewerkschaften brauchten Koordination und Unterstützung;
- die Bauhüttenbewegung brauchte „befreundete“ Absatz-, also Bauherrenorganisationen, die planmäßig den Bedarf organisieren sollten;
- die Gewerkschaften hatten ihr Programm erweitert und sahen sich selber als Träger einer Sozialisierungspolitik.

1922 hatten sich die im *Bauarbeiterverband* zusammengeschlossenen freien Berufsverbände des Baubereichs zur Gründung einer „einheitlichen Industriegewerkschaft“ durchgerungen, deren Statut im Mai 1922 beschlossen wurde. Im § 2 des *Deutschen Baugewerksbundes* hieß es unter „Zweck des Bundes“:

„Der Deutsche Baugewerksbund stellt sich die Aufgabe, die Lebenshaltung der baugewerblichen Arbeiter auf eine möglichst hohe Stufe zu bringen und ihnen dauernd einen menschenwürdigen Anteil an den Errungenschaften der Kultur zu sichern. Als beste Lösung dieser Aufgabe anerkennt der Bund die Vergesellschaftung des gesamten Bau- und Wohnungswesens: Beseitigung des Bodenwuchers, Erzeugung und Verteilung der Baustoffe sowie Herstellung aller Bauwerke nach bedarfs- und gemeinwirtschaftlichen Grundsätzen.“

Der Leipziger Gewerkschaftstag der Bauarbeiter beantragte auf dem ebenfalls 1922 in Leipzig stattfindenden *ADGB*-Bundeskongreß auch eine Behandlung der Wohnungsfrage. Dort kam ein historischer Beschluß (siehe Textkasten) zustande, der die volle gewerkschaftliche Unterstützung einer offensiven Gemeinwirtschaftspolitik zum Inhalt hatte. Es war die praktische Sozialisierungspolitik des *Bauarbeiterverbandes* und des *Verbandes sozialer Baubetriebe*, die die freien Gewerkschaften zu jener Debatte veranlaßte, aus der später – 1925 in Breslau, 1928 in Hamburg – das Konzept der „Wirtschaftsdemokratie“ hervorging.

Kurz nach diesem Beschluß trat der *VSB* mit den freigewerkschaftlichen Spitzenver-

Leipziger Gewerkschaftskongreß 1922

Beschluß zur Wohnungsfrage:

„Der 11. Kongreß des ADGB begrüßt und billigt es, daß der Bundesvorstand nachdrücklich Einfluß genommen hat auf die Lösung der Wohnungsfrage und auf eine gemeinwirtschaftliche Regelung der Baustofferzeugung und Baustoffbeschaffung. Er begrüßt und billigt es fernerhin, daß einzelne Gewerkschaften aus eigenem Antrieb heraus Einfluß auf eine gemeinwirtschaftliche Regelung der Produktion genommen und die Errichtung gemeinwirtschaftlich tätiger Betriebe gefördert haben.

Der 11. Kongreß des ADGB beauftragt den Bundesvorstand,

1. **die von ihm eingeleitete gemeinwirtschaftliche Regelung des Wohnungswesens und der Baustoffe weiter zu betreiben und die Reichsregierung sowie die Parlamente der Länder und Gemeinden darauf hinzuweisen, daß die Gewerkschaften den Kampf gegen Wohnungsnot und Wohnungswucher auf breiterer Grundlage aufnehmen müssen, wenn nicht wirklich durchgreifende Maßnahmen zur Beseitigung der ständig wachsenden Mißstände ergriffen werden;**
2. **die wirtschaftliche und finanzielle Macht der organisierten Arbeiterschaft in den Dienst der Gemeinwirtschaft zu stellen und im Bundesbüro eine Zentralstelle zu schaffen, deren Aufgabe es sein soll, die Ueberführung der privatkapitalistischen Wirtschaft in die Gemeinwirtschaft planmäßig zu fördern und alle Bestrebungen innerhalb der gewerkschaftlichen Bewegung, die auf dieses Ziel eingestellt sind, zusammenzufassen.“**

bänden (*ADGB*, *AfA*Bund, *ADBB*) wegen der Gründung einer der *Volksfürsorge* entsprechenden, „gewerkschaftlich-genossenschaftlichen" Arbeiterwohnungsfürsorgegesellschaft in Verbindung. Die christlichen Gewerkschaften, die sich programmatisch und praktisch für den Aufbau einer „christlichen Gemeinwirtschaft" einsetzten, versuchte man vergebens für die neue Dachgesellschaft zu gewinnen. Wegen dieser Verhandlungen und den Zeitumständen – die Inflation hatte ihren Höhepunkt erreicht – mußte die Gründung ins Jahr 1924 verschoben werden. Wiederum war es Martin Wagner, der nicht nur die meisten Gespräche führte, sondern auch einen überzeugenden Entwurf vorlegte. In seinem Vortrag „Neue Wege zum Kleinwohnungsbau"[53] vom 26. Januar 1924 entwickelte Wagner in einer scharfsinnigen Situationsbeschreibung die bisherigen Leistungen und Probleme der „überforderten Baugenossenschaften" und leitete daraus die Notwendigkeit eines dreistufigen Vertikalverbundes auf der Basis baugenossenschaftlicher, kommunaler und gewerkschaftlicher Zusammenarbeit ab. Am 14. März 1924 konnte dann die *DEWOG* (zunächst *REWOG*), die *Deutsche Wohnungsfürsorge A.-G. für Beamte, Angestellte und Arbeiter*, gegründet werden. Aktionäre waren der *ADGB*, *AfA*-Bund und *ADB*, die *Arbeiterbank* sowie der *VSB*. Später traten noch die *Volksfürsorge* und eine Reihe von Einzelgewerkschaften als Aktionäre hinzu.

Die *DEWOG* sollte die „Produzentenorganisation" der Bauhüttenbewegung von der „Konsumentenseite" her ergänzen. Zugleich sollte sie die Spitze der genossenschaftlich organisierten „Konsumentenseite" sein. Richard Linneke, Nachfolger Wagners als Geschäftsführer der *DEWOG*, hatte diese Rollen der *DEWOG* einmal folgendermaßen umschrieben, und zwar erstens zum Verhältnis zu den Bauhütten:

„Der 13. Kongreß der Gewerkschaften Deutschlands erblickt in den gewerkschaftlichen Eigenbetrieben ebenso wie in der Genossenschaftsbewegung einen der Wege zur aktiven Demokratisierung des heutigen Wirtschaftssystems und einen der Schritte zur praktischen Durchführung des Sozialismus. Mit Befriedigung hat der Kongreß von der weiteren erfreulichen Aufwärtsentwicklung der gewerkschaftlichen Betriebe Kenntnis genommen. Der Gewerkschaftskongreß erwartet von den Gewerkschaftsverbänden, Mitgliedern und Funktionären, daß sie die gewerkschaftlichen Eigenbetriebe in Anspruch nehmen und mit aller Kraft den weiteren Aufstieg und das Ansehen der gewerkschaftlichen Betriebe fördern."

Hamburger Kongress des ADGB 1928

3. AfA-Gewerkschaftskongress in Hamburg 1928

„Die im AfA-Bund vereinigten Angestelltengewerkschaften wollen nicht nur die Gehalts- und Arbeitsbedingungen im Interesse der Angestellten regeln, sondern sie streben auch danach, daß in der Wirtschaft der arbeitende Mensch vor dem toten Besitz bevorrechtigt wird. Sie kämpfen nicht nur um ein Mitbestimmungsrecht der Arbeitnehmer in der kapitalistischen Produktion, sondern sie halten auch eine freiwillige gemeinwirtschaftliche Betätigung der Angestellten und Arbeiter für notwendig.
Die Konsumgenossenschaften und die von den Genossenschaften und Gewerkschaften ins Leben gerufenen Eigenbetriebe, nämlich die Versicherungsgesellschaften Volksfürsorge und Eigenhilfe, die Bank der Arbeiter, Angestellten und Beamten, die Deutsche Wohnungsfürsorge-Aktiengesellschaft (Dewog) nebst ihrem Revisionsverband und die Bauhütten, die Bürobedarf- und Papierhandelsgesellschaft (Büropa) bereichern keinen Privatunternehmer, sondern sie verwenden ihre Betriebsüberschüsse, soweit sie nicht den Mitgliedern zufließen, zur Stärkung und Entwicklung des Betriebes. Durch die Entwicklung dieser Einrichtungen, die das Eigentum der breiten Massen der Arbeitnehmer sind, wird ein wichtiger Schritt zur Gemeinwirtschaft getan.
Der 3. AfA-Gewerkschaftskongreß erkennt die bisherigen Leistungen dieser Genossenschaften und verwandten Einrichtungen ausdrücklich an und verpflichtet alle Gewerkschaftsmitglieder, sie auch in Zukunft auf das eifrigste zu unterstützen."

NUMMER 3/4 * BERLIN, 1. FEBRUAR 1924 * 4. JAHRGANG

SOZIALE BAUWIRTSCHAFT

HERAUSGEGEBEN VOM VERBAND SOZIALER BAUBETRIEBE

NEUE WEGE ZUM KLEINWOHNUNGSBAU.
EIN PROGRAMM DER SELBSTHILFE.

Von Dr.-Ing. *Martin Wagner.*

A. Die Unmöglichkeit der privatkapitalistischen Finanzierung des Kleinwohnungsbaues.

I.

Die privatkapitalistischen Kräfte des Bau- und Wohnungswesens hatten seit langem ein Trommelfeuer auf die gemeinwirtschaftliche Finanzierung des Wohnungsbaues eröffnet, das nicht ohne Erfolg geblieben ist. *Die Wohnungsbauabgabe starb.* Die Parolen: „Fort mit der Zwangs-wir[...]“ — „Freie Bahn dem [...]pital“ [...]

Mörder des versteckten Profites. Bei den typisierten Bauten ließ sich sehr schwer mogeln, pfuschen und vortäuschen. „Der Typus ermöglicht die Kontrolle durch Griff und Blick und Instrument“ so sagte sehr richtig K. von Meyenburg in Nr. 20 Jahrgang 2 der „Sozialen Bauwirtschaft“.

Das *Finanzkapital,* das ehedem das gesamte Baukapital, das *Baugeld* sowohl als auch die *Hypotheken,* durch die profitlustigen Banken rinnen sah, verlor durch die gemein-[...]che Finanzierung [...]reis,

„Die Bauhüttenbewegung sollte in ein engeres, organisches Verhältnis zum organisierten Konsum gebracht werden, weil es tatsächlich auf die Dauer unmöglich ist, daß sich gemeinwirtschaftliche Produktivunternehmungen ihre Aufträge allein auf dem freien Markte suchen und damit allen Unzulänglichkeiten und Zufällen dieser Art Auftragswerbung ausgesetzt sind und auch nie aus dem stoßweisen und damit unrationellen Betrieb herauskommen können, den eine solche Auftragsart mit sich bringt. Vielmehr mußte wenigstens nachträglich die Bauhüttenbewegung organisch nach der Konsumentenseite hin unterbaut werden. Das war und ist zu einem erheblichen Teile der Sinn der *DEWOG*-Bewegung, die sich seit 1924 entwickelte[54].“

Zweitens zum Verhältnis zu den Baugenossenschaften:

„Die *DEWOG* will das für die Baugenossenschaften sein, was die Großeinkaufsgesellschaft für die Konsumgenossenschaften ist, natürlich übertragen auf den Kleinwohnungsbau; sie ist eine rein wirtschaftliche Betreuungs- und Bauherrenorganisation, und es muß in der Entwicklung dahin kommen, daß die *DEWOG*-Organisation so wie die *GEG* für ihre Genossenschaften in konzentrierter Form produziert, d. h. baut und die Wohnungen dann den Genossenschaften zum Konsum, zum Vermieten, zum Verwalten übergibt. Hier die bessere und weiter ausgebaute Organisation zum Bauen, dort der geeignetere Apparat zur Verwaltung, zur Steigerung der Wohnkultur, zur Vertiefung des genossenschaftlichen Gemeinschaftslebens in den Wohnblocks, das ist nach unserer Meinung der ideale Zustand. Wir wollen nicht die Genossenschaften unterdrücken oder gar ausrotten, wie uns oft nachgesagt wird, wir wollen nicht ihr Eigenleben abtöten, nein, wir wollen sie stärken und pflegen, ihnen Sorgen und Aufgaben abnehmen, un-

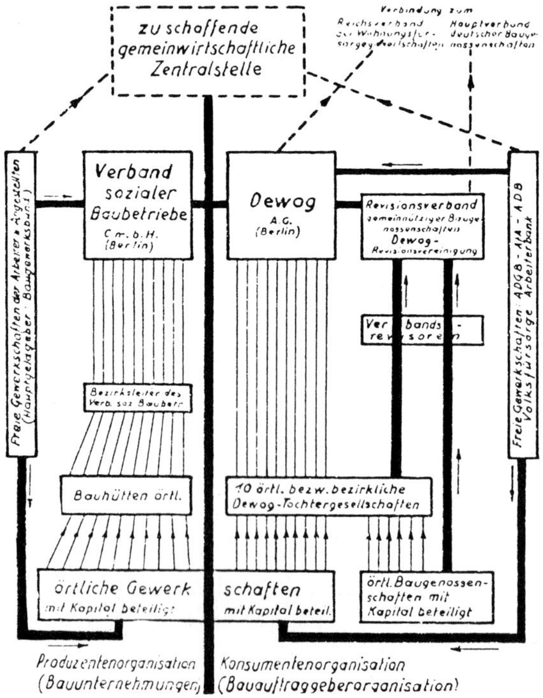

Wagners Plan für eine gemeinwirtschaftliche Organisation des Bau- und Wohnungswesens

ter denen sie seufzen, und ihnen die Kräfte freimachen für ihre ureigensten Aufgaben. Da setzt der Revisionsverband ein.“[55]

„DEWOG-Bewegung“ und Probleme mit der Genossenschafts-„Basis“

Wie aus Linnekes Worten deutlich geworden ist, hatte es mit den bestehenden Altgenossenschaften Probleme gegeben. Denn Wagners Reformkonzept der Baugenossenschaften mutete ihnen gleichsam eine Halbierung ihrer Aufgaben zu. Schon der Organisationsegoismus vieler großer Genossenschaften, wortgewandt vertreten durch Gerhard Albrecht und Adolf Otto, mußte ein solches Besitzstandskürzungsprojekt scheitern lassen. Da halfen auch Wagners scharfsinnige Analysen und Appelle nichts:

„Die Baugenossenschaften sind Organe der Konsumenten, aber nicht der Produzenten. Das Produzieren war bei ihnen nur Mittel zum Zweck und nicht Dauerzweck. Das Produzieren verlangt eine andere Wirtschaftsform als das Konsumieren. Die rationelle Produktion zwingt zu vertikaler wirtschaftlicher Betätigung. Die Genossenschaft hat aber horizontalen, zusammenfassenden Charakter. Sie kann darum nur konsumierender, d. h. verwaltender Träger des Wohnungswesens sein ... Der Aufgabenkreis der Baugenossenschaften sollte darum besonders und vertieft eingestellt werden auf die Hausverwaltung, auf die soziale Fürsorge (Kindergärten, Rechtsauskünfte usw.), auf kulturelle Fürsorge (Geselligkeit, Bibliotheken usw.), auf die wirtschaftliche Fürsorge (Beschaffung von Gartengeräten, Dungstoffen und Samen, günstiger Einkauf von Lebensmitteln, Aushandeln billiger Verkehrstarife usw.) und auf die politische Fürsorge (Vertretung der Bewohner gegenüber den Gemeinden, dem Steuerfiskus usw.). Diese Aufgaben sind die Aufgaben einer konsu-

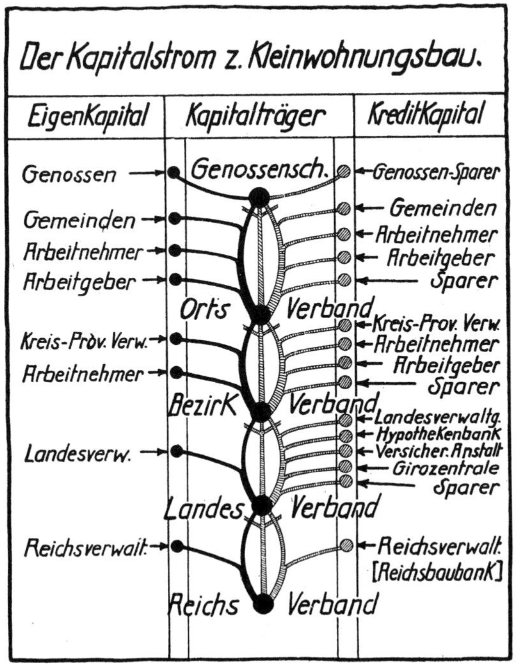

Skizze Martin Wagners zu Finanzierungsquellen für den gemeinwirtschaftlichen Wohnungsbau, 1924

mierenden Organisation, in der alle Interessen auf das gleiche Ziel eingestellt sind und sich durch einen horizontalen Zusammenschluß gleichmäßig und ohne wesentliche Reibungen vertreten lassen[56].“

Doch mehr noch: Wagner wurde Opfer einer Illusion, die er mit vielen engagierten Linkstechnokraten der zwanziger Jahre teilte. Für sie war jede überbetriebliche Rationalisierung schon ein Stück Sozialismus. Die Hoffnung Wagners, alle ortsansässigen Baugenossenschaften für die volkswirtschaftlich wirksamere dreistufige Neuorganisation zu gewinnen, um sie damit automatisch an die Hauptträger dieser „Modernisierungspolitik“, die Gewerkschaften, heranzuführen, mußte an dieser Verbindung scheitern. Wie Adolf Otto gegen Wagner ausführte, „darf nicht übersehen werden, daß den von freigewerkschaftlicher Seite gegründeten Organisationen gegenüber ein gewisses Mißtrauen wegen der einseitigen politischen Einstellung besteht, da die Wohnungsfrage und besonders das Baugenossenschaftswesen unpolitisch ist“[57]. Ja, die Mehrzahl der Baugenossenschaften (vor allem der Vorkriegsgründungen) verstand sich und die Wohnungsfrage als „unpolitisch“; sie wollten parteipolitisch neutral bleiben und strebten einen Einheitsverband und „neutrale“ Wohnungsfürsorgegesellschaften an. Ihnen ging es hauptsächlich um Wohnhygiene und gute technische Lösungen.

Anders hielten es viele der in der Atmosphäre der Revolution von 1918/19 entstandenen Neugründungen; hier ging es um eine neue Lebens- und Wohnkultur: die selbstverwaltete Siedlung als Basisstruktur einer demokratischen Gesellschaft. Wie selbstverständlich suchte man eher Anlehnung bei den Organisationen, die die eigenen sozialkulturellen Anliegen zu fördern bereit waren (beispielsweise den Gewerkschaften, Parteien und Vereinen der eigenen Wahl), als daß man sich den professionellen Betreuern (Wohnungsfürsorgegesellschaften) überlassen hätte, die jedes spezifische Anliegen zugunsten des Standardtyps zu neutralisieren suchten. Die Geschichte der Wohnungspolitik in der Weimarer Republik nach 1924 ist die der Abkehr von „neutralisierten“ und der Zuwendung zu „sozialkulturell“ gebundenen Trägern. Die Richtungsgewerkschaften wurden zum Hauptträger dieser wohnkulturell und städtebaulich außerordentlich produktiven Vielfalt, die nicht nur jene Gründungswelle von gewerkschaftlichen Unternehmen bedingte, sondern auch die örtlich bunte Mischung von „Reformsiedlungen“ aller Schattierungen zur Folge hatte. Waren zu Beginn der Weimarer Republik noch die „unpolitischen“ Einheitslösungen in der Verbund- und Verbandsfrage vorherrschend, vielleicht deshalb, weil die Linke sich ohnehin in der Mehrheit wähnte, bilde-

Luftaufnahme ca. 1930 – der Bauabschnitt rechts oben stammt aus der Zeit vor 1914, der Rest entstammt den zwanziger Jahren. In der Mitte der Schollenhof mit Sitz der Genossenschaftsverwaltung (bis heute).

Modelle des nächsten Bauabschnittes werden für den Festzug zum jährlichen Schollenfest bereitgehalten

Unten: Kindergruppe für das Schollenfest

Freie Scholle Berlin in den 20er Jahren

Die Freie Scholle Berlin (1895 gegründet) zählt mit der „Ideal", „Paradies" und einigen anderen zu den linken Genossenschaften, die den freigewerkschaftlichen Wohnungsverbund (DEWOG-GEHAG-Genossenschaften und Bauhütten) ab 1924 aufbauen. Für alle plante Bruno Taut als Chefarchitekt der GEHAG. Hier entstanden Siedlungen mit intensivem Gemeinschaftsleben. Die Siedlung der Freien Scholle entspricht wahrscheinlich am besten den Idealen der freigewerkschaftlichen Wirtschaftsreformbewegung, wie sie Martin Wagner formuliert hat. Zu Recht wurde sie vor kurzem als ästhetisches und soziales Denkmal unter Schutz gestellt.

Eckbau der Freien Scholle mit Verkaufsstelle der Konsumgenossenschaft Berlin

Winter, ca. 1930

Der Genossenschaftschor probt

ten sich später deutlich abgegrenzte Lager heraus, wobei die der freien und christlichen Gewerkschaften die geschlossensten Verbundsysteme aufbauten.

„DEWOG-Bewegung" im ganzen Reichsgebiet

Kaum gegründet, begann die *DEWOG* unter der starken Hand Wagners ihrer Initiativfunktion nachzukommen. Sie versuchte, zwecks Gründung orts- oder regional-bezogener Dienstleistungsunternehmen örtliche Baugenossenschaften zu gewinnen, die zusammen mit ihr, der „Mutter", dem *VSB* und den örtlichen Gewerkschaften gemeinsam das Kapital zur Verfügung stellen sollten. Bei der Berliner Gründung *GEHAG* machten – wie nicht anders zu erwarten gewesen war – nur fünf der ca. 30 Baugenossenschaften mit, jene, die sich – die Namen sagen es schon – der sozialistischen Bewegung verbunden fühlten. Von dieser „gewerkschaftlich-genossenschaftlichen Wohnungsfürsorgegesellschaft" ging eine mitreißende Dynamik aus. So wurden nicht nur großzügige Bauprogramme für die Mitgliedergenossenschaften – *Paradies, Ideal, Freie Scholle, Liga, Beamtenwohnungsverein* – aufgelegt, sondern die *GEHAG* ging auch an den Bau sogenannter Großsiedlungen als Mustersiedlungen. In Berlin entstanden die berühmte *Hufeisensiedlung* in Britz, die *Waldsiedlung* in Zehlendorf, die *Wohnstadt Carl Legien* am Prenzlauer Berg und der *AfA-Hof* in Treptow. Alle Siedlungen wurden an bestehende oder eigens gegründete Verwaltungsgenossenschaften oder -unternehmen weitergegeben. Bruno Taut als Chefarchitekt der *GEHAG* konnte auf der Basis dieses dynamischen Verbundsystems seine sozialengagierte Variante des *Neuen Bauens* in großem Maßstab verwirklichen und der Welt zum Vorbild machen. Eine Zeitlang war die *Hufeisensiedlung* Deutschlands einziger Bau des 20. Jahrhunderts auf der UNESCO-Liste der Weltdenkmäler. Selbst der traditionsverpflichtete *Spar- und Bauverein* Berlin ließ seine erste Siedlung nach der Währungssanierung, die *Siedlung am Schillerpark*, von der *GEHAG* betreuen. Danach brachen offensichtlich die politischen Gegensätze wieder auf und trieben ihn wieder zurück ins Lager der Traditionellen.

Für die Provinz Brandenburg wurde 1926 von der *DEWOG* und den bezirklichen Gewerkschaftsorganisationen die *Märkische*

Die GEHAG, Tochtergesellschaft der DEWOG, ein genossenschaftlich-gewerkschaftliches Betreuungsunternehmen, arbeitete eng zusammen mit bestehenden Wohnungsgenossenschaften und richtete auch in den „eigenen" Siedlungen Formen genossenschaftlicher Bewohnerselbstverwaltung ein. Diese Reformansätze sind heute vergessen

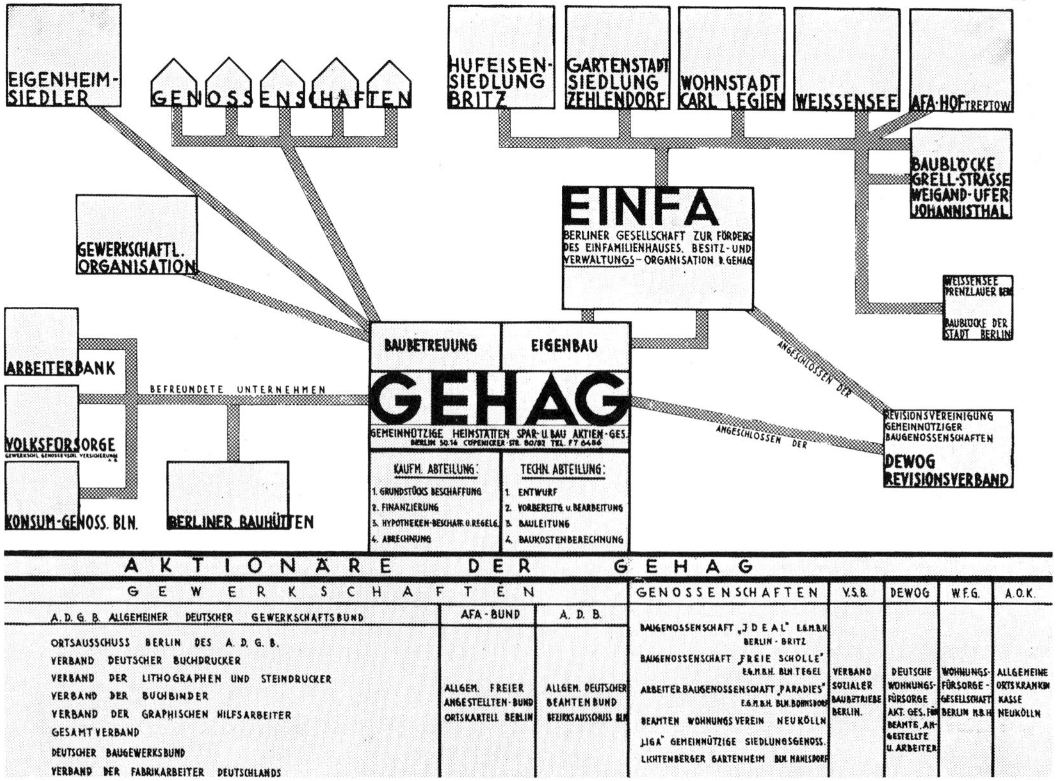

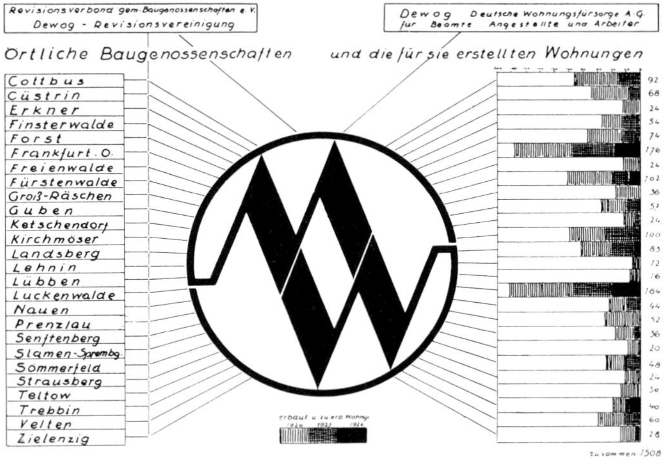

Die von der DEWOG und den bezirklichen Gewerkschaftsorganisationen in Brandenburg gegründete „Märkische Wohnungsbau GmbH" rief selbst vor Ort Genossenschaften ins Leben – 26 innerhalb der ersten zwei Jahre ihres Bestehens

Wohnungsbau GmbH gegründet. Da es in Brandenburg kaum Genossenschaften gab – und schon gar keine sozialistischen –, ging die *Märkische Wohnungsbau GmbH* sofort zum planmäßigen Propagieren und Gründen von örtlichen „Gemeinnützigen Wohnungsbaugenossenschaften", *GEWOBA,* über. Wie das abgebildete Schema zeigt, waren innerhalb der ersten drei Jahre 26 Genossenschaften nicht nur gegründet, sondern auch baulich betreut worden.

Nach 1924 wurde für Bayern-Süd die *Münchner Wohnungsfürsorge- und Baubank AG (MÜWOG)* von der *DEWOG,* acht Baugenossenschaften, neunzehn gewerkschaftliche Verbände und sieben Konsumgenossenschaften gegründet. Ebenfalls 1924 wurde in Augsburg von siebzehn Gewerkschaften und zwei Bauhütten die *Gemeinnützige Bau- und Spargesellschaft der Freien Gewerkschaften* ins Leben gerufen. Diese *DEWOG*-Tochter machte sich vor allem die Organisation des Sparkapitals zur Aufgabe. In Frankfurt/M. entstand 1924 die *GEWOBAG;* in Schwerin die *Heimstättengesellschaft;* in Breslau *Neuland;* in Leipzig die *Mitteldeutsche Wohnungsfürsorgegesellschaft;* in Hamburg die *Gemeinnützige Kleinnützige Kleinwohnungsbaugesellschaft mbH,* an der sich neben den Gewerkschaften, die SPD, die *Arbeiterbank,* der *Mieterverband* sowie die *Verlagsanstalt Auer* beteiligten, wobei dem Senat Mitspracherechte überlassen wurden. Darüber hinaus entstanden Gesellschaften in Königsberg, Dessau, Rostock, Essen, Magdeburg, Breslau, Dresden, Bremen und Flensburg.

Durch die Gründung des *DEWOG-Revisionsverbandes* bot man politisch nahestehenden Genossenschaften einen zweiten Weg der Zusammenarbeit. Mehr als 200 Genossenschaften im Reichsgebiet schieden damit aus dem jeweiligen „neutralen" Regionalverband aus und gliederten sich der freigewerkschaftlichen Wohnungsreformbewegung an. Das Schutz- und Betreuungsdach der *DEWOG* und des *DEWOG-Revisionsverbandes* sowie die Verbundbildung mit der Bauhüttenbewegung, Konsumgenossenschaft, *Arbeiterbank* und *Volksfürsorge* ließen in der zweiten Hälfte der zwanziger Jahre in all jenen Städten, auch Klein- und Mittelstädten, die bislang keine gewerkschaftsnahen Genossenschaften hatten, Neugründungen entstehen.

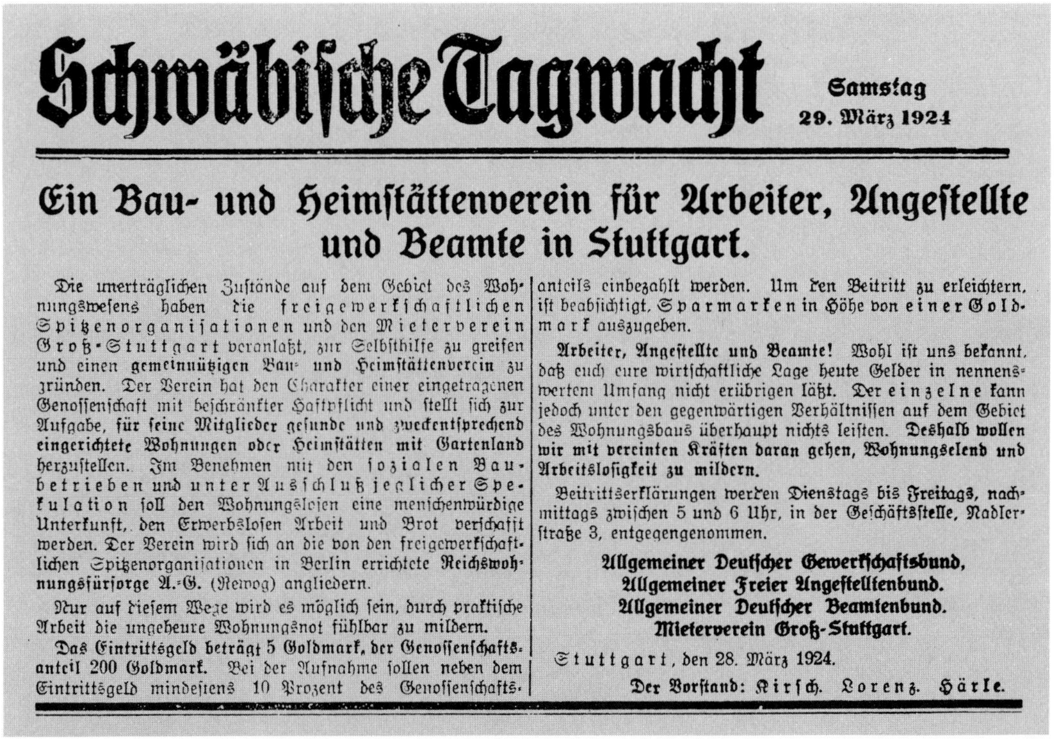
Schwäbische Tagwacht Samstag 29. März 1924

Ein Bau- und Heimstättenverein für Arbeiter, Angestellte und Beamte in Stuttgart.

Die unerträglichen Zustände auf dem Gebiet des Wohnungswesens haben die freigewerkschaftlichen Spitzenorganisationen und den Mieterverein Groß-Stuttgart veranlaßt, zur Selbsthilfe zu greifen und einen **gemeinnützigen Bau- und Heimstättenverein** zu gründen. Der Verein hat den Charakter einer eingetragenen Genossenschaft mit beschränkter Haftpflicht und stellt sich zur Aufgabe, **für seine Mitglieder gesunde und zweckentsprechend eingerichtete Wohnungen oder Heimstätten mit Gartenland** herzustellen. Im Benehmen mit den sozialen Baubetrieben und unter Ausschluß jeglicher Spekulation soll den Wohnungslosen eine menschenwürdige Unterkunft, den Erwerbslosen Arbeit und Brot verschafft werden. Der Verein wird sich an die von den freigewerkschaftlichen Spitzenorganisationen in Berlin errichtete **Reichswohnungsfürsorge A.-G.** (Rewog) angliedern.

Nur auf diesem Wege wird es möglich sein, durch praktische Arbeit die ungeheure Wohnungsnot fühlbar zu mildern.

Das Eintrittsgeld beträgt 5 Goldmark, der Genossenschaftsanteil 200 Goldmark. Bei der Aufnahme sollen neben dem Eintrittsgeld mindestens 10 Prozent des Genossenschaftsanteils einbezahlt werden. Um den Beitritt zu erleichtern, ist beabsichtigt, Sparmarken in Höhe von einer Goldmark auszugeben.

Arbeiter, Angestellte und Beamte! Wohl ist uns bekannt, daß euch eure wirtschaftliche Lage heute Gelder in nennenswertem Umfang nicht erübrigen läßt. Der einzelne kann jedoch unter den gegenwärtigen Verhältnissen auf dem Gebiet des Wohnungsbaus überhaupt nichts leisten. **Deshalb wollen wir mit vereinten Kräften daran gehen, Wohnungselend und Arbeitslosigkeit zu mildern.**

Beitrittserklärungen werden Dienstags bis Freitags, nachmittags zwischen 5 und 6 Uhr, in der Geschäftsstelle, Nadlerstraße 3, entgegengenommen.

Allgemeiner Deutscher Gewerkschaftsbund,
Allgemeiner Freier Angestelltenbund.
Allgemeiner Deutscher Beamtenbund.
Mieterverein Groß-Stuttgart.

Stuttgart, den 28. März 1924.

Der Vorstand: Kirsch. Lorenz. Härle.

Die GEHAG baut für Arbeiter-Wohngenossenschaften

Häusergruppe des Berliner Spar- und Bauvereins, Architekt: Bruno Taut

„Freie Scholle" Berlin, Siedlung Tegel, Architekt: Bruno Taut

Baugenossenschaft „Paradies", Siedlung Bohnsdorf, Architekt: Bruno Taut

Stein um Stein – Sozialisierung Funktion um Funktion – Schließung der Finanzierungslücke?

Die gewerkschaftliche Gemeinwirtschaftsbewegung im Bau- und Wohnungssektor hat ihren Ausgang in der spontanen Selbsthilfe von Arbeitslosen. Theoretische Programme gab es dazu zunächst nicht. Der Problemdruck der Praxis ließ aber bald Theoriedebatten entstehen, die erst den konsequenten Ausbau zu einem fast geschlossenen System vorstaatlicher Wirtschaftsreformpolitik möglich machten. Karl Renner, österreichischer Sozialist, Gemeinwirtschaftspraktiker und zweimaliger Republikgründer (1. Kanzler 1919; 1. Präsident 1945), hat den Ansatz eines „funktionalen Sozialismus" am scharfsinnigsten auf den Begriff gebracht. Funktion auf Funktion müsse jeweils, eigenständig reformpolitisch erfaßt werden; Entscheidungen und Renten müßten entprivatisiert und solidarisiert, sozialisiert oder verstaatlicht werden[58]. Dieser Ansatz führte auch in der gewerkschaftlichen Gemeinwirtschaftsbewegung zu einer differenzierten Analyse der Funktionen und Erscheinungsweisen der privaten Kapitalrenten und den Möglichkeiten ihrer gemeinwirtschaftlichen Erfassung.

Dabei stellte man fest, daß im Bereich der Hypothekenvergabe (neben der *Volksfürsorge)* noch eine Lücke klaffte, die die Gewerkschaften 1928 mit dem Erwerb der *Hannoveranischen Boden-Kreditbank* zu füllen versuchten. In der „Sozialen Bauwirtschaft" wird dieser Ansatz folgendermaßen eingeleitet (vgl. Faksimile).

Doch die Finanzmasse für ein der Wohnungsnot entsprechendes Bauprogramm war innerhalb des Verbundes auf diese Weise nicht aufzubringen. Auch die von manchen Gewerkschaften freiwillig oder verpflichtend eingeführten „Sozialisierungsbeiträge" zum Aufbau der Gemeinwirtschaft konnten allen-

„Die 4 Kapitalrentenquellen der privaten Wohnungs- und Bauwirtschaft, die ausgeschaltet werden können" (Klingelhöfer in: Soziale Bauwirtschaft 1928, S. 265)

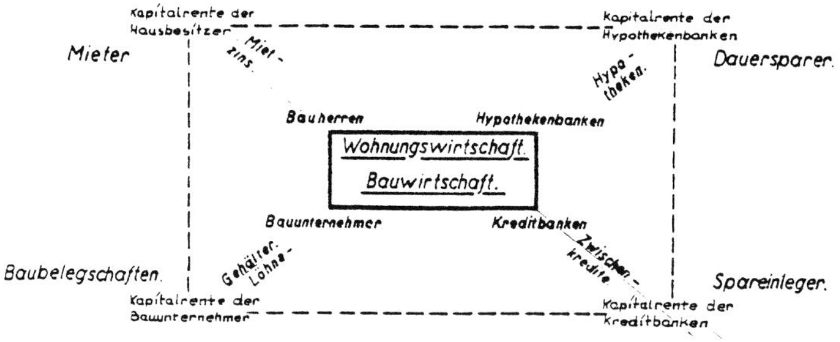

SOZIALE BAUWIRTSCHAFT

HERAUSGEGEBEN VOM VERBAND SOZIALER BAUBETRIEBE

NUMMER 16 ⋆ BERLIN, 15. AUGUST 1928 ⋆ 8. JAHRGANG

ERSCHEINT HALBMONATLICH ⋆ BEZUGSPREIS VIERTELJÄHRLICH 4,50 M. (FÜR MITGLIEDER ANGESCHLOSSENER BAUHÜTTEN UND VERBÄNDE 2,25 M. PREIS FÜR DIE EINZELNUMMER 0,90 M. ⋆ POSTSCHECKKONTO: BERLIN NR. 110181 ⋆ ANSCHRIFT FÜR SCHRIFTLEITUNG UND VERLAG: VERBAND SOZIALER BAUBETRIEBE. BERLIN S 14, INSELSTRASSE 6 ⋆ ANZEIGEN: SEITE 200 M., HALBE SEITE 100 M., VIERTELSEITE 50 M., ACHTELSEITE 25 M. SECHSGESPALTENE MILLIMETER 0,14 M. ⋆ UMSCHLAGSEITE 300 M. KOLLEKTIVSEITEN UND SONDERNUMMERN BESONDERE VEREINBARUNG

GEWERKSCHAFTLICHE WOHNUNGS- UND BAUWIRTSCHAFT

Zur Theorie ihrer Gemeinwirtschaftlichkeit.

Von *Gustav Klingelhöfer*, Wirtschaftsredakteur im „Vorwärts"

Der Verfasser zeigt in den nachstehenden Aufsätzen, warum die gewerkschaftliche Wohnungs- und Bauwirtschaft ein Stück Gemeinwirtschaft ist. Seine sehr interessanten Darlegungen dürften auch als Beitrag zur Klärung der Frage: „Was ist Wirtschaftsdemokratie?" durch den Hamburger Gewerkschaftskongreß willkommen sein, zumal Klingelhöfer das Problem von seiner wichtigsten Seite, nämlich der Kapitalseite aus zu lösen versucht. Klingelhöfer zeigt die vier Stützen der kapitalistischen Bauwirtschaft auf. Diese vier Stützen bestehen

1. *in der Kapitalrente, die der private Bauunternehmer über die normale Verzinsung seines Eigenkapitals hinaus bezieht,*
2. *in der Kapitalrente, die von den privaten Kreditbanken bei Gewährung von Betriebsmittelkrediten an Bauunternehmer über die normale Verzinsung des Einlegerkapitals der Banken hinaus erreicht wird,*
3. *in der Kapitalrente, die von den privaten Hypothekenbanken über die Verzinsung der eigenen Pfandbriefe zuzüglich Geschäftsunkosten hinaus erzielt wird,*
4. *in der Kapitalrente der privaten Hausbesitzer die über die normale Verzinsung des in den Wohnungen steckenden Hypothekenkapitals und des Eigenkapitals der Hausbesitzer hinaus von den Mietern in Form von Mieten erhoben wird.*

Diese vier privaten Rentenquellen werden in der gewerkschaftlich organisierten Wohnungs- und Bauwirtschaft dadurch ausgeschaltet, daß die sozialen Baubetriebe den privaten Bauunternehmern, die Arbeiterbank den privaten Kreditbanken, die gewerkschaftlichen Hypothekeninstitute den privaten Hypothekenbanken und die gewerkschaftlichen Wohnungsfürsorgegesellschaften den privaten Hausbesitzern ihre Renten entziehen, sie in den Eigenbetrieben der Gewerkschaften belassen und sie dadurch als entprivatisiertes, gesellschaftliches und produktiv tätiges Kapital den organisierten Arbeitern, Angestellten und Beamten erhalten.

Gegner der Auffassung Klingelhöfers, die restlos auch unsere eigene Auffassung ist, laden wir schon heute ein, ihre abweichende Meinung in unserer Zeitschrift zum Ausdruck zu bringen.

Schriftleitung der Sozialen Bauwirtschaft

Gemeinschaftshäuser im „Herz" der Siedlungen

Saalbau der Genossenschaft Firnhaberau in Augsburg

Firnhaberau, Saal mit Bühne

Wohlfahrtsgebäude und Ebert-Bau des Bau- und Heimstättenvereins Stuttgart, am Schönblick

Aus einem Stallgebäude entstand das „Volkshaus Berne“ der Gartenstadt-Genossenschaft Hamburg-Berne

Saal im ausgebauten „Volkshaus Berne“

Gründung der Eisernen Front in Bielefeld vor dem Genossenschaftsheim „Friedrich-Ebert-Haus“ der „Freien Scholle“ Bielefeld

GARTENSTADT HAMBURG E. G. M. B. H.
HAMBURG, PLAN 5,..III.

EINWEIHUNGSFEIER

des „Volkshauses Berne“, verbunden mit der Feier des 10jährigen Bestehens der Siedlungsgenossenschaft „Gartenstadt Hamburg“ e. G. m. b. H. am Sonnabend, 23. März 1929, 19.30 Uhr, in Berne

Mitwirkende:
Herr Kammermusiker Heinr. Kruse, Violoncello
Herr Michael Rossert am Flügel
„Volkschor Berne“, Mitglied des Deutschen Arb.-Sängerbundes
Chormeister: Herr Albin Mucke

Richtfest in der Siedlung Britz, der ersten Großsiedlung der GEHAG

falls zur Kapitalausstattung der Unternehmen, nicht jedoch zur Finanzierung von Wohnungsbau ausreichen. Einen wirklichen Ausweg hätte nur der Zugriff auf die Mietüberschüsse im Althausbestand geboten, wie man ihn in Wien mit der Wohnbausteuer gegangen war; er konnte jedenfalls nur staatlicherseits eröffnet werden. Der in der Sozialisierungsdebatte aufgeworfene Plan einer Solidargemeinschaft der Wohnungsinhaber mit den Wohnungssuchenden[59] fand in der Hauszinssteuer nur scheinbar einen Niederschlag; denn diese war als befristete Entschuldungsabgabe ohne soziale Abstufung und eindeutige Zweckbindung eingeführt worden. Mit der Weltwirtschaftskrise versiegte ihre wohnungspolitische Bedeutung. Damit fand auch der Reformwohnungsbau 1930/31 ein jähes Ende.

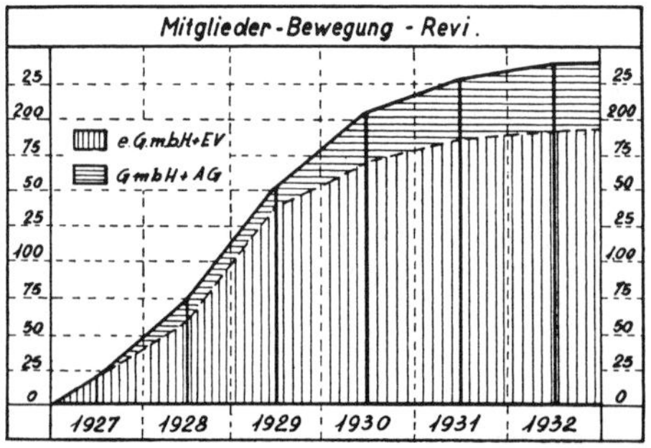

Mitglieder im DEWOG-Revisionsverband waren meist Genossenschaften

Bedenkt man den Ausgangspunkt – die Selbsthilfe einiger Arbeitsloser und Wohnungssuchender –, ist die organisatorische Antriebskraft dieser Bewegung erstaunlich, sowohl in quantitativer wie in qualitativer

Hinsicht. Die sozialen Baubetriebe hatten in einem Jahrzehnt knapp 100 000 Wohnungen errichtet, davon einen jährlich zunehmenden Teil für die „eigenen" Wohnungsfürsorgegesellschaften und Baugenossenschaften. Zum Zeitpunkt ihres größten Erfolges, im Jahre 1929, konnten sie als „Bilanz" vorweisen: 128 soziale Baubetriebe; 29 367 Beschäftigte (Jahreshöchstzahl); 17 615 errichtete Wohnungen; davon 73 % für „eigene" Bauherren, das heißt im eigenen Genossenschaftssystem. Zahlen für die *DEWOG* lassen sich nicht angeben, da sie sich selbst als programmgebende Spitze eines Verbundes von fünf Filialen, zwanzig Tochtergesellschaften, assoziierten Bauträgergesellschaften und über 200 teils alten, teils eigens gegründeten Wohnungsbaugenossenschaften verstand. Alle genannten Zahlen – zum Beispiel 21 000 Wohnungen bis 1929 (bei Loesch)[60] – sind vollkommen mißverständlich, da sie Struktur und Aufgabe des *DEWOG*-Verbundes mißachten.

Dennoch flachte die Expansion zumindestens im Bauhüttenbereich in der zweiten Hälfte der zwanziger Jahre ab. Die Erwartungen vieler Gewerkschafter, die im Aufbau einer Eigenwirtschaft eine grundsätzliche Alternative zu den bisherigen gewerkschaftlichen Kampfmitteln sahen, wurden enttäuscht. Dies lag allerdings auch oft daran, daß sie reichlich übertrieben waren. Dafür sei A. Garbai, der Autor eines emphatischen Buches über die Bauhüttenbewegung, zitiert[61]:

„Dem Kampf um den Aufbau der Bauhütten kommt für die endgültige Befreiung der Bauarbeiter und die Verdrängung kapitalistischer Baubetriebe eine größere Bedeutung zu, als unter der kapitalistischen Produktionsweise dem Streik für die Besserung der Arbeitsverhältnisse."

Wahlflugblatt der SPD, 1929

Der „Dächerkrieg"

„Kollektive Architektur

Die Siedlung Britz hatte vielleicht die größte Ursache ein Fest der Arbeit zu feiern. Sie hat als erste Siedlung die Arbeit in ihrer architektonischen Erscheinung zu einem kulturellen Wert gemacht. Dankbar müssen wir der Initiative des heutigen Stadtbaurats Martin Wagner gedenken, der diesen Plan der ersten Groß-Siedlung faßte und mit ungebrochener Energie durchführte. Die Häuser, die daraufhin entstanden sind, sind alle hier zum ersten Male nicht mehr Häuser im individuellen Sinne, auch nicht mehr einzelne Baublöcke, sondern die Architektur ist hier der Ausdruck für die kollektive Arbeit an der Linderung der Wohnungsnot geworden. Was man früher Fassade eines Hauses nannte, erstreckt sich heute auf 300 Meter Länge und mehr, ja der Begriff Fassade ist verwandelt worden in eine neue Form, die das Ganze zusammenhält und die das wohnungstechnisch Beste und Gesündeste einfach und unmittelbar zeigt.

Für diese Erweiterung des architektonischen Begriffs gab die Siedlung Britz den ersten Anstoß, und zwar in einer Form, die bei aller Ablehnung gegen flache Dächer und ähnliches „Moderne" jeden mitreißen mußte und die auch heute die volle Anerkennung ihrer damaligen Feinde gefunden hat. Von dem ersten Abschnitt der Siedlung Britz um das „Hufeisen" herum ging eine neue Bewegung des kollektiven Bauens aus; damit ist uns der Weg für die Weiterentwicklung geöffnet worden. Wir werden nicht ruhen, alle Einzelheiten des Wohnungsbaues, vom Fenster bis zum gesamten Block, zu immer größerer Vervollkommnung zu führen und damit auch das, was als kollektiver Gedanke sich auf die Betrachter und Bewohner von diesen Häusern überträgt. Die Architektur wird auf diese Weise zur Erzieherin, indem sie die Ideale unserer Zeit, vom Praktischen ausgehend, zu klarster und reinster Form bringt, indem sie dem besten Streben unserer Zeit dient."

(aus einer Siedlungszeitschrift)

Zwei Seiten einer Straße: „Chinesische Mauer" oder „Rote Front" der freigewerkschaftlichen Hufeisensiedlung in Berlin-Britz als zusätzliche symbolische Abgrenzung – neben dem Dächerkrieg – zur traditionalistischen, gleichzeitig gebauten DEGEWO-Siedlung für konservative Beamte (rechte Seite oben)

„Das Hufeisen" der ersten freigewerkschaftlichen Großsiedlung in Britz; Baubetreuung: GEHAG, Bauausführung: Deutsche Bauhütte, Siedlungsverwaltung: EINFA, Architekt: Bruno Taut, 1924/25. Vorne rechts Sitz der Siedlungsverwaltung, Gemeinschaftssaal, Verteilungsstelle der Konsumgenossenschaft

Dächerkrieg in Berlin-Zehlendorf

Rechts Flachdach-Siedlung der Gehag (von Häring, Salvisberg und Taut): modern und städtisch; links Steildach-Siedlung der Gagfah: Nachahmung des Bauernhauses. *Originallegende aus Sigrist, Das Buch vom Bauen, 1930*

Anläßlich des Richtfestes der GAGFAH-Siedlung und des sich abzeichnenden „Dächerkrieges" schrieb der SPD-nahe „Der Abend" (1928) unter der Schlagzeile „Häuserbau, wie er nicht sein sollte! Ein verfehltes Experiment":

„Im Februar dieses Jahres ertönte in der deutschnationalen Presse ein Freudenschrei. Die Gagfah, die aus den Versicherungsgeldern der Angestellten durch die Reichsversicherung für Angestellte finanziert wird, hatte sich entschlossen, auch im Berliner Außenwesen eine Siedlung zu errichten. An sich ein erfreuliches Vorhaben, denn es können nicht genug Wohnungen erbaut werden. Aber die Tatsache, daß es die deutschnationale Presse war, die, sonst durchweg unternehmerfreundlich, sich plötzlich für eine aus Kollektivmitteln zu errichtende Siedlung begeisterte, mußte doch seine guten Gründe haben. Zunächst sei gesagt, daß in der Gagfah, in der zwar alle bekannten Angestelltenverbände vertreten sind, der Deutschnationale Handlungsgehilfenverband die erste Geige spielt. Aber ein weiteres kam hinzu. Kurz zuvor hatte die Gehag in Zehlendorf durch Bruno Taut ihre zweite moderne Großsiedlung fertiggestellt, die in der gesamten Fachwelt des In- und Auslandes das größte Aufsehen erregt hatte, und sowohl im „Abend" als auch im „Vorwärts" eingehend gewürdigt worden ist. Diese Siedlung aber, die plötzlich in das bis dahin nur dem größtenteils deutschnationalen Reichtum vorbehaltene Zehlendorf eine große Menge kleiner und mittlerer Existenzen warf, daß das öffentliche Leben einen fast hörbaren Ruck nach links bekam, war der reaktionären Zehlendorfer Bezirksleitung und ihrem Bürgermeister Schuhmacher ein Dorn im Auge. Zwischen der neuen Siedlung und einem vorhandenen schmalen Parkstreifen lag ein Gelände, von dem die Bevölkerung ursprünglich annahm, daß es zur Verbreitung des recht schmalen Parkstreifens dienen sollte. Stattdessen ließ die Bezirksverwaltung es zu, daß sich in diesen Streifen hinein die Gagfah mit ihren Häusern klemmte."

(aus: Werk und Zeit, Heft 4, 1977)

Wohnungsreform der Weimarer Republik – der visualisierte Pluralismus der Richtungsgewerkschaften und anderer Träger

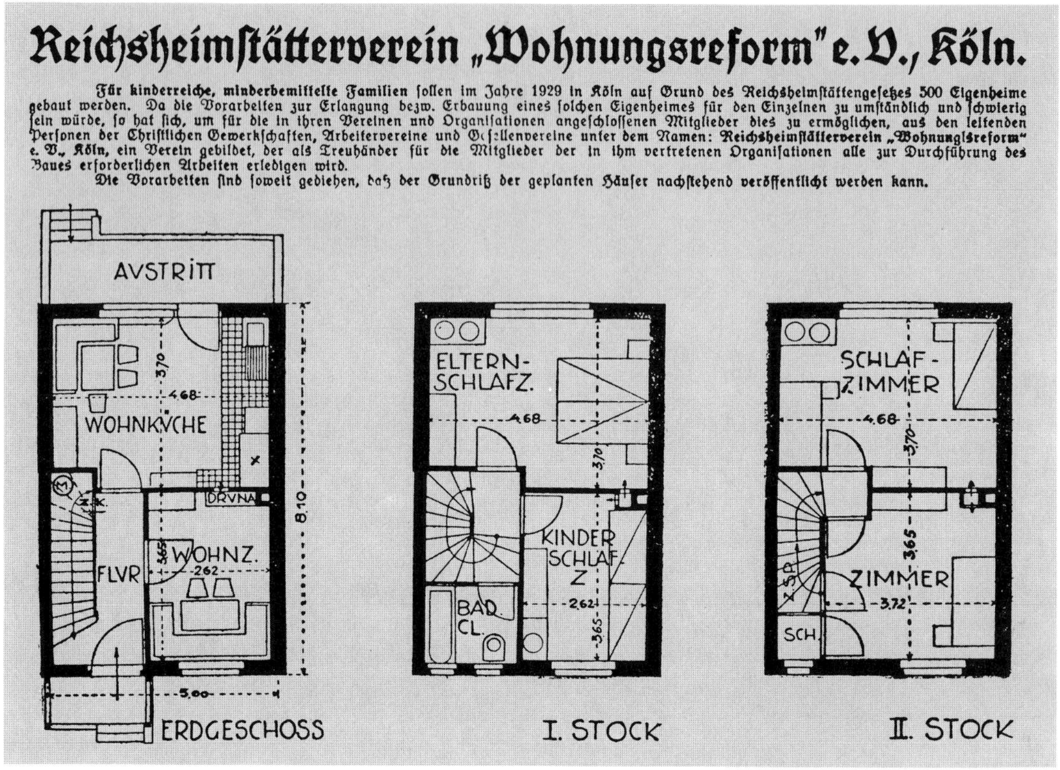
Reichsheimstätterverein „Wohnungsreform" e. V., Köln.

Für kinderreiche, minderbemittelte Familien sollen im Jahre 1929 in Köln auf Grund des Reichsheimstättengesetzes 500 Eigenheime gebaut werden. Da die Vorarbeiten zur Erlangung bezw. Erbauung eines solchen Eigenheimes für den Einzelnen zu umständlich und schwierig sein würde, so hat sich, um für die in ihren Vereinen und Organisationen angeschlossenen Mitglieder dies zu ermöglichen, aus den leitenden Personen der Christlichen Gewerkschaften, Arbeitervereine und Gesellenvereine unter dem Namen: **Reichsheimstätterverein „Wohnungsreform" e. V., Köln,** ein Verein gebildet, der als Treuhänder für die Mitglieder der in ihm vertretenen Organisationen alle zur Durchführung des Baues erforderlichen Arbeiten erledigen wird.

Die Vorarbeiten sind soweit gediehen, daß der Grundriß der geplanten Häuser nachstehend veröffentlicht werden kann.

Unterstützungsverein für bauwillige Mitglieder der Kölner christlichen Gewerkschaften und Arbeitervereine

Neben und parallel zum Verbund der freien Gewerkschaften bauten die christlichen Gewerkschaften fast spiegelbildlich den ihrigen auf: formal ebenso geschlossen, doch zahlenmäßig fast unbedeutend. Es gab Bauproduktivunternehmen, *Baugewerkschaften eG* genannt. Von diesen grundsätzlich als Genossenschaften geführten Betrieben bestanden 1929 auf Reichsebene achtzehn mit insgesamt 2 900 Beschäftigten, die im *Reichsverband Deutscher Bauproduktivgenossenschaften,* dem Gegenstück zum *VSB,* zusammengefaßt waren. Weiterhin waren dem Verband zwölf gemeinnützige Baugenossenschaften und -gesellschaften angeschlossen, die 1929 zusammen 520 Wohnungen errichtet hatten. Erst 1929 wurde die *DEWOG*-Gründung nachvollzogen. Die christlichen Gewerkschaften gründeten die *Deutsche Heimbau AG* (Sitz Berlin) als Wohnungsfürsorgegesellschaft, die „insbesondere für Arbeiter" entsprechend „den Erfordernissen einer christlichen Familienkultur" bauen sollte[62]. Der *DEWOG* entsprechend begann man auch mit dem Aufbau regionaler Töchter. So wurde 1929 zusammen mit anderen konfessionellen Organisationen die *Gemeinnützige Wohnungsbau Oberschlesien GmbH* (Sitz Ratibor) gegründet. Finanzielle Hilfe erhielt der Verbund von Bau- und Wohnungsunternehmen, von der *Deutschen Volksbank AG* (Bauzwischenfinanzierung), vom *Deutschen Versicherungskonzern* (Hypotheken) und – durch Kooperationsvertrag – von der *Bausparkasse „Gemeinschaft der Freunde".* Allerdings muß angemerkt werden, daß der wirkliche Einfluß christlicher Arbeitnehmerorganisationen viel älter und größer war, als es dieser Verbund ahnen läßt. In Köln beispielsweise gehörte ein knappes Drittel der über 40 ortsansässigen Genossenschaften der *Arbeitsgemeinschaft der auf christlichem Boden stehenden Baugenossenschaften* an.

Meist mit Blick auf die Nutzung staatlicher Förderungsmittel für die eigenen Mitglieder und unter Konkurrenzdruck durch die anderen Richtungsgewerkschaften haben alle vier Hauptlinien der Gewerkschaftsbewegung – sozialistische, christlich-nationale, liberale, konservativ-nationalistische – Wohnungsfürsorgeunternehmen aufgebaut. *GAGfAH* (dominiert vom *DNHV*) und *Heimat (GdA)* waren ständisch orientierte Unternehmen der Angestelltenverbände. Die freien Gewerkschaften achteten auf eine wohnungspolitische und lebenskulturelle Mischung von Arbeitern, Angestellten und Beamten. Konservative Beamtenverbände gründeten beispielsweise 1924 in Berlin die *DEGEWO,* die sich auch architektonisch von der „gleichmacherischen" Formensprache des *Neuen Bauens* der freigewerkschaftlichen *GEHAG* abzusetzen suchte. In vielen jener Städte, in denen die Vielfalt der freien Träger zum Zuge kommen konnte, kam es zum sogenannten „Dächerkrieg". Das Flachdach (neben horizontalen Fensterbändern, Ornamentlosigkeit usw.) wurde in diesen Städten zum Symbol für Modernität und Sozialismus. Das „deutsche" Satteldach war sichtbar gemachte Frontstellung gegen die Hochburgen des „neuen Geistes": Heimatstil gegen Internationalismus! Berühmt sind zwei Berliner Beispiele: der Dächerkrieg zwischen der *DEGEWO*-Siedlung und der

Hufeisensiedlung der *GEHAG* in Britz, bei dem von der *GEHAG* noch zusätzlich der kämpferische Ausdruck „rote Front" (an der Ernst-Reuter-Allee) im übertragenen Sinne als Trennungslinie eingesetzt wurde; gegen die freigewerkschaftliche *GEHAG*-Siedlung in Zehlendorf (Waldsiedlung/Onkel-Toms-Hütte) wurde in bewußter Planung der bürgerlichen Bezirksverwaltung ein städtebaulicher Riegel geschoben, die *GAGfAH*-Siedlung *Am Fischtalgrund* für gehobene deutsch-nationale Angestellte.

Jedenfalls bewirkte die Vielfalt sozial-kulturell unterschiedlichster Träger eine nie wieder erreichte Vielfalt der architektonischen Formgebung im Siedlungsbau. Auch ist der breite Durchbruch des *Neuen Bauens* ausgerechnet in Deutschland darauf zurückzuführen, daß die sozialgebundenen, gemeinnützigen Wohnungsbauunternehmen in politischer Konkurrenz standen, die sie auch ästhetisch zu versinnbildlichen suchten. In dieser Konkurrenz war es für die freien Gewerkschaften naheliegend, zu einer Ästhetik der Einfachheit und Klarheit zu greifen – Ausdruck sowohl der Gleichheit als auch des Bekenntnisses zu moderner Technik und wissenschaftlichen Produktionsformen. Für den italienischen Architekturtheoretiker Tafuri waren die Siedlungen Ernst Mays in Frankfurt, Fritz Schumachers in Hamburg und Martin Wagners in Berlin „verwirklichte Sozialdemokratie", „Oasen der Ordnung", getragen von einer Sehnsucht nach organischer Gemeinschaft[63]. Antikapitalismus verwandelte sich zu einer antiurbanen Stadtpolitik: denn die „neuen", „weißen" oder „bunten" Städte entstanden außerhalb der gewachsenen Zentren.

Der *ADGB* hatte ja sein direktes Engagement in der Wohnungspolitik auch damit begründet, daß es darum gehen müsse, die staatlichen Förderungsmittel zum Bau von Arbeiterwohnungen zu binden und zu verhindern – was nach 1924 (Hauszinssteuerära)

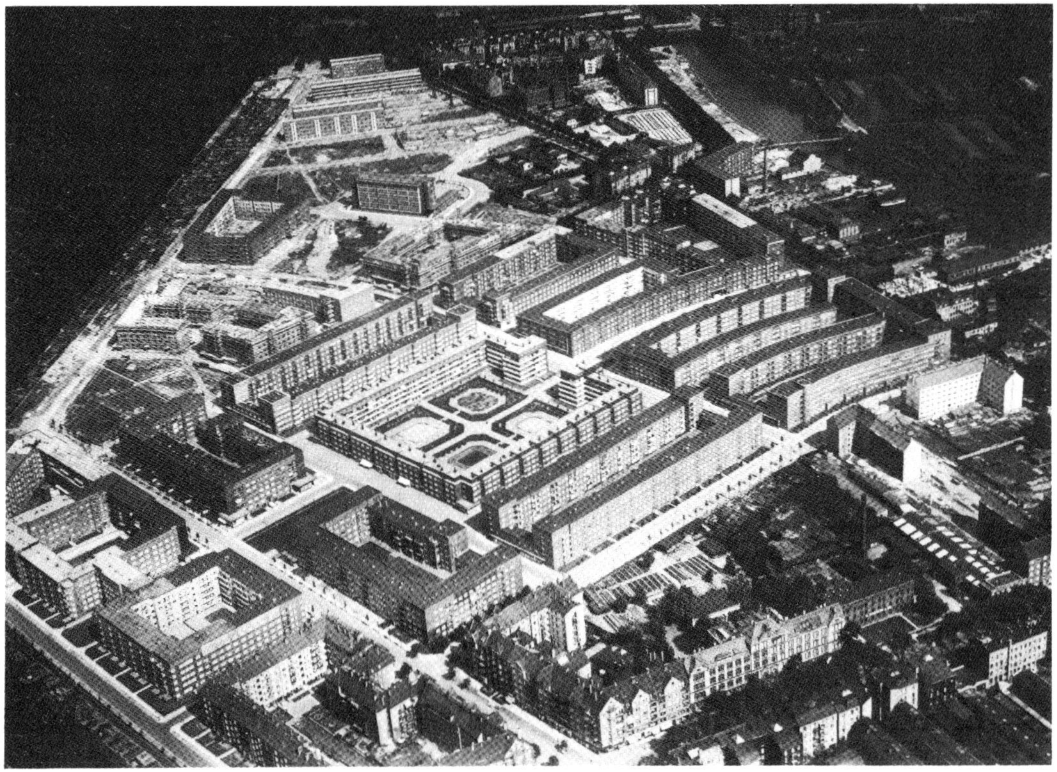

Arbeiterwohnungsbau in Hamburg in den 20er Jahren. 22 Architekten oder Architekturbüros entwarfen die Wohnblocks der „Jarrestadt"

auch zunehmend zum sozialpolitischen Problem wurde –, daß die Förderung allzu sehr in den mittelständischen Wohnungsbau fehlgeleitet wurde. Während die Marktwirtschaft und die jüngsten wohnungspolitischen Ansätze darauf beruhen, daß Neubau wesentlich für gehobene Wohnbedürfnisse betrieben wird und die unteren Schichten schließlich durch Umzugsketten indirekt davon profitieren (Filtering-Theorie), hatte der genossenschaftlich-gewerkschaftliche Wohnungsbau die direkte wohnkulturelle Aufwertung des Arbeitnehmerhaushaltes zum Ziel. Er war damit auch das glatte Gegenteil des paternalistischen Fürsorgewohnungsbaues, der seine Bewohner als „Hilfeempfänger" brandmarkte. Da die neuen Träger auf die politischen und sozial-kulturellen Besonderheiten ihrer Anhängerschaft bezogen waren, legten sie zumeist Wert auf eine „würdevolle", die Bewohner mit Stolz erfüllende Architektur. Ein neues Wohnleitbild entstand, ein dritter Weg zwischen der Reihung sozial und ästhetisch unverbundenem Einzeleigentum und dem anonymen Mietsverhältnis: die Siedlung als soziale und ästhetische Einheit. Viele dieser Siedlungen entwikkelten ein außerordentlich intensives Gemeinschaftsleben, was sich zum Teil – beispielsweise in bestimmten Formen der Vereins- und Festkultur einerseits und gemeinsamer Gestaltungssatzung andererseits – bis heute erhalten hat. In den „roten Siedlungen" war die Mehrfachorganisation selbstverständlich: Partei, Gewerkschaft, *Konsum,* Arbeitersport, Naturfreunde, Freidenker usw.

Großsiedlungen der 20er Jahre, benannt nach Friedrich Ebert und August Bebel

Friedrich-Ebert-Hof in Hamburg-Altona, erbaut 1929 von der DEWOG-Tochtergesellschaft „Selbsthilfe", Architekt: F. R. Ostermeyer

SPD-Wahlkampf 1930 in der Bremer Friedrich-Ebert-Siedlung, erbaut 1930–31 von der „Wohnungsbaugemeinschaft der freien Gewerkschaften"

Wohnsiedlung Friedrich Ebert, erbaut 1927–29 in Ludwigshafen von der städtischen Wohnungsgesellschaft GAG

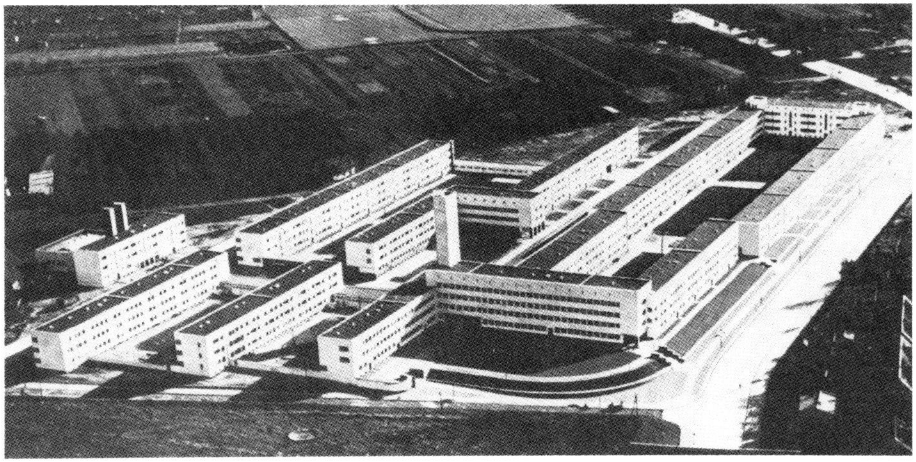

Von Nationalsozialisten als „Massenansammlung syrischer Wohnhöhlen" verhöhnt, der August-Bebel-Hof in Braunschweig, erbaut von der eigens gegründeten SPD-nahen GEWOBAU, Architekt: F. R. Ostermeyer

Unten: Friedrich-Ebert-Siedlung, Berlin-Wedding, 1929 von der Baugesellschaft Eintracht errichtet, Architekten: P. Emmerich und P. Mebes

Der Mandolinenverein »Die wimmernden Kürbisse«, der auch an dem Wohltätigkeitskonzert beteiligt war.

Der Männergesangverein „Sängertreue" Lindenhof

veranstaltet am Sonntag, dem 29. Januar 1933, unter Leitung seines Chormeisters P. Braune im Großen Saal des Parkrestaurants Südende (am Bahnhof Südende) ein

Wohltätigkeitskonzert

(anschließend Tanz)

zum Besten der Notstandsküche in Lindenhof

Mitwirkende sind: Frau Teichert, Sopran (Solo), Herr Werner Kersten, Tenor (Solo) und Herr Hellwig, Violoncello (Solo). Ferner der Männergesangverein „Sängertreue" Schöneberg und die „Braunsche Liedertafel". Insgesamt ca. 70 Sänger.

Der Gesamtüberschuß wird der Notstandsküche zugeführt

Um recht zahlreichen Besuch bittet das Komitee

Anfang 18 Uhr. Eintrittskarten zum Preise von 0.60 RM zu haben im Büro und in allen Geschäften der Siedlung, ferner ab 17 Uhr an der Abendkasse

Weltwirtschaftskrise – die erzwungene Selbsthilfe

Unter dem Druck der Weltwirtschaftskrise wurden die Hauszinssteuermittel noch verstärkt für allgemeine Kommunalausgaben zweckentfremdet. 1932 wurden schließlich aus der Hauszinssteuer keine Hypotheken mehr vergeben. Der großzügige Wohnungsbau der zweiten Hälfte der zwanziger Jahre brach zusammen; mit ihm die von den Vorkämpfern der neuen Architektur penibel entwickelten Standards und Normen für das „Wohnen zum Existenzminimum". Diese erwiesen sich nun – in der Not der Massenarbeitslosigkeit – als allzu luxuriös und unbezahlbar und wurden radikal gesenkt. Einen so totalen Bruch in den Lebens- und Wohnleitbildern wie zwischen 1929 und 1931 hat es in der jüngeren Baugeschichte wohl kaum noch einmal gegeben. Primitivhäuser in wilden oder auch organisierten Erwerbslosensiedlungen traten an die Stelle der stolzen Reformsiedlungsprojekte, deren Wohnungen zudem – wegen der hohen Mietkosten – von immer mehr Bewohnern zwangsweise geräumt werden mußten. Paradox aber wahr: auch in den berühmten Gewerkschaftssiedlungen gab es auf dem Höhepunkt der Weltwirtschaftskrise Leerstand bzw. einen Bewohnerwechsel zu Lasten der Arbeiter und zugunsten bessergestellter Angestellter und Beamter. Dies trifft beispielsweise für die Erstbelegung der freigewerkschaftlichen *GEHAG*-Siedlung in Berlin-Zehlendorf *(Onkel Tom)* zu, wo schließlich statt freigewerkschaftlicher Arbeiter Beamte einzogen, von denen viele kurz danach die Hakenkreuzfahne aus den Fenstern hängten.

Da außer den freien Gewerkschaften mit ihrem *WTB*-Plan keine große politische Kraft sich des Themas eines nationalen Arbeitsbeschaffungsprogrammes annahm – bis die Nazis mit dem Strasser-Plan 1932 daraus ihren Nutzen zogen –, waren die Gemeinden

In der Krise Ende der 20er Jahre bewährte sich die genossenschaftliche Solidarität. Die „Freie Scholle“ in Berlin richtete eine Gemeinschaftsküche für erwerbslose Mitglieder ein

und örtlichen Interessengruppen gefordert, ihren Teil zur Minderung der schlimmsten Not zu leisten. Jetzt zeigte sich, daß die gewachsenen Selbsthilfeorganisationen der Arbeiterschaft Ausgangspunkt zahlreicher Hilfsaktionen wurden. Hier – in Gewerkschaften, Genossenschaften und Vereinen –, wo sich Solidarität mit Organisationserfahrung paarte, war es fast selbstverständlich, daß man sich der neuen Aufgaben annahm, wenn auch oft auf nur informelle Weise. Viele Siedlungsgenossenschaften entwickelten interne Hilfsformen: Sozial- und Notfonds, Stundung oder Verrechnung der Miete, Notküchen für erwerbslose Mitglieder, Sammel- und Solidaritätsaktionen für notleidende Mitglieder.

Als Notverordnung wurde im Herbst 1931 ein Programm für Erwerbslosensiedlungen aufgelegt und 1932 aufgestockt; vom Umfang her ein Tropfen auf dem heißen Stein. Fast alle Gemeinden griffen nach den knappen Förderungsmitteln (2 500 RM als langfristiger, zinsgünstiger Kredit). Örtlich wurden die Stadtrandsiedlungsmaßnahmen unterschiedlich durchgeführt. Zwischen 1932 und 1934 entstanden im ganzen Reich solche Siedlungen mit ausgesuchten „Ausgesteuerten“, die ein- bis viertausend Stunden Gruppenselbsthilfe leisten mußten. Dafür erhielten sie im Erbbau-, Heimstätten- oder Genossenschaftsrecht Siedlerstellen (samt Kleinvieh), die ihnen auf den vergleichsweise großen Parzellen einen Nebenerwerb sichern sollten. Trotz der oft unsäglichen Mühen, trotz Ausstattungsprimitivität und gänzlich fehlender technischer und sozialer Infrastruktur kamen sich die Erwerbslosen, die auf diese Weise unterstützt wurden, wie Auserwählte vor. Wie die Jubiläumsfeiern von 1982 bis 1984 zeigten, sind hier Lebensgemeinschaften entstanden.

In den sozialdemokratisch verwalteten Kommunen kamen bei der Betreuung der Selbsthilfemaßnahmen entweder – falls vorhanden – die städtische Gesellschaft oder aber die Unternehmen des *DEWOG*-Verbundes zum Zuge. Da die meisten Siedlungen längst privatisiert sind, ist dieses Wirken der Gewerkschaften und ihrer Unternehmen heute kaum mehr bekannt. So haben die Bauhütten oder *DEWOG*-Töchter oft Bauleitung und -planung geleistet. Die Frankfurter Stadtrandsiedlung *Goldstein* wurde beispielsweise von der *GEWOBAG* und der *Bauhütte Hessen-Nassau* betreut. Anderenorts, wo es weder Bauhütten noch *DEWOG*-Töchter gab, übernahm die *DEWOG* selbst die Abwicklung, oft über die Gründung einer örtlichen freigewerkschaftlichen Siedlungsgenossenschaft. Als Beispiel sei hier die *Vorstädtische Kleinsiedlung Hagen Bissingheim* genannt, im Volksmund die „rote Siedlung“. 46 siedlungswillige Familien gründeten hier 1932 die *Baugenossenschaft der Freien Gewerkschaften* und errichteten 23 Doppelhäuser mit je einem Stall.

SOZIALE BAUWIRTSCHAFT

15. JANUAR 1932

XII. JAHRG. NR. 2

Herausgegeben vom Verband sozialer Baubetriebe GmbH

WOHNUNGSWESEN

Beteiligung der freien Gewerkschaften Berlins an dem Aufbau der Erwerbslosensiedlung

Der Ortsausschuß des ADGB und das Ortskartell des AfA-Bundes haben ihre Beteiligung an dem Aufbau der Erwerbslosensiedlung beschlossen. In ihrem Auftrage wird die freigewerkschaftliche Wohnungsorganisation für Berlin, die Gemeinnützige Heimstätten Spar- und Bau-AG (Gehag) im Südosten Berlins auf städtischem Gelände etwa 500 Siedlerstellen im Umfang von je 800 bis 1000 qm errichten. Mit dem Bau der Siedlungshäuser wird sofort begonnen werden, wenn die Witterung es zuläßt. Siedlungsanwärter können sich bei ihren gewerkschaftlichen Organisationen vormerken lassen.

Die „Gemeinnützige Baugenossenschaft der freien Gewerkschafter“ in Hagen baute 1932–33 die Erwerbslosensiedlung Bissingheim. Die Selbstversorgung der arbeitslosen Siedler durch Gartenarbeit und Kleintierhaltung wurde in allen Siedlungen praktiziert

Selbsthilfe der Erwerbslosen

Organisierte christliche Gewerkschafter begannen 1932 in Remscheid mit dem Bau der Siedlung „Rosenhof“ in Selbsthilfe, unterstützt durch Notstandsarbeiter

Richtfest in der Siedlung „Goldstein"

Die Erwerbslosensiedlung „Goldstein" in Frankfurt, initiiert durch die Stadtverordnetenversammlung, Baubeginn 1932

„Wirksamste Förderung der Gemeinwirtschaft durch Hergabe von Hypotheken an Konsumvereine, Bau- und Siedlungsgenossenschaften".

Diese Aufschrift auf dem Festwagen weist auf die Verbundbildung der Arbeiterunternehmen hin. Die Versicherungseinlagen wurden bewußt zur Förderung befreundeter Organisationen verwendet und nicht am Kapitalmarkt angelegt.

Aufstieg und Konsolidierung der Volksfürsorge

Was die Jahre der Weimarer Republik als Abschnitt in der Geschichte wirtschaftlicher Unternehmungen der Arbeiterbewegung von früheren Epochen u. a. unterschied, war die stark gewachsene Bereitschaft der Gewerkschaftsführungen zur Gründung und Förderung eigener Wirtschaftsunternehmen. Anzeichen für diesen Einstellungswandel, vor allem bei den freien Gewerkschaften, gab es bereits in den letzten Vorkriegsjahren, als die Generalkommission zusammen mit den Konsumgenossenschaften die *Volksfürsorge-AG* ins Leben rief.

Die langwierigen Diskussionen, die der Gründung des Unternehmens vorausgingen, kreisten im wesentlichen um zwei Grundprobleme: um die wirtschaftlichen Aussichten der mit hohem finanziellem Einsatz errichteten Gesellschaft und die Gefahr einer möglichen Entfremdung des auf Aktienbasis gegründeten Unternehmens von seinem Gründungsmilieu. Die Tatsache, daß die Entwicklung der *Volksfürsorge AG* nach 1914 aus der Sicht der Gewerkschaftsbewegung in beiden Punkten überraschend positiv ausfiel, hat nicht unwesentlich dazu beigetragen, traditionelle Bedenken gegen eine Ausweitung des wirtschaftlichen Engagements in den gewerkschaftlichen Verbänden zu zerstreuen.

Grundzüge der wirtschaftlichen Entwicklung

Das Unternehmen, das seinen Geschäftsbetrieb am 1. Juli 1913 aufnahm, hatte einen glänzenden Start[64]. Bis zum Jahresende 1913, also im Verlauf von nur sechs Monaten, schlossen mehr als 70000 Arbeitnehmer Lebensversicherungsverträge mit dem gewerkschaftlich-genossenschaftlichen Unternehmen ab. Diese Entwicklung setzte sich auch im ersten Halbjahr 1914 fort. Dann brach der Erste Weltkrieg aus und machte allen hoffnungsvollen Plänen einen Strich durch die Rechnung.

Für die Schwierigkeiten des Unternehmens war in erster Linie die in den Jahren zwischen 1914 und 1918 stark verschlechterte Lage großer Teile der Arbeitnehmerschaft verantwortlich. Der durchschnittliche Lebensstandard sank als Folge der inflationären Preisentwicklung drastisch ab. Hinzu kam die Schwächung des erst im Aufbau begriffenen organisatorischen Apparates der *Volksfürsorge* durch die fortlaufende Verpflichtung von Mitarbeitern zum Kriegsdienst. Von den 144 Angestellten, die bei Kriegsausbruch in der Hauptverwaltung der *Volksfürsorge* beschäftigt waren, wurde bis zum Jahresende 1914 ein Drittel eingezogen. Diese Entwicklung setzte sich während des Krieges laufend fort. Die Lücken ließen sich mit kurzfristig angelerntem Personal nur mühsam schließen. Bis Ende des Krieges sank die Zahl der Angestellten auf 81 ab[65].

Die Entwicklung der *Volksfürsorge* in den fünf Jahren zwischen Kriegsende und Stabilisierung der Währung im Jahr 1923/24 glich im Positiven wie im Negativen stark den bereits geschilderten Verhältnissen bei den Konsumgenossenschaften. Der Ansehenszuwachs der Arbeiterbewegung insgesamt, der sich bei Gewerkschaften und Konsumvereinen in einem starken Anschwellen der Mitgliederzahlen niederschlug, kam auch der *Volksfürsorge* zugute. Die dem Unternehmen durch den Krieg entgangenen Entwicklungschancen wurden in den Jahren nach 1918/19 in kurzer Frist wiedergewonnen und Versäumtes nachgeholt. Zwischen den Jahren 1917 und 1922 vervierfachte sich der Policenbestand. Ende 1922 überschritt die Zahl der bei der *Volksfürsorge* Versicherten erstmals die Millionengrenze. Andererseits mehrten sich jedoch von der wirtschaftlichen Seite her erneut die Anzeichen für eine krisenhafte Entwicklung.

Anders als die gewerbliche Wirtschaft und der Handel, die die Preise ihrer Produkte verhältnismäßig leicht der Geldentwertung anpassen konnten, waren die Leistungen der Versicherungswirtschaft vertraglich geregelt und deshalb mehr oder weniger starr. Als das Tempo der Geldentwertung zunahm, wurde diese relative Starrheit immer stärker zum Problem für den Fortgang des Versicherungsgeschäftes. Die *Volksfürsorge* befand sich damit in der gleichen Lage wie der übrige Teil der Branche.

Zum Hauptproblem wurde das wachsende Mißverhältnis zwischen den lawinenartig anschwellenden Verwaltungskosten und den weit dahinter zurückbleibenden Beitragseinnahmen. Im Jahre 1921 lag das Verhältnis der Bruttoeinnahmen zu den Verwaltungskosten bei der *Volksfürsorge* bereits bei 3:1; im darauffolgenden Jahr verschlechterte es sich auf weniger als 2:1[66].

Mitte 1923 reichte das gesamte Beitragsaufkommen nicht einmal mehr aus, auch nur die Gehälter der Angestellten in der Hauptverwaltung zu bezahlen. Die *Volksfürsorge* war zur Kreditaufnahme bei einer befreundeten ausländischen Genossenschaftsorganisation gezwungen. Nicht anders als für große Teile der Konsumvereinsbewegung bedeutete die Einführung der Rentenmark auch für die „Volksfürsorge“ Rettung in letzter Stunde.

Zum Zeitpunkt der Stabilisierung 1923/24 hatte die *Volksfürsorge* ihr erstes Jahrzehnt unter außergewöhnlichen politischen und wirtschaftlichen Umständen hinter sich. Mit der Reform der Währung mündete die Entwicklung der deutschen Wirtschaft und Politik für eine Reihe von Jahren in ruhigeres

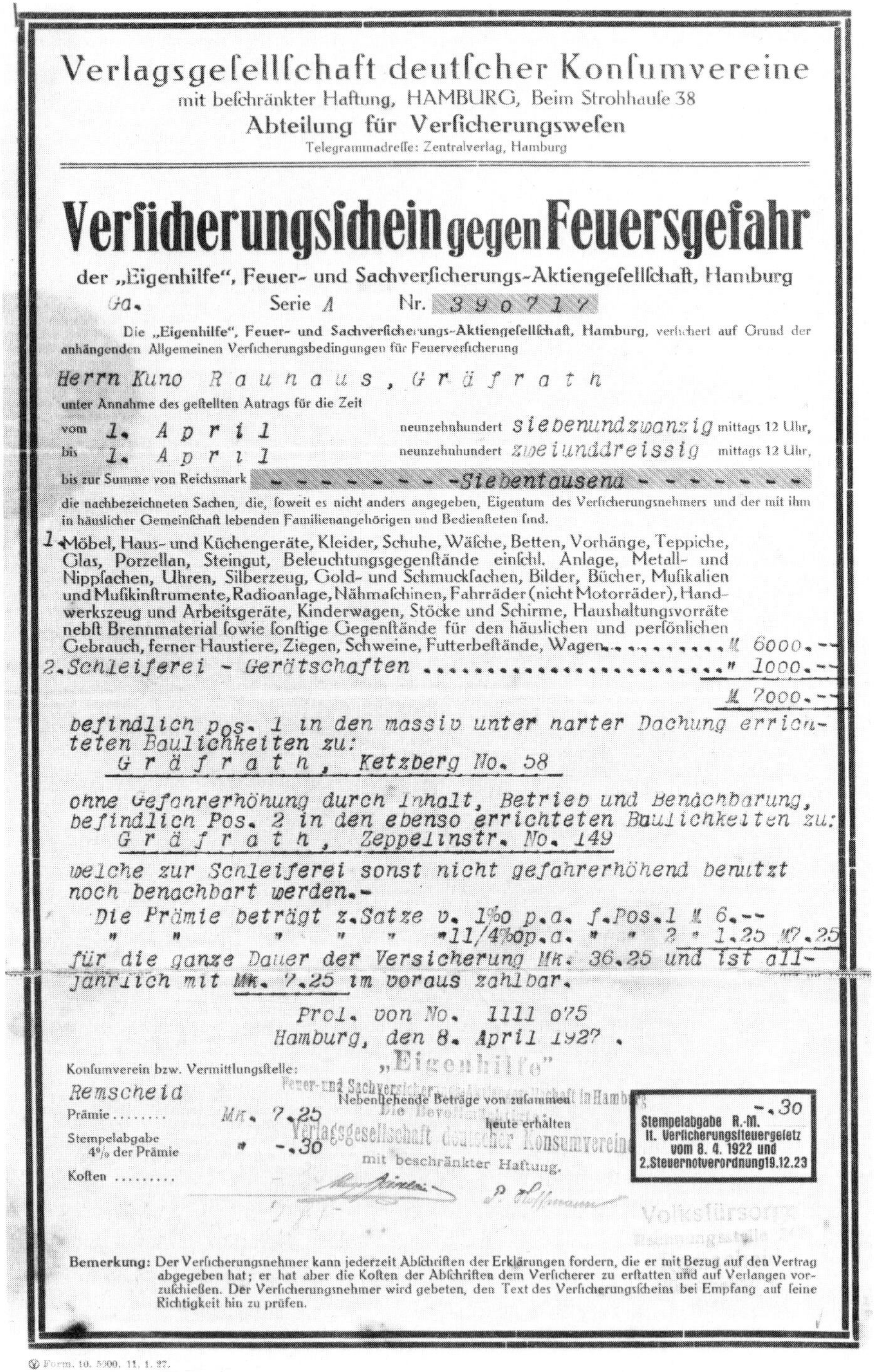

Verlagsgesellschaft deutscher Konsumvereine
mit beschränkter Haftung, HAMBURG, Beim Strohhause 38
Abteilung für Versicherungswesen
Telegrammadresse: Zentralverlag, Hamburg

Versicherungsschein gegen Feuersgefahr

der „Eigenhilfe", Feuer- und Sachversicherungs-Aktiengesellschaft, Hamburg

Ga. Serie A Nr. 390717

Die „Eigenhilfe", Feuer- und Sachversicherungs-Aktiengesellschaft, Hamburg, versichert auf Grund der anhängenden Allgemeinen Versicherungsbedingungen für Feuerversicherung

Herrn Kuno Raunaus, Gräfrath

unter Annahme des gestellten Antrags für die Zeit

vom 1. April neunzehnhundert siebenundzwanzig mittags 12 Uhr,
bis 1. April neunzehnhundert zweiunddreissig mittags 12 Uhr,

bis zur Summe von Reichsmark - - - - - - - - -Siebentausend - - - - - - -

die nachbezeichneten Sachen, die, soweit es nicht anders angegeben, Eigentum des Versicherungsnehmers und der mit ihm in häuslicher Gemeinschaft lebenden Familienangehörigen und Bediensteten sind.

1. Möbel, Haus- und Küchengeräte, Kleider, Schuhe, Wäsche, Betten, Vorhänge, Teppiche, Glas, Porzellan, Steingut, Beleuchtungsgegenstände einschl. Anlage, Metall- und Nippsachen, Uhren, Silberzeug, Gold- und Schmucksachen, Bilder, Bücher, Musikalien und Musikinstrumente, Radioanlage, Nähmaschinen, Fahrräder (nicht Motorräder), Handwerkszeug und Arbeitsgeräte, Kinderwagen, Stöcke und Schirme, Haushaltungsvorräte nebst Brennmaterial sowie sonstige Gegenstände für den häuslichen und persönlichen Gebrauch, ferner Haustiere, Ziegen, Schweine, Futterbestände, Wagen .... M 6000.--
2. Schleiferei - Gerätschaften ...." 1000.--
M 7000.--

befindlich Pos. 1 in den massiv unter harter Dachung errichteten Baulichkeiten zu:
Gräfrath, Ketzberg No. 58

ohne Gefahrerhöhung durch Inhalt, Betrieb und Benachbarung, befindlich Pos. 2 in den ebenso errichteten Baulichkeiten zu:
Gräfrath, Zeppelinstr. No. 149

welche zur Schleiferei sonst nicht gefahrerhöhend benutzt noch benachbart werden.-
Die Prämie beträgt z. Satze v. 1‰ p.a. f. Pos. 1 M 6.--
" " " " " "11/4‰ p.a. " " 2 " 1.25 M 7.25
für die ganze Dauer der Versicherung Mk. 36.25 und ist alljährlich mit Mk. 7.25 im voraus zahlbar.

Prol. von No. 1111 075
Hamburg, den 8. April 1927.

„Eigenhilfe"
Feuer- und Sachversicherungs-Aktiengesellschaft in Hamburg
Die Bevollmächtigte:
Verlagsgesellschaft deutscher Konsumvereine
mit beschränkter Haftung.

Konsumverein bzw. Vermittlungsstelle:
Remscheid
Prämie .... Mk. 7.25
Stempelabgabe 4% der Prämie " -.30
Kosten ....

Nebenstehende Beträge von zusammen ... heute erhalten

Stempelabgabe R.-M. -.30
lt. Versicherungssteuergesetz vom 8. 4. 1922 und 2. Steuernotverordnung 19.12.23

Volksfürsorge
Rechnungsstelle

Bemerkung: Der Versicherungsnehmer kann jederzeit Abschriften der Erklärungen fordern, die er mit Bezug auf den Vertrag abgegeben hat; er hat aber die Kosten der Abschriften dem Versicherer zu erstatten und auf Verlangen vorzuschießen. Der Versicherungsnehmer wird gebeten, den Text des Versicherungsscheins bei Empfang auf seine Richtigkeit hin zu prüfen.

Form. 10. 5000. 11. 1. 27.

Bereits vor der Gründung der Volksfürsorge 1913 unterhielten Gewerkschaften und Konsumgenossenschaften Versicherungen für ihre Mitglieder

Fahrwasser, das es auch der *Volksfürsorge* ermöglichte, die zum Teil aufgeschobenen inneren und äußeren Konsolidierungsprozesse voranzutreiben und zu Ende zu führen.

Am Anfang dieser Entwicklung stand die Bilanzierung der Inflationszeit und ihrer Folgen. Die nahezu vollständige Entwertung aller vertraglich verabredeten Leistungen und Beiträge hatte die *Volksfürsorge*, ähnlich wie viele andere Unternehmen der Versicherungsbranche auch, in ihrer Entwicklung weit zurückgeworfen. So waren von der Entwertung u. a. auch solche Deckungskapitalien betroffen, die traditionell als besonders sicher galten, wie etwa erststellige Hypotheken.

Das vielleicht wichtigste Problem für das gewerkschaftlich-genossenschaftliche Unternehmen bestand angesichts dieser Situation darin, das Vertrauen der Versicherungsnehmer wiederzugewinnen. Dies konnte auf zwei Wegen geschehen: zum einen durch Aufklärung über die wahren Ursachen der Inflation; zum anderen durch eine möglichst entgegenkommende Lösung der Aufwertungsfrage. Beide Wege beschritt die *Volksfürsorge*, wesentlich unterstützt von ihren beiden Trägerorganisationen. In Versammlungen und Vorträgen stellten sich die nebenberuflichen Mitarbeiter des Unternehmens den Fragen der Gewerkschaftsfunktionäre und -mitglieder und erläuterten die schwer durchschaubaren Zusammenhänge, die zur Entwertung der alten Versicherungsverträge geführt hatten.

Auf Anregung des damaligen Chefmathematikers Thiele entschloß sich der Vorstand des Unternehmens außerdem noch zu einem besonderen Umstellungsverfahren für die entwerteten Altverträge, das über die behördlichen Aufwertungsvorschriften hinausging. Damit schuf die *Volksfürsorge* bei ihren Altversicherten einen starken materiellen Anreiz zur Fortsetzung des Versicherungs-

Sozialistische Konsumgenossenschaften der Weimarer Republik

Titelblatt einer Festschrift der Konsumgenossenschaft „Vorwärts" Dresden, 1929

KONSUMGENOSSENSCHAFTLICHES
VOLKSBLATT

Dieses Familienblatt des Zentralverbandes deutscher Konsumvereine erscheint halbmonatlich ★ Bei Bezug durch die Post vierteljährlich 0,50 RM ★ Verantwortlich für Redaktion, Druck und Verlag: August Kasch, Hamburg 5, Beim Strohhause 38

22. Jahrgang Ende Dezember 1929 Nummer 24

Zusammenhalt und Kraft.

Das Bündnis von Arbeitern und Bauern durch die Genossenschaft

Das Bündnis von Arbeitern und Angestellten in der Genossenschaft. „Konsumgenossenschaftliches Volksblatt", Organ des sozialistischen Zentralverbandes Deutscher Konsumgenossenschaften

KONSUMGENOSSENSCHAFTLICHES

VOLKSBLATT

Dieses Familienblatt des Zentralverbandes deutscher Konsumvereine erscheint halbmonatlich. Bei Bezug durch die Post vierteljährlich 0,50 RM.

Verantwortlich für Redaktion und Verlag: Franz Mitzkat Hamburg 5 Beim Strohhause 14. Farbentiefdruck: GEG. Druckerei und Papierwarenfabrik, Hamburg 5

24. Jahrgang | Mitte November 1931 | Nummer 21

Das Wunder genossenschaftlichen Aufstiegs.

„Konsumgenossenschaftliches Volksblatt"

„Konsumgenossenschaftliches Volksblatt“

„Konsumgenossenschaftliches Volksblatt“

GRUPPE XII GENOSSENSCHAFTLICHE ANLAGEN

Bild 67: Rochdale, Krötengasse-Haus.
Die erste Verteilungsstelle eines Konsumvereins wurde in der englischen Stadt Rochdale eröffnet. 28 arme Weber – die berühmten »Redlichen Pioniere von Rochdale« – hatten mit vieler Mühe ein kleines Kapital (etwa 560 Mark) zusammengespart. Damit richteten sie sich in der Krötengasse einen ärmlichen Laden ein, den sie am 21. Dezember 1844 unter den Spottrufen und dem Gelächter der Nachbarschaft eröffneten. Damit nahm die heute weltumspannende Konsumgenossenschaftsbewegung ihren Anfang.

Bild 68: Niederlage der CWS in Manchester.
Die moderne Konsumgenossenschaftsbewegung ist von England ausgegangen. Dort wird die Großeinkaufsgesellschaft der Konsumvereine Co-operative Wholesale Society (CWS) genannt. Sie ist das größte Handelsunternehmen Englands. Unser Bild zeigt die gewaltige Zentrale der CWS in Manchester. Daneben gibt es in anderen Städten noch Niederlassungen, aber auch viele Fabriken, Lager- und Einkaufshäuser der CWS. Dieses Riesenwerk arbeitet zum Nutzen aller organisierten Verbraucher Englands.

Bild 69: Konsumvereinszentrale in Barmen.
Im Jahre 1924 haben sich im rheinisch-westfälischen Industriegebiet die Konsumgenossenschaften Barmen, Elberfeld und Velbert zusammengeschlossen. Bald darauf stellte es sich heraus, daß die Entwicklung der »Vorwärts-Befreiung«, Wuppertal, ein großes Zentralgebäude notwendig machte. Die Anfang 1931 in Betrieb genommene gewaltige, lang gestreckte Anlage ist solide, schön und zweckmäßig gebaut und steht da als ein Wahrzeichen der Kraft, die in der Zusammenfassung von 50000 Mitgliederfamilien liegt.

Bild 70: GEG-Niederlassung in Riesa-Gröba.
Im Jahre 1910 war die Großeinkaufs-Gesellschaft Deutscher Consumvereine m. b. H. daran gegangen, in Riesa-Gröba an der Elbe ihre erste eigene Fabrikationsstätte, eine Seifenfabrik, zu eröffnen. Heute ist Riesa-Gröba ein Sammelpunkt wichtiger Zweige der konsumgenossenschaftlichen Eigenproduktion. Eine Wanderung durch das Fabrikgelände und die Betriebsanlage würde Stunden in Anspruch nehmen. Ungefähr 1000 Menschen sind in den Fabriken für Seifen, Teigwaren, Zündhölzer und Versandkisten am Werk.

Bild 71: GEG-Niederlassung in Mannheim.
In Mannheim hat die Großeinkaufs-Gesellschaft Deutscher Consumvereine in den letzten Jahren eine riesenhafte Industrieanlage errichtet. Wirkt der Gebäudekomplex sehr massiv, so zeigen die einzelnen Fabriken eine moderne, großzügige Auffassung. Die Mannheimer GEG-Niederlassung umfaßt eine Malzkaffee- und Zichorienfabrik, eine Großmühle und eine Teigwarenfabrik. Was genossenschaftliche Tatkraft hier erschuf, wirkt sich für alle zugehörigen Verbraucher schon heute segensreich aus.

Bild 72: GEG-Niederlassung Hamburg/Peute.
Hamburg ist Sitz der Zentralverwaltung der Großeinkaufs-Gesellschaft Deutscher Consumvereine (GEG) sowie verschiedener GEG-Betriebe. Diese sind zum Teil in neuester Zeit geschaffen und können den jüngsten baulichen Erscheinungen der Weltstadt würdig an die Seite gestellt werden. Vor allem ist die GEG-Niederlassung im Hamburger Hafengebiet zu nennen. Sie umfaßt einen Lagerbetrieb von geradezu monumentalen Ausmaßen und eine Industrieanlage für chemisch-technische und kosmetische Artikel.

Seite des Sammelalbums „Erde und Mensch" der GEG.
Die Bildchen zu genossenschaftlichen Themen
konnten aus Zigarettenschachteln gesammelt werden

Der Stolz auf die aus eigener Kraft geschaffenen Unternehmen drückte sich auch in der Selbstdarstellung der Konsumgenossenschaften aus

verhältnisses. Mit Hilfe dieses Verfahrens gelang es, rd. 365 000 Versicherungsverträge, das waren 46 % des ursprünglich vorhandenen Bestandes, umzustellen. Ende 1924 verfügte die *Volksfürsorge* über einen Bestand von 417 000 Verträgen – halb soviel wie im Jahr 1919[67].

In den folgenden Jahren bis zur Wirtschaftskrise holte das Unternehmen die durch Inflation und Währungsreform erlittenen Verluste rasch wieder auf. Die eigentliche Wiederaufbauphase war etwa mit dem Jahr 1927 abgeschlossen, als die Gesellschaft erstmals wieder mehr als eine Million Arbeitnehmer versicherte.

Der Ausbau der Unternehmensverwaltung

Der wirtschaftliche Erfolg des Unternehmens in den Jahren zwischen Inflation und Wirtschaftskrise wäre ohne den Aufbau einer eigenständigen, in ihrer Struktur auf die speziellen Bedürfnisse des Versicherungsgeschäftes ausgerichteten Unternehmensverwaltung nicht möglich gewesen.

In ihrer ursprünglichen Form hatten die Pläne der Gründer vorgesehen, dem Unternehmen den Aufbau einer solchen selbständigen Verwaltung nach Möglichkeit zu „ersparen“. Gewerkschaften und Konsumvereine vertraten die Auffassung, daß sich das Unternehmen nur bei äußerster Sparsamkeit und möglichst spartanischer Ausstattung gegenüber der mächtigen Konkurrenz würde behaupten können. Aber schon im Verlauf des Gründungsprozesses selbst waren diese Positionen zum Teil aufgegeben oder doch wesentlich gelockert worden.

Im Jahre 1914 existierten bereits in rd. 500 Orten besondere Rechnungsstellen der *Volksfürsorge*. Man darf sich diese Einrichtungen freilich nicht als ausgebaute Büros oder Verwaltungen vorstellen. Fast durchweg handelte es sich bei diesen Außenstellen

um Ein-Mann-Unternehmen, die in ihrer Tätigkeit weitgehend von der Unterstützung der Genossenschafts- und Gewerkschaftsorganisationen abhängig waren. In der Regel sorgten die Konsumvereine und ihre Lagerhalter für die anfangs meist kostenlose Bereitstellung eines Büroraumes, in einzelnen Fällen auch von Hilfskräften, während die Gewerkschaften die Werbearbeit übernahmen[68].

Im Zuge der Rationalisierungsbewegung Mitte der zwanziger Jahre legte man viele der kleinen selbständigen Rechnungsstellen zusammen und erweiterte den durchschnittlichen Gebietsbereich erheblich. Im Jahr 1927 umfaßte die Organisation der *Volksfürsorge* rd. 150 Rechnungsstellen mit insgesamt etwa 8 000 ehrenamtlich bzw. nebenberuflich tätigen Werbern und Beitragskassierern.

Zwar galt formell nach wie vor die Anweisung, daß in den Orten, wo ein Gewerkschaftskartell des *ADGB* bzw. ein dem Zentralverband angeschlossener Konsumverein bestand, beide Organisationen durch eine von ihnen zu gleichen Teilen besetzte Verwaltungskommission die Geschäftsführung der jeweiligen Rechnungsstelle zu überwachen hätten; in der Praxis jedoch nahmen die Rechnungsführer ihre Aufgaben weitgehend selbständig wahr. Diese wenn auch eingeschränkte Verselbständigung der lokalen Rechnungsstellen gegenüber den Trägerorganisationen war nicht zuletzt eine Folge des internen Zentralisierungsprozesses, den die *Volksfürsorge* in dem Jahrzehnt nach ihrer Gründung durchlief[69].

Eine wichtige Voraussetzung für diese Entwicklung wiederum war die räumliche Herauslösung der Unternehmenszentrale aus ihrer ursprünglichen Verbindung mit der Verwaltung des Zentralverbandes der Konsumgenossenschaften. Die Vergrößerung der Hauptverwaltung und die rasche Vermehrung des festangestellten Personals ließen die seit der Gründung benutzten Räume im

Antragsbearbeitung bei der Volksfürsorge um 1925

Hause des Verlages des Zentralverbandes in Hamburg, Beim Strohhause 32, bald zu klein werden. So entschloß sich der Vorstand der *Volksfürsorge,* in Hamburg ein Haus und Grundstück an der Alster zu erwerben. Dieses Haus bildete den Kern des späteren Verwaltungsgebäudes. Es wurde durch verschiedene Erweiterungen und Anbauten im Laufe der zwanziger Jahre den wachsenden Bedürfnissen des sich ausweitenden Unternehmens angepaßt und zu einer repräsentativen Unternehmenszentrale ausgebaut.

Rationalisierung und Volksversicherung

Zu den Voraussetzungen für den geschäftlichen Erfolg des Unternehmens gehörte auch die Bereitschaft seiner Leitung, sich der jeweils modernsten zeitgenössischen Bürotechnik und -organisation zu bedienen. Berührungsängste gegenüber dem technischen Fortschritt, für den in diesen Jahren das Vorbild der Vereinigten Staaten von Amerika maßgebend wurde, sind bei der *Volksfürsorge* ebensowenig wie bei den Konsumvereinen und vielen anderen Wirtschaftsunternehmen der deutschen Arbeiterbewegung zu erkennen.

Noch stärker als andere Versicherungszweige erforderte die „Massenware" Volksversicherung rationelle Bearbeitungsweisen. Die durch Rationalisierungsmaßnahmen erzielten Kostenersparnisse machte die *Volksfürsorge* nach außen hin zu einem Bestandteil ihres „Images". Technischer Fortschritt stand in dieser Außendarstellung nicht nur

für wirtschaftliche Leistungsfähigkeit, sondern sollte im Blick auf die Bedürfnisse der breiten, einkommensschwachen Schichten auch die sozialpolitische Fortschrittlichkeit des Unternehmens unterstreichen.

In engem Zusammenhang mit der Rationalisierung der Büroorganisation modernisierte das Unternehmen in den zwanziger Jahren auch seine Werbearbeit.

Bis dahin hatte in der Arbeiterbewegung der Grundsatz gegolten, daß die Werbung für das Unternehmen vor allem in streng sachlicher, nüchtern-rationaler Aufklärung zu bestehen habe. Die dementsprechenden Werbemittel waren leicht faßbare Zeitungsartikel, Vorträge in den regelmäßig stattfindenden Versammlungen der Arbeiterbewegung, häufig in Verbindung mit dem Verteilen von Flugblättern, und Aufklärungsarbeit bei Hausbesuchen[70].

Etwa seit Mitte der zwanziger Jahre ging die Gesellschaft daran, ihr werbepolitisches Instrumentarium durch die Aufnahme und Entwicklung neuer Methoden und Medien umzugestalten bzw. zu ergänzen. So entdeckte die *Volksfürsorge* im Jahre 1927 das Medium Film als neuen Werbeträger für sich. Unter dem Titel „Die Bekehrung" brachte sie einen ersten größeren Spielfilm heraus. Er zeigte in einfacher Darstellung den Ablauf einer – am Ende – erfolgreichen Vermittlungsaktion. Dieser Film ging in vielen Kopien an die einzelnen Rechnungsstellen in der Provinz und fand ein starkes Echo. In rascher Folge erschienen ab 1927 dann weitere Lichtbildstreifen, Schmalfilme, Kultur- und Unterhaltungsfilme. Ab Mitte der zwanziger Jahre bediente sich die Gesellschaft erstmals in größerem Umfang des Werbemittels der Zeitungsanzeige und der Pressenotiz. Auch Rundfunkvorträge wurden gehalten, Werbewagen – motorisiert oder von Pferden gezogen – ausgerüstet, plastische Reklameaufbauten eingeführt und auf Gewerkschafts- oder Konsumgenossenschaftskongressen weithin sichtbar präsentiert.

Überdies wurden die zu Werbezwecken hergestellten Druckschriften nun erstmals illustriert und graphisch ausgestaltet. Im Jahre 1925 schließlich fand ein großer Plakatwettbewerb statt, aus dem das Firmenzeichen der *Volksfürsorge*, der Hammer (als Symbol der Arbeit), die schützende Hand (als Symbol der Vorsorge) hervorging.

Die geschilderten Entwicklungen im Bereich der Unternehmensorganisation, -bürotechnik und -werbung waren Zeichen eines inneren und äußeren Modernisierungsprozesses, den die *Volksfürsorge* auf ihrem Weg zu einem Großunternehmen durchlief. Damit löste sich das Unternehmen zwangsläufig von seinen Gründer- und Trägerorganisationen. Man würde andererseits der tatsächlichen Entwicklung nicht gerecht, wenn man den Blick allein auf die Veränderungen und die damit einhergehenden Verselbständigungstendenzen richtete und dadurch deren Ausmaß überschätzte.

So behielt etwa die Unternehmensverwaltung der *Volksfürsorge* – bei allen Bemühungen um eine Steigerung ihrer technischen Leistungsfähigkeit – in vielen Bereichen stark traditionelle, das heißt auch unprofessionelle, Züge bei. Dies erhellt besonders anschaulich eine charakteristische Episode aus dem Geschäftsablauf der *Volksfürsorge*-Rechnungsstelle in Berlin.

In seinen Erinnerungen an den Beginn seiner Tätigkeit bei dem Unternehmen berichtet ein Büroangestellter[71] über die Ausstattung dieser nicht nur für die Reichshauptstadt, sondern die ganze Mark Brandenburg zuständigen Vertretung:

„Das Büro befand sich im Hochparterre eines alten Hauses am Engel-Ufer, ganz in der Nähe des bekannten Gewerkschaftshauses. Zutritt zu den Büroräumen hatte man nur über völlig ausgetretene Holztreppen. Der Abfertigungsraum war in Dunkel gehalten wie für ein Beerdigungs-Institut. Hier standen noch zwei Schreibtische für die beiden Organisationsleiter Paul J. und Hermann E., die auch für den Kundendienst zuständig waren."

Als im Zusammenhang mit einem Steuerstreit die Preußische Finanzverwaltung eine Pfändungsaktion in der Rechnungsstelle Berlin-Brandenburg durchführen wollte, resignierte der zuständige Vollstreckungsbeamte. „Nach kurzer Prüfung", so der oben zitierte Angestellte[72], zog der Gerichtsvollzieher „ab, mit dem Bericht, daß die zweitgrößte Lebensversicherung Deutschlands in Berlin unpfändbar war, das Mobiliar hatte nur Schrottwert!"

Was für die Außenstellen, ihre Ausstattung und ihren Arbeitsstil galt, traf auch für weite Bereiche der Werbung zu. Im ganzen gesehen, war es nach wie vor nicht die zentralisierte, professionell aufgemachte Werbung, die die Außendarstellung der *Volksfürsorge* maßgebend bestimmte, sondern immer noch die eher laienhafte, häufig improvisierte Reklametätigkeit der Außenstellen.

Die fortbestehende besondere Nähe des Unternehmens zur Arbeiterbewegung dokumentierte sich auch in der Gestaltung der bereits erwähnten, zentral erstellten Werbematerialien, so etwa in der Typisierung der dort dargestellten Personen und dem Text der Slogans und Appelle. Wichtige Werbeaktionen fanden im Rahmen von Aufmärschen und Versammlungen anläßlich von Festtagen der Gewerkschaften statt. Anders als die Konsumvereine, die in ihren Schriften zumeist ihre Unabhängigkeit und Neutralität hervorkehrten, bekannte sich die *Volksfürsorge* in ihrem öffentlichen Auftreten uneingeschränkt zu ihren gewerkschaftlich-genossenschaftlichen Trägerorganisationen und

appellierte an das Wir-Gefühl der klassenbewußten sozialdemokratischen Arbeiterschaft.

Der Einfluß, den der Kreis gewerkschaftlich-genossenschaftlicher Mitarbeiter auf das Unternehmen und seine Geschäftspolitik ausübte, zeigt sich auch an der Entwicklung der Tarifstruktur und der sozialen Zusammensetzung des Versichertenkreises.

Im Jahr 1920 entschloß sich die Unternehmensleitung, beim Reichsaufsichtsamt für Privatversicherung die Zulassung eines Großlebenstarifs zu beantragen. Hinter diesem Antrag stand der Wunsch, durch diesen für die Versicherungsgesellschaften allgemein lukrativeren Tarif Mittel zum Ausbau der eigenen Organisation zu erhalten und darüber hinaus, ganz im Sinne der von den Konsumgenossenschaften vertretenen Auffassungen, über die Arbeiterschaft hinaus breitere Schichten der Bevölkerung anzusprechen.

Der praktische Erfolg dieser Maßnahme blieb gering. Das Großlebensgeschäft gewann bei der *Volksfürsorge* in den zwanziger Jahren zu keinem Zeitpunkt größere Bedeutung. Die Hauptursache dafür lag eben in der Zusammensetzung des Mitarbeiterstabes der Außenstellen, der sich fast ausschließlich aus dem Kreis der organisierten Arbeiterschaft rekrutierte und auch dort für das Unternehmen warb. Die *Volksfürsorge* in der Weimarer Republik blieb in erster Linie ein Unternehmen von Arbeitern für Arbeiter.

Geschäftspolitik und Reformerwartungen der Gründer

Mit der Gründung einer eigenen großen Lebensversicherungsgesellschaft hatten sich bei

VOLKSFÜRSORGE

ORGAN DER GEWERKSCHAFTLICH-GENOSSENSCHAFTLICHEN VERSICHERUNGSAKTIENGESELLSCHAFT VOLKSFÜRSORGE IN HAMBURG

Hauptbureau: Hamburg 5, An der Alster 57/61 / Rechnungsstellen in allen Teilen Deutschlands
Fernsprecher: Sammelnummer B4 Steintor 8951. Postscheckkonto: Hamburg 7053

JAHRGANG 17

SEPTEMBER 1930 NR. 9

Der Nachdruck unserer Artikel wird gern gestattet

Die Volksfürsorge muß die alleinige Volks- und Lebensversicherungsgesellschaft der werktätigen Bevölkerung werden!

Ein verheißungsvoller Anfang dazu ist schon vorhanden; denn ein Sechstel aller in Deutschland laufenden Volks- und Lebensversicherungen zählt zum Bestande der Volksfürsorge, fünf Sechstel fallen auf rund 80 private und öffentlich-rechtliche Lebensversicherungsunternehmen.

In einigen Bezirken ist die Volksfürsorge verhältnismäßig stark vertreten; von je Hundert der Gesamtbevölkerung gehören in folgenden Rechnungsstellenbezirken der Volksfürsorge an:

Breslau	6	Aue (Erzgebirge)	8
Grünberg	6	Sagan	8
Kottbus	6	Senftenberg	8
Suhl	6	Zwickau	8
Schweidnitz	6	Hof (Bayern)	8 1/2
Öls	6 1/2	Neusalz	8 1/2
Plauen (Vogtland)	6 1/2	Görlitz	9
Chemnitz	7	Meißen	9
Gera	7	Olbernhau	10
Hirschberg	7	Liegnitz	12 1/2
Köthen	7	Striegau	16
Magdeburg	7	Waldenburg	17

VOLKSFÜRSORGE

GEWERKSCHAFTLICH-GENOSSENSCHAFTLICHE VERSICHERUNGS-AKTIENGESELLSCHAFT IN HAMBURG

Hauptbüro: Hamburg 5, An der Alster 57/61 · Fernsprecher: Sammelnummer 24 89 51

Eingegangen 28. OKT. 1933 Beantw.

Versicherungsschein.

Sterbegeldversicherung arbeitsloser Versicherungsnehmer (Ersatzversicherung).

Versicherung Nr.	R.-Stelle	Bei allen Anfragen ist die Nummer der Versicherung anzugeben.
248 912	2	E

Hahn. Helene Frieda Hamburg
Käthnerort 73 II

V.
Z. d. A.
31.10.33.
Rechnungsbüro

Sterbegeld: Zweihundert Reichsmark.
Monatlicher Beitrag: Zwanzig Pfennig.
Beginn: -1 JUN. 1932
Ablauf spätestens nach fünf Jahren.

Sonderbedingungen.

§ 1.

Ist der Versicherungsnehmer im Sinne des § 89a des Arbeitslosenversicherungsgesetzes arbeitslos und nicht in der Lage, seine Versicherung aufrechtzuerhalten, so kann er nach mindestens einjähriger Prämienzahlung den Antrag auf Gewährung einer Sterbegeldversicherung für arbeitslose Versicherungsnehmer, im nachfolgenden „Ersatzversicherung" genannt, stellen.

Die Ersatzversicherung wird unter der Voraussetzung gewährt, daß der Versicherungsnehmer die gemäß § 5, Absatz 1 b, der Allgemeinen Versicherungsbedingungen in eine prämienfreie umzuwandelnde Versicherung nach Beendigung der Ersatzversicherung wieder in Kraft setzt.

Für die Wiederinkraftsetzung gilt der zweite Absatz des § 5 der Allgemeinen Versicherungsbedingungen. Lehnt der Vorstand der Volksfürsorge die Wiederinkraftsetzung auf Grund der neuen Prüfung der Gesundheitsverhältnisse ab, so kann der Versicherungsnehmer die Umwandlung der Versicherung in eine Versicherung nach Tarif IIa mit einer monatlichen Prämie von 1 RM. und der kürzesten zulässigen Versicherungsdauer verlangen.

Ist der Versicherungsnehmer nicht zugleich Versicherter, so kann die Ersatzversicherung nur dann gewährt werden, wenn auch der Versicherte keinerlei Einkünfte aus Arbeit bezieht.

Der Antrag auf Gewährung einer Ersatzversicherung muß innerhalb zweier Monate nach dem Fälligkeitstage der erstmals unbezahlten Prämie gestellt werden.

Auf das Leben einer Person kann immer nur eine Ersatzversicherung genommen werden.

§ 2.

Die Ersatzversicherung tritt nach Ablauf zweier Monate seit dem Fälligkeitstage der erstmals unbezahlten Prämie in Kraft, sofern der Antrag innerhalb der im § 1, Absatz 5, festgesetzten Frist gestellt ist.

§ 3.

Der Beitrag für die Ersatzversicherung beträgt monatlich zwanzig Pfennig, die Versicherungssumme, welche nur im Falle des Todes gezahlt wird, zweihundert Reichsmark.

Die Volksfürsorge
und das Grubenunglück auf Minister Stein

Agenten der kapitalistischen Erwerbsgesellschaften, insbesondere der Versicherungszeitschriften, versuchen mit allen Mitteln, dieses Unglück auszunutzen und drängen der Arbeiterschaft Verträge mit ihren famosen Kautschukparagraphen auf. Die Volksfürsorge konnte wie in tausenden von anderen Fällen auch bei diesem Unglück mit größeren Summen helfend eingreifen.

Die Volksfürsorge zahlt aber nicht nur im Unglücksfall, sondern bei allen Sterbefällen die volle Versicherungssumme.

Die Volksfürsorge ist die einzige Versicherungsgesellschaft, die auch während der Inflation den Versicherungsschutz aufrechterhielt.

Die Volksfürsorge hat ihren alten Versicherten sofort nach Einführung der neuen Währung ohne neue Wartezeit die volle Versicherungssumme in Rentenmark ausgezahlt.

Die Volksfürsorge ist unübertroffen in ihrer Leistungsfähigkeit, sie zahlte bereits 1924 für Sterbefälle über 700 000 Mk.

Die Volksfürsorge verwendet ihre Gelder im Interesse der minderbemittelten Volksklassen. (Konsumvereine, Bau- und Siedlungs-Genossenschaften).

Die Volksfürsorge führt sämtliche Ueberschüsse wieder den Versicherten zu und ist darum als gemeinnütziges Unternehmen vom Staat anerkannt.

Funktionäre der freien Arbeiterbewegung, Arbeiter, Angestellte, Beamte und ihr Frauen!

Stärkt nicht durch euer sauer verdientes Geld das Privatkapital!

Klärt die Menschen auf, damit sie zum eigenen Vorteil und im Interesse der Arbeiterschaft sich nur bei der Volksfürsorge versichern.

Werbt für eure eigene Einrichtung, die Volksfürsorge, gewerkschaftlich-genossenschaftliche Versicherungs-Aktien-Gesellschaft, Hamburg 5.

Werdet Mitarbeiter!

Meldet Euch bei der Rechnungsstelle:

Dortmund, Mariengasse 6

Anzeige in einer Dortmunder Arbeiterzeitung. Besonders in Notsituationen wurden die Vorteile der Volksfürsorge gegenüber privatkapitalistisch organisierten Versicherungen deutlich

Datum des Poststempels.

Bergarbeiter, Kameraden!

Wir wollen Euch durch diese Zeilen auf ein Unternehmen aufmerksam machen, welches trotz seines kurzen Bestehens schon viel Not und Elend gelindert hat, und bitten Euch in Eurem eigenen Interesse dringend, dieses Blatt nicht ungelesen zur Seite zu legen.

Der Bergarbeiterberuf bringt große Gefahren für Leben und Gesundheit mit sich, und unsere Kameraden wissen bei der Einfahrt zur Schicht nicht, ob sie das Tageslicht noch einmal wiedersehen. In den Zeitungen bildeten die Unfälle im Bergbau bisher schon eine stehende Rubrik. Die Lebensgefahren sind aber durch den Kriegsbetrieb, bei dem zahlreiche ungeübte Arbeitskräfte Verwendung finden, bei den sehr vernachlässigten Reparatur- und Schutzmaßregeln und bei der gesteigerten Arbeitsleistung in letzter Zeit noch ganz erheblich gewachsen. Die Grube wird darum in Zukunft noch größere Opfer fordern.

Wenn uns da wenigstens das Bewußtsein trösten könnte, daß für Weib und Kind ausreichend gesorgt ist! Das ist aber leider nicht der Fall. Die Renten sind derartig karg bemessen, daß sie für Ernährung, Wohnung und Kleidung nicht ausreichen; darum hält die Not bald ihren Einzug in den Familien, die ihres Ernährers beraubt wurden. Alle Bemühungen, in dieser Hinsicht eine Aenderung herbeizuführen, waren bisher vergeblich; eine solche ist auch in absehbarer Zeit nicht zu erwarten. Wir müssen darum versuchen, unsern Lieben auf anderm Wege einen Notgroschen zu sichern.

Um dieses zu ermöglichen, haben bisher schon viele Kameraden Lebensversicherungen abgeschlossen. In manchen Fällen sind sie aber ihr sauer verdientes Geld los geworden, weil sie nicht in der Lage waren, die vereinbarten Prämien laufend zu zahlen und die Versicherungen infolgedessen verfielen. Dieser und manche andere

Bergarbeiterflugblatt von 1919

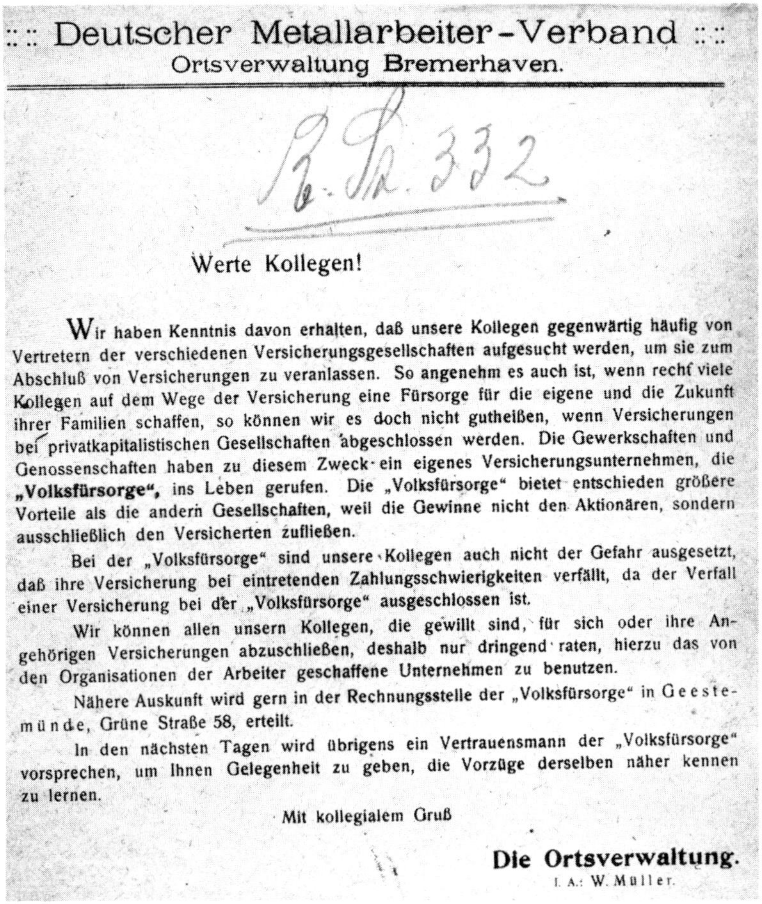

::: Deutscher Metallarbeiter-Verband :::
Ortsverwaltung Bremerhaven.

Werte Kollegen!

Wir haben Kenntnis davon erhalten, daß unsere Kollegen gegenwärtig häufig von Vertretern der verschiedenen Versicherungsgesellschaften aufgesucht werden, um sie zum Abschluß von Versicherungen zu veranlassen. So angenehm es auch ist, wenn recht viele Kollegen auf dem Wege der Versicherung eine Fürsorge für die eigene und die Zukunft ihrer Familien schaffen, so können wir es doch nicht gutheißen, wenn Versicherungen bei privatkapitalistischen Gesellschaften abgeschlossen werden. Die Gewerkschaften und Genossenschaften haben zu diesem Zweck ein eigenes Versicherungsunternehmen, die **„Volksfürsorge“,** ins Leben gerufen. Die „Volksfürsorge“ bietet entschieden größere Vorteile als die andern Gesellschaften, weil die Gewinne nicht den Aktionären, sondern ausschließlich den Versicherten zufließen.

Bei der „Volksfürsorge“ sind unsere Kollegen auch nicht der Gefahr ausgesetzt, daß ihre Versicherung bei eintretenden Zahlungsschwierigkeiten verfällt, da der Verfall einer Versicherung bei der „Volksfürsorge“ ausgeschlossen ist.

Wir können allen unsern Kollegen, die gewillt sind, für sich oder ihre Angehörigen Versicherungen abzuschließen, deshalb nur dringend raten, hierzu das von den Organisationen der Arbeiter geschaffene Unternehmen zu benutzen.

Nähere Auskunft wird gern in der Rechnungsstelle der „Volksfürsorge“ in Geestemünde, Grüne Straße 58, erteilt.

In den nächsten Tagen wird übrigens ein Vertrauensmann der „Volksfürsorge“ vorsprechen, um Ihnen Gelegenheit zu geben, die Vorzüge derselben näher kennen zu lernen.

Mit kollegialem Gruß

Die Ortsverwaltung.
I. A.: W. Müller.

Gewerkschaften warben für die Volksfürsorge. Vertreter der privatwirtschaftlichen Versicherungsunternehmen veranlaßten Arbeiter oft durch falsche Versprechungen zum Abschluß von Versicherungsverträgen

Gewerkschaften und Konsumgenossenschaften ursprünglich vor allem auch Hoffnungen auf eine Stärkung der Wirtschaftsmacht der Arbeiterbewegung verknüpft. Die angesammelten Deckungskapitalien der Gesellschaft, so die Vorstellung, sollten dazu dienen, in Form von günstigen Krediten wirtschaftliche Initiativen der organisierten Arbeitnehmerschaft auf anderen Gebieten – gedacht war vor allem an den gemeinnützig-genossenschaftlichen Wohnungsbau – zu fördern.

Tatsächlich hat die Gesellschaft in diesem Punkt die Erwartungen der Gewerkschaften weitgehend erfüllen können[73]. Die Leitung des Unternehmens bevorzugte – wie die regelmäßigen Übersichten über die Vermögensanlage erkennen lassen, bereits frühzeitig und im Vergleich zu anderen Unternehmen überproportional – die Kapitalanlage in Hypotheken für den genossenschaftlichen Wohnungsbau. Im Jahre 1925, als die *Volksfürsorge* den Beitragseinnahmen nach noch an fünfzehnter Stelle aller Lebensversicherungsgesellschaften stand, lag sie dem Umfang der Kapitalanlagen in Hypotheken nach bereits auf dem zweiten Platz. Ende der zwanziger Jahre betrug der Anteil der in Schuldverschreibungen für Neubauten angelegten Gelder an der Gesamtsumme aller Kapitalanlagen bei der *Volksfürsorge* durchschnittlich mehr als 60 %. Zwischen 7 % und 8 % aller Gelder waren im Jahre 1930 in Gewerkschaftshäusern angelegt. Auch die übrigen Mittel flossen zumeist direkt oder indirekt in den sozialen Wohnungsbau; so etwa über die den Gemeinden gewährten Darlehen, die in der Anlagebilanz des Unternehmens die zweite Stelle einnahmen. Wertpapiere spielten dagegen als Posten bei den Kapitalanlagen nur eine sehr geringe Rolle.

An der Entwicklung der Anlagepolitik der *Volksfürsorge* in den zwanziger Jahren zeigte sich auch, daß die Bedenken der Gründer hinsichtlich der Tätigkeit des Reichsaufsichtsamtes weitgehend unbegründet gewesen waren. Der Spielraum des genossenschaftlich-gewerkschaftlichen Unternehmens bei der Förderung anderer Wirtschaftsunternehmen der Arbeiterbewegung wurde durch die gesetzlichen Vorschriften nicht nennenswert eingeschränkt.

Wichtiger noch als der Ausbau der Wirtschaftsmacht war den Gründern der Gesellschaft die überfällige Reform der Volksversicherung gewesen. Dem eigenen Unternehmen war die Aufgabe zugedacht, durch möglichst vorbildliche, transparente und den spezifischen Bedürfnissen der Arbeiterschaft angepaßte Versicherungsangebote den Markt der Volksversicherung positiv zu beeinflussen.

Zu diesem Zweck wurde das Tarifwerk des Unternehmens so gestaltet, daß ein entschädigungsloser Verfall von Verträgen – der wichtigste inkriminierte Mißstand – ausgeschlossen war. Trotz mehrfacher Veränderungen des Vertragswerkes wurde dieser Grundsatz von dem Unternehmen selbst durchweg beachtet.

Die Ausrichtung des Tarifwerkes nach den Vorstellungen von Gewerkschaften und Konsumvereinen war allerdings nur eine Voraussetzung für das Erreichen der angestrebten Reformzielsetzung. Die zweite,

Christliches Gegenstück zur Volksfürsorge: Deutscher Versicherungskonzern AG, hier Verwaltungsgebäude in Berlin-Friedenau

ebenso wichtige Bedingung war das Erlangen einer bestimmten Mindestgröße, die es dem Unternehmen erlaubte, auf einem stark konzentrierten Markt wirkungsvoll Daten zu setzen und dadurch das Verhalten der Konkurrenz zu beeinflussen. Auch diese Voraussetzung war durch das rasche Wachstum des Unternehmens spätestens Mitte der zwanziger Jahre gegeben. Allerdings leistete die Inflationszeit der *Volksfürsorge* indirekt wichtige Schützenhilfe, weil sie viele der etablierten privaten Gesellschaften dauerhaft veranlaßte, das Volksversicherungsgeschäft aufzugeben.

Zur Hauptkonkurrenz des Unternehmens im Volksversicherungsgeschäft entwikkelten sich in den zwanziger Jahren ohnehin in erster Linie Versicherungsgesellschaften der übrigen Richtungsgewerkschaften. Diese neuen Gesellschaften orientierten sich in ihrer Tarifpolitik weitgehend am freigewerkschaftlichen Vorbild. Insoweit waren die Zielsetzungen der *Volksfürsorge*-Gründer in einem weiteren wichtigen Punkte erreicht worden.

Der Ausgang des „Experimentes Volksfürsorge"

Die zwanziger Jahre waren für die freigewerkschaftlich-genossenschaftliche Versicherungsgesellschaft in erster Linie eine Zeit der Konsolidierung. Nachdem es dem Unternehmen gelungen war, die wirtschaftlich und politisch turbulenten Kriegs- und Nachkriegsjahre zu überstehen, etablierte es sich in den Jahren danach zunehmend aus eigener Kraft als eine der großen Gesellschaften in der Lebensversicherungsbranche.

Einher mit dieser Konsolidierung des Unternehmens in seiner inneren und äußeren Gestalt gingen unübersehbar Verselbständigungstendenzen gegenüber den beiden Trägerorganisationen. Im ganzen gesehen, kann für die zwanziger Jahre allerdings von einem Herauswachsen des Unternehmens aus dem freigewerkschaftlich-konsumgenossenschaftlichen Milieu noch nicht die Rede sein. Insofern widerlegte die tatsächliche Entwicklung manche bei der Unternehmensgründung von den Gewerkschaften gehegte Befürchtung. Das wichtigste Bindemittel – in gewisser Weise das funktionale Äquivalent zur Genossenschaftsstruktur der meisten übrigen wirtschaftlichen Unternehmungen der Arbeiterbewegung – war der nebenberufliche Außendienst. Er bildete in der Struktur der freigewerkschaftlichen Versicherungsgesellschaft ein starkes, konservatives, gegen Auflockerungstendenzen gerichtetes Element.

In wirtschaftlicher Hinsicht übertraf der Erfolg der Gesellschaft fraglos am deutlichsten die eher skeptischen und vorsichtigen Erwartungen bei ihrer Gründung. Auch die dem Unternehmen vorgegebene Zielsetzung, zur Reform der Volksversicherung beizutragen, hat es weitgehend im Sinne der Gründer erfüllen können.

Das Gelingen des Experimentes *Volksfürsorge* spielte, wie bereits betont, eine wichtige Rolle beim weiteren Ausbau wirtschaftlicher Unternehmungen der Arbeiterbewegung, und zwar direkt, in der zentralen Funktion als Kapitalgeber, und indirekt, weil der offenkundige Erfolg des Unternehmens die Gewerkschaften ermunterte, ihre Betätigung auf wirtschaftlichem Gebiet fortzusetzen und auszudehnen.

Volksfürsorge
Die Versicherung für alle Schaffenden
Hamburg 5 · An der Alster 57–61.

WIRTSCHAFTSMARKT

Die Arbeiterbank als Sammelbecken für das Arbeitergeld. Schon vor Jahren wies der bürgerliche Nationalökonom Franz Oppenheimer auf die gewaltige Macht hin, die sich die Arbeiter schaffen könnten, wenn sie ihr Spargeld nicht mehr den Sparkassen und ähnlichen Einrichtungen zuführen, sondern es selbst sammeln und für ihre eigenen Zwecke und Einrichtungen verwalten würden. An einer solchen Sammelstelle hat es lange gefehlt, bis der elfte Gewerkschaftskongreß vor einem Jahre die Bank der Arbeiter, Angestellten und Beamten A.-G. gründete, die, um das gesamte Arbeitergeld erfassen zu können, bereits in Berlin, Hamburg und Frankfurt a. M. Zahlstellen eingerichtet hat und sie in einer größeren Anzahl von Städten in Kürze einrichten wird. Nun gilt es, diese Zahlstellen zu benutzen. Wenn heute von einem eigentlichen Sparen in weiten Kreisen der arbeitenden Bevölkerung auch kaum die Rede sein kann, so sind doch viele Arbeiter, Angestellte und Beamte in der Lage, vorübergehend ihr Geld einzahlen zu können, weil sie es erst zu einem späteren Zeitpunkt wieder gebrauchen. Auf diesem Wege können der Arbeiterbank gewaltige Summen zufließen und schließlich dadurch die Finanzkraft der Arbeiterschaft den größten kapitalistischen Mächten ebenbürtig werden, die auch dann nicht mehr in der Lage sein werden, den arbeitenden Menschen mit seinem eigenen Gelde knebeln zu können. Alles Arbeitergeld der Arbeiterbank! muß deshalb die ständige Parole sein.

Banken der organisierten Arbeiterbewegung

Mitarbeiter der Arbeiterbank vor dem Frankfurter Gewerkschaftshaus 1931

Hatten die *Volksfürsorge,* die staatliche Kranken-, Alters- und Invaliditätsversicherung sowie die gewerkschaftlichen Streik- und Arbeitslosenkassen die Vielzahl lokaler Hilfs- und Ausgleichskassen der Arbeiter ersetzt; hatten die Stadtsparkassen und Arbeiterkonsumgenossenschaften die Spargelder der Arbeiterschaft – soweit vorhanden – den Privatbanken entzogen, blieb als Hauptmotiv für die Gründung einer eigenständigen Arbeiterbank zunächst die Vorstellung einer Hausbank, die die eigenen Mittel verwalten und verzinsen sollte, statt beides den Privatbanken zu überlassen. Kurz vor dem Ersten Weltkrieg und vor allem danach kam es in allen entwickelten kapitalistischen Ländern zur Gründung von Gewerkschaftsbanken. Im sozialistischen Lager machte Belgien 1913 mit der Arbeiterbank den Anfang.

In Deutschland gingen die ersten Sparkassen- und Bankengründungen von den christlichen, den liberalen und den nationalen Gewerkschaften und Berufsverbänden aus[74]. 1907 gründete der *Deutschnationale Handlungsgehilfenverband (DNHV)* in Hamburg eine Sparkasse, die einen beachtlichen Umfang erlangte und 1930 zur *Bank für Deutsche Arbeit* ausgebaut wurde. Es folgten noch weitere Gründungen von Einzelgewerkschaften nichtsozialistischer Richtung. Die erste reine Gewerkschaftsbank als umfassende Hausbank gründete der christliche *Deutsche Gewerkschaftsbund.* Auf Beschluß des 10. Gewerkschaftskongresses in Essen 1920 wurde zunächst in Berlin und dann in Essen die *Deutsche Volksbank AG* gegründet – unter Beteiligung mehrerer Einzelgewerkschaften, auch des *DNHV,* des *Deutschen Versicherungskonzerns* sowie des *Reichsverbandes* der christlichen Konsumgenossenschaften. Ende der zwanziger Jahre besaß die Bank sechs Filialen; Spargelder erhielt sie über rd. 400 Zahlstellen bei den angeschlossenen Gewerkschaftssekretariaten. Da die *Deutsche Volksbank* nicht an die Sparabteilungen der Konsum- und Baugenossenschaften aus dem eigenen Lager herankam, blieb sie im wesentlichen Hausbank, zumal sie aufgrund einer falsch kalkulierten Aufwertung bei der Einführung der Rentenmark 1924 später saniert werden mußte. Während des Dritten Reiches wurde sie an private Industrieinteressenten verkauft.

Im sozialistischen Lager bildeten sich im internationalen Vergleich vier Varianten der Arbeiterbank heraus:
- reine Gewerkschaftsbanken (z. B. USA, Deutschland);
- reine Genossenschaftsbanken (z. B. England, Frankreich);
- Banken, die von der sozialistischen Partei getragen wurden (z. B. Palästina/Israel);
- genossenschaftlich-gewerkschaftliche Banken (z. B. Österreich).

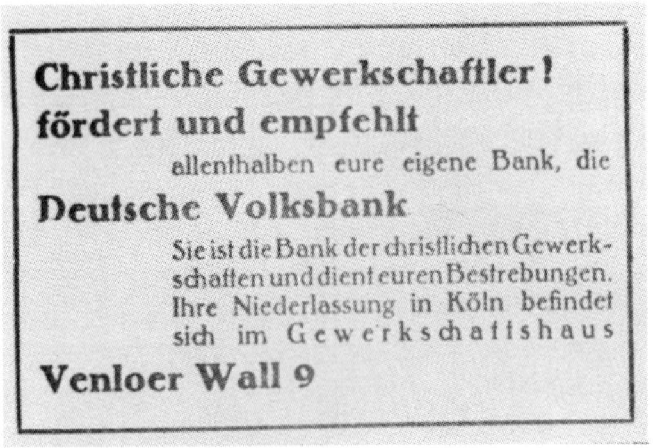

Die Arbeiterbank hatte ihren Sitz im Bundeshaus des Allgemeinen Deutschen Gewerkschaftsbundes in Berlin. Architekt: Max Taut; errichtet von der Bauhütte Berlin

Auch in Deutschland strebte man zunächst – auf der Basis der Anträge des 11. Gewerkschaftskongresses in Leipzig – eine Gemeinschaftsgründung mit dem *Zentralverband deutscher Konsumgenossenschaften* an. Da die Verhandlungen jedoch ergebnislos blieben, gründeten die drei Spitzenverbände und die meisten Einzelgewerkschaften 1923 zunächst die *Kapitalverwertungsgesellschaft AG,* die 1924 – nach der Währungsreform – von der *Bank für Arbeiter, Angestellte und Beamte AG* (abgekürzt: *BAAB* oder *Arbeiterbank)* abgelöst wurde. 1925 traten als Aktionäre noch die *Konzentration AG,* die Vermögensverwaltung der SPD, und der *Hauptverband Deutscher Krankenkassen* hinzu.

Unter der Leitung von B. Meyer und H. Bachem wurde die *Arbeiterbank* mit vorsichtiger Beständigkeit ausgebaut. Die Einlagenentwicklung war wie folgt[75]:

1. 1. 1924	200 000 RM
1925	9 500 000 RM
1926	21 250 000 RM
1927	36 000 000 RM
1928	78 000 000 RM
1929	117 000 000 RM
1930	163 188 000 RM
1931	167 928 000 RM
1932	135 156 000 RM
1933	135 522 000 RM

Zu der Frage, woher die *Arbeiterbank* ihre Einlagen erhielt, schreibt Meyer:[76]

„Die *Arbeiterbank* hat auf der einen Seite die Gewerkschaftsgelder, die Gelder der übrigen Arbeitervereinigungen, der Krankenkassen, der Sozialversicherungsanstalten, der kulturellen Organisationen und schließlich die Spareinlagen der Einzelpersonen ... Die *Arbeiterbank* hat nicht die Absicht, den Konsumgenossenschaften Konkurrenz zu machen. Sie hat deren Entwicklung auch nicht den geringsten Abbruch getan. Die Konsumgenossenschaften sind erstarkt und die *Arbeiterbank* auch."

1930 hatte die *Arbeiterbank* neun Filialen und 223 Zahlstellen in 171 Städten. Dennoch gelang es ihr nicht, in nennenswertem Umfang private Spargelder zu mobilisieren. Anders als alle Privatbanken hatte sie jedoch zu Beginn der dreißiger Jahre keine Verluste zu verzeichnen; die Einlagen gingen vergleichsweise gering zurück. Selbst am 13. Juli 1931, einem Krisentag der deutschen Bankgeschichte, konnte sie alle Liquiditätserfordernisse ihrer Einleger erfüllen.

Stolz war die Bank auf ihre „besonders vorsichtige Anlagepolitik". Die Zusammensetzung ihrer Kreditnehmer sah 1931 folgendermaßen aus[77]:

1. Öffentlich-rechtliche Institute (Reich, Länder, Kommunen, Sozialversicherungen)	40 %
2. Betriebe und Organisationen der Arbeitnehmerschaft	54 %
a) Bauherrnorganisationen	29 %
b) Bauproduktivbetriebe	7 %
c) sonstige	18 %
3. Sonstige Kreditnehmer	6 %
	100 %

Ausgehend von der Kreditnehmerprüfung und Beratung entstand ein Stab, der sich um die Betreuung von Eigenunternehmen der Arbeiterschaft – Gründung, Bilanzierung, Steuerfragen – kümmerte. Aus der 1926 eigens gebildeten *Treuhand- und Steuerabteilung* wurde 1928 die rechtlich selbständige *Gesellschaft für Vermögenswahrung und Verwaltung mbH.* In der für ihn und die Bank charakteristischen programmatischen Zurückhaltung schreibt Meyer[78]: „Die *Arbeiterbank* kann natürlich nicht selbst Gemeinwirtschaft schaffen. Sie kann die bestehenden Ansätze zur Gemeinwirtschaft befruchten, kann durch ihre Finanzkraft vieles tun, um an der Förderung der Gemeinwirtschaft teilzunehmen."

Und tatsächlich: ohne die Kredite und die Beratung der Bank hätten es die Bauhütten, *Lindcar, Büropa,* die Wohnungsbaugenossenschaften und *DEWOG*-Töchter, die Betriebe des *Deutschen Verkehrsbundes* nicht leicht gehabt. Manche wären gar nicht entstanden.

Vergleicht man die Debatten über Möglichkeit und Wirklichkeit der *Arbeiterbank,* so fällt auf, mit wie wenig gesellschaftspolitischer Programmatik die Bank und ihre wichtigsten Persönlichkeiten auskamen. Dies ist doppelt verwunderlich; denn erstens erfolgte die Gründung in einer Zeit, in der die Aufgabenerweiterung der Gewerkschaften in Rich-

Deutsche Volksbank, die Bank der christlichen Arbeiterbewegung, Zentrale Essen

Sparautomat der Arbeiterbank

Die Arbeiterbank,

die Bank der Arbeiter, Angestellten und Beamten, wurde vor zwei Jahren von den freien Gewerkschaften gegründet. Sie ist im Hause des Allgemeinen Deutschen Gewerkschaftsbundes (Bild links), im Zentrum Berlins, untergebracht. Um den Millionen Schaffenden Gelegenheit zu geben, Spargelder nicht dem privaten oder öffentlichen Kapitalismus zuzuführen, sondern diese Gelder der Arbeiterklasse zu erhalten, hat die Arbeiterbank überall Sparautomaten aufgestellt (Bild rechts), die über die eingeworfenen Beträge quittieren. Es bleibt nur zu wünschen, daß die Wirtschaftslage nun auch den schaffenden Kreisen Gelegenheit gibt, Spargelder zu erübrigen, um diese zweifellos gute neue Einrichtung benützen zu können.

tung des gemeinwirtschaftlichen Wirtschaftskampfes heftig diskutiert und ja auch praktiziert wurde; Programmtexte vom Gildensozialismus bis zur Wirtschaftsdemokratie füllen die Gewerkschafts- und Gemeinwirtschaftszeitschriften jener Jahre. In der *Bauhütten-* und *DEWOG*-Bewegung wurden die alltäglichen Unternehmensentscheidungen ständig im Licht der großen Zukunftsperspektiven gesehen. Zum anderen waren bedeutende Theoretiker, die sich auch zur Bankenfrage und zu einer „Kapitalpolitik" der Arbeiterschaft geäußert hatten, an der Leitung der Banken aktiv beteiligt.

In Deutschland gehörten Hilferding, der Autor des berühmten Werkes „Das Finanzkapital" und zweimalige Finanzminister, sowie F. Naphtali, der leitende Volkswirt des ADGB und Herausgeber der Schrift „Die Wirtschaftsdemokratie", dem Aufsichtsrat der *Arbeiterbank* an. In Österreich wurde K. Renner 1922 bei der Gründung der *Arbeiterbank* Präsident des Verwaltungsrates. In Renners auch in Deutschland erschienener Schrift „Wege der Verwirklichung" (1929), der geschlossensten und scharfsinnigsten Programmschrift zur Wirtschaftsdemokratie, ist die Arbeiterbank der „Schlußstein" des sozialistischen Wirtschaftsreformgebäudes. Diese Männer wußten möglicherweise, daß auch ohne eine weitergehende Programmatik die *Arbeiterbank* bereits überfordert war. Sie sollte ja das „Spar-, Kampf- und Konsumkapital der Arbeiterschaft" sammeln und der Bewegung wieder zuführen; sie sollte sowohl günstigere Spar- wie auch Kreditzinsen gewähren; gleichzeitig sollte sie hohe Liquidität und Sicherheit wie auch engagierte Kreditvergabe an „befreundete Organisationen" miteinander in Einklang bringen. Dies alles war banktechnisch schon schwierig genug. Strittig blieb die Frage, ob nicht eine Politisierung der Bank durch eine erhöhte Loyalitätsbindung der Gewerkschaftsmitglieder an sie die Nachteile des Verlustes „unpolitischer" Kunden aufgewogen hätte. Faktisch blieb die *Arbeiterbank* bis 1933 – anders als nach 1945 – auf halbem Weg: Arbeiterbank und allgemeine Geschäftsbank.

Es hat Kritik an der *Arbeiterbank* gegeben. Martin Wagner, der Haupttheoretiker der gewerkschaftlichen Gemeinwirtschaftsbewegung auf dem Bau- und Wohnungssektor, sprach sich 1924 und 1925 in Gewerkschaftsorganen dreimal scharf und mit Nachdruck für eine offensive Arbeiterbankenpolitik aus. Ja, er entwickelte sogar den Plan für eine „wirtschaftliche Internationale", die Gründung einer internationalen Arbeiterbank[79]. Seine konstruktiv gemeinte Kritik an den Anfängen der *Arbeiterbank* war im Kern eine Befürwortung des Ausbaus der gewerkschaftlich-gemeinwirtschaftlichen Produktionspolitik, ohne die die Anlagepolitik der *Arbeiterbank* ins Leere laufen mußte.

Anzeige aus der Zeitschrift „Gewerkschaftshaus"

BANK UND SPARKASSE ALLER
ARBEITNEHMER

IST DIE

BANK DER ARBEITER, ANGESTELLTEN UND BEAMTEN, AG

ZENTRALE: BERLIN S 14, WALLSTR. 65
DEPOSIT.-KASSE: SW 68, LINDENSTR. 3

Filialen in:

Bochum, Viktoriastraße 46
Braunschweig, Oelschlägern 29
Bremen, Nordstraße 43
Breslau I, Margaretenstraße 17
Dortmund, Münsterstraße 53
Dresden A 1, Maxstraße 17
Essen, Huyssenallee 82
Frankfurt a. M., Bürgerstraße 69-77
Hamburg, Besenbinderhof 59
Hannover, 1. M., Nikolaistraße 10
Köln a. Rh., Severinstraße 230
Liegnitz, Bismarckstraße 4
Magdeburg, Große Münzstraße 2
München 2, SO 7, Pestalozzistraße 40
Saarbrücken 3, Brauerstraße 6
Stuttgart, Kronenstraße 24

Unternehmen der Gewerkschaften
LINDCAR
Ohne Anzahlung
Wochenrate 3.- Mk.
Monatsrate 12.- Mk.
Zu beziehen durch sämtliche freigewerkschaftlichen Organisationen od. direkt durch
LINDCAR-FAHRRADWERK
Aktiengesellschaft
Berlin - Lichtenrade
Fabrikniederlagen und Verkaufsstellen:
Berlin SW, Oranienstraße 127
Berlin NO, Große Frankfurter Straße 83
Bochum, Rottstraße 27
Braunschweig, Schöppenstedter Weg 34
Bremen, Nordstraße Ecke Germaniastr. (Gewerkschaftshaus)
Breslau, Margaretenstraße 17
Dessau, Askanischestraße 108
Dresden, Ritzenbergstraße 4
Essen, Stoppenberger Straße 10
Hannover, Odeonstraße 15-16
Köthen, Schillerstraße 1
Leipzig, Zeitzerstraße 32
Magdeburg, Schöneeckstraße 6
München, Pestalozzistraße 40-42
Regensburg, Ostendorfer Straße 2
Schweinfurt, Luitpoldstraße 20
Waldenburg, Freyburger Straße 15a
Wolfenbüttel, Großer Zimmerhof 10
Zerbst, Lindenerstraße 72

Gründung 1896 mit 486 Mitglieder
200000 Mitglieder 1921.
Der Bund bietet:
Das Bundesorgan:
Der Arbeiter Radfahrer
Unfall-Unterstützung
Sterbe Unterstutzung
Gewährung v. Rechtssch.
Zollfreie Grenzüberschr.
mit Fahr- u. Motorrädern.
Radfahrer Wege Karten
u. Führer.
Arbeiter-Radfahrer-Bund
Solidarität
Offenbach a M.

Gewerkschafts-Fahrrad: Lindcar-Fahrradwerke AG

In machen Punkten war das Fahrrad in den zwanziger Jahren das, was heute das Auto ist. Die *Lindcar-Fahrradwerke* in Berlin-Lichtenrade waren zunächst ein privates Unternehmen, das unter Ausschaltung des Handels ausschließlich an Behörden lieferte, beispielsweise an die Stadtwerke und die Post. Die hervorragende Qualität und der günstige Preis (durch Verzicht auf Handel und Werbung) ließen die Nachfrage derart steigen, daß sich das Unternehmen weit über seine Kapitalmöglichkeiten hinaus hätte ausweiten müssen. Betriebsräte vieler Unternehmen, deren Belegschaften Interesse an einer Gemeinschaftsbestellung bekundet hatten, fragten bei der *Arbeiterbank* an, ob diese nicht bei der Finanzierung behilflich sein könne. Schließlich legten einige Zentralverbände der *Arbeiterbank* nahe, sich in den Besitz der zukunftsträchtigen Fabrik und ihres beliebten Produktes zu bringen, und 1926 übernahm dann tatsächlich die *Arbeiterbank* das Werk.

Fortan konnten Gewerkschaftsangehörige, die länger als zwei Jahre Mitglied gewesen waren, ohne Anzahlung, gegen wöchentliche Raten von 3,– RM ein Rad ihrer Wahl beziehen. Durch das große Netz der freigewerkschaftlichen Ortsausschüsse wurde das Gewerkschafts-Fahrrad reichsweit bekannt gemacht und vertrieben. In genauer Übereinstimmung mit dem Konsumgenossenschaftsprinzip wurde der Bedarf für ein zentrales „Lebensmittel" organisiert und unter Umgehung aller Zwischenstufen des Handels und unnötiger Werbung von eige-

nen Produktionsstätten in verläßlicher Qualität hergestellt. Ähnlich zielstrebig und energisch ging übrigens auch der *Arbeiter-Radfahrerbund Solidarität* vor, der für seine 220316 Mitglieder (1928) ein Fahrradwerk übernahm, um abseits vom Markt seine Preis- und Qualitätsinteressen umzusetzen.

Lindcar entwickelte sich zu einem der führenden Anbieter und erweiterte sein Angebot bald um Motorräder und Nähmaschinen. Der Verbund von Produktion und Bank (Kundenkredit) und Moral ließ das Werk die Weltwirtschaftskrise immerhin besser überstehen als andere. Wie hieß es doch in der „Gewerkschaftszeitung"[80]? „*Lindcar*-Fahrräder und -Nähmaschinen kaufen oder vermitteln heißt darum, auch seiner Gewerkschaft dienen."

Lackiererei, Teilansicht

Fabrikationsgebäude in Berlin-Lichtenrade

„... Das Jahr 1926 brachte eine weitere Steigerung des Umsatzes, und dieser wurde von dem Umsatz des Jahres 1927 um 100 Proz. überholt. Der Auftragsansturm aus Behörden- und Gewerkschaftskreisen war so stark, daß das Werk eine breitere Produktions- und Verkaufsbasis schaffen mußte. Im Herbst 1927 wurde mit dem Neubau von zwei großen Hallen, einem Maschinenhaus und einem Wohlfahrtsgebäude, begonnen. Leider ließ der anhaltende Frost im Winter 1927/28 die Gebäude nicht so rechtzeitig entstehen wie es geplant war, so daß die Frühjahrssaison 1928 das Werk mitten im Bauen vorfand. Es mußte unter den schwierigsten Umständen den gesteigerten Anforderungen gerecht werden. Der Betrieb war elastisch genug, um selbst unter diesen ungünstigen Umständen der großen Nachfrage Herr zu werden. Die Produktion stieg bis Ende 1928 auf über 40 000 Fahrräder, der Umsatz auf über 6 Mill. RM. Die neuen Hallen erhielten vor allen Dingen eine vorbildliche galvanische Anlage und eine ebenso vorbildliche und großzügig aufgemachte Emaillierungsanlage. Im Herbst 1928 war das Werk in der Lage, ca. 100 Maschinen, darunter modernste Werkzeugmaschinen und Automaten, einzusetzen. Die Bereicherung durch diesen Maschinenpark macht das Werk selbständig in der Herstellung der wichtigsten Teile am Rade. Da das Leitmotiv des Werkes ist, beste Qualitätsware zu schaffen, war die Hereinnahme der Maschinen von ausschlaggebender Bedeutung. Die neuen großen Räume und modernen Anlagen befähigen zu einer Tagesproduktion von über 600 Rädern.

Worauf bei der Errichtung der Räume besonders Wert gelegt wurde, war Vorbildliches in hygienischer Hinsicht zu schaffen. Das Tageslicht hat reichen Zu-

Feilerei der Lindcar-Fahrradwerkstatt Fabrikationsgel. in Berlin

Laden der gewerkschaftlichen Fahrradfabrik Lindcar in den „Hoffnungshäusern" der Kölner Konsumgenossenschaft „Hoffnung"

fluß. Exauster sorgen ständig für reine Luft in den Hallen. In den Wasch- und Garderoberäumen sind nach den neuesten Erfahrungen vorbildliche Bade- und Waschgelegenheiten bereitgestellt. In einem großen freundlichen Speisesaal wird ein kräftiges, schmackhaftes Essen gereicht. Der Raum dient zugleich Versammlungszwecken.

Das dem Werk zur Verfügung stehende Gelände mißt 32 000 qm, von dem erst 12 000 qm bebaut sind. Möglichkeit für Ausdehnung der Fabrikationsräume ist also reichlich gegeben. Zurzeit sind rund 500 Arbeiter und Angestellte beschäftigt.

Die Befestigung der Verkaufsbasis wirkte sich aus in der Schaffung von bis jetzt insgesamt 28 Großniederlagen an allen wichtigen Plätzen Deutschlands. Zu diesen zählen zwei in Berlin, und zwar in der Oranienstraße 127 und Große Frankfurter Straße 83. Neben diesen Fahrradniederlagen sind eine große Zahl von Abgabelägern gebildet worden. Das Netz dieser Abgabeläger in den kleineren Ortsbezirken wird ständig erweitert, da die Nachfrage nach Lindcar-Fahrrädern aus den kleinsten Winkeln des Reiches zum Werke dringt.

Das Jahr 1928 war für die Fahrradindustrie ein Notjahr. Wie schon angedeutet, war das Lindcar-Fahrradwerk trotzdem aufs Beste beschäftigt. Die Resultate der gegenwärtigen Saison lassen einen günstigen Umsatz auch für das Jahr 1929 erwarten."

Willi Henze

(aus: Die Gemeinwirtschaft, Nr. 5/6, 1929, S. 221–23)

Manuskripthalter der Büropa

Moderne Technik in verstaubte Gewerkschaftsbüros – Büropa

Eine weitere Gründung eines gewerkschaftlichen Eigenbetriebes, die durch die *Arbeiterbank* möglich wurde, ist die der *Büropa* (Bürobedarf und Papier-Handelsgesellschaft mbH). Der schon lange geplante Schritt, auch im Bereich der Büroversorgung Handelsgewinne auszuschalten oder eigenen Organisationen zugute kommen zu lassen, wurde 1926 von den drei Spitzenverbänden durch Einschaltung der *Arbeiterbank* vollzogen. Zu den Zielen und Aufgaben des Betriebes schreibt der Geschäftsführer M. Dosmar[81]:

„Was will die *Büropa*? Sie will den erheblichen Bedarf an Büromaterial, der in allen Geschäftsstellen der Gewerkschaften, der Krankenkassen, der Volksbühnen, der Baubetriebe und der riesigen Anzahl ähnlicher Organisationen auftritt, zentral befriedigen. Dadurch wird erreicht, daß durch konzentrierte Nachfrage nach großen Mengen die Bezugspreise gesenkt werden. Einer zentralen Einkaufsstelle ist es möglich, die in die Hunderttausende gehenden Mengen der verschiedensten Materialien billiger einzukaufen, als wenn die einzelnen Geschäftsstellen ihren Bedarf von einigen Tausend Stück dekken. Kauft die *Büropa* aber billiger ein, dann kommt dieser Vorteil jedem ihrer Abnehmer beinahe vollkommen zugute, weil die Spesen des Unternehmens bei gesteigertem Umsatz im Verhältnis zum Umsatz gering werden. Wenn also auf diese Weise schon eine starke Verbilligung der Einkaufspreise im Laufe der Zeit eintreten muß, so darf hierin keineswegs der einzige Vorteil liegen. Maßgebend bei

Reihenschränke der Büropa

[121]

der Gründung der *Büropa* war vielmehr – und nicht in letzter Linie – der Gesichtspunkt, daß die einzelnen Geschäftsstellen, die zum Teil mit ganz veralteten Einrichtungen arbeiten, auf dem Wege über die *Büropa* mit den Auswirkungen der modernen Bürotechnik vertraut gemacht werden sollen. Auch der Leiter der kleinsten Geschäftsstelle in Dingsda, der jahraus, jahrein mit seiner veralteten Schreibmaschine oder seinen veralteten Briefordnern arbeitet, soll die Gelegenheit bekommen, sein Büro moderner einzurichten, und er soll neben den billigeren Preisen absolut gute und einwandfreie Waren erhalten. Die *Büropa* soll Berater der Geschäftsstellen sein.“

Dieser weitere Schritt einer Zentralisierung alltäglicher Entscheidungen stieß nicht überall auf Sympathie, denn es hatten sich am Ort jeweils Liefer- und Abnahmesysteme eingespielt, die sicherlich nicht nur zum Nachteil der Gewerkschaften waren, wie die *Büropa* mit Hinweis auf die Preise behauptete.

Elektro-Hütte – auch die Metallarbeiter ziehen mit

Achtung! Gemeinwirtschafter

In Berlin ist von einigen Gewerkschaften, unter Führung des Deutschen Metallarbeiter-Verbandes ein neues gemeinwirtschaftliches Unternehmen gegründet worden, die

BERLINER ELEKTRO-HÜTTE GmbH

BERLIN SO 36, ELISABETHUFER 5-6

Fernsprecher
Moritzplatz 4532-33

[324]

ELEKTRO-INSTALLATIONEN jeder Art und jeden Umfanges werden ausgeführt.
BELEUCHTUNGSKÖRPER sowie alle sonstigen elektrischen Artikel werden preiswert geliefert.
Bis auf weiteres wird ein aus einer Liquidationsmasse übernommener Posten Beleuchtungskörper besonders billig gegen bare Kasse verkauft.

Nachdem die verschiedensten Verbände der Bauwirtschaft sich programmatisch und durch Beitragsabgabe an dem Aufbau von sozialen Baubetrieben – *Bauhütten, Malerhütten, Töpferhütten, Glaserhütten, Steinmetzhütten, HAWAG* (Heiz- und Wasseranlagen GmbH) – beteiligt hatten, zog auch der *Deutsche Metallarbeiterverband* nach und gründete zusammen mit einigen anderen Verbänden die *Berliner Elektro-Hütte,* die sowohl Läden wie auch das allgemeine Bauinstallationsgeschäft betrieb. Kaum mehr vorstellbar: Ein Bewohner der Siedlung in Berlin wohnte gemeinwirtschaftlich (beim *Spar- und Bauverein),* kaufte in der Siedlungsfiliale der *KGB (Konsumgenossenschaft Berlin)* und konnte nun auch – gleichsam innergemeinwirtschaftlich – Glühbirnen oder Radios im Laden des *Metallarbeiterverbandes,* der *Elektro-Hütte,* kaufen.

Laden der Elektrohütte (Metallarbeiterverband) in einer Siedlung des Spar- und Bauvereins Berlin

Gewerkschaftstaxis – Gemeinwirtschafts-aufbau durch den Deutschen Verkehrsbund

Der Deutsche Verkehrsbund unterstützte als Gewerkschaft die Gründung von genossenschaftlichen Verkehrsbetrieben, um regelnd auf die Lohn- und Arbeitsbedingungen seiner Mitglieder einwirken zu können

Auf seinem 12. Bundestag in München 1925 beschloß der *DVB*, die Gewerkschaft aller Arbeitnehmer im Handels-, Transport- und Verkehrsgewerbe, von seinen Mitgliedern wöchentlich 0,05 RM zum Aufbau von gemeinwirtschaftlichen Eigenbetrieben zu fordern. Die mit diesem Sozialisierungsbeitrag aufzubauenden sozialen Eigenbetriebe sollten – den sozialen Baubetrieben entsprechend – regelnd auf Lohn- und Arbeitsbedingungen sowie auf die Preise wirken. Bereits während der Inflation gründeten mit Unterstützung des *Verkehrsbundes* einige Fahrer in Hamburg eine Autobetriebsgenossenschaft, die sich bald zum größten Taxi-Unternehmen Deutschlands entwickelte und tonangebend in die Lohn- und Arbeitsfragen eingriff. Durch den starken Einfluß dieser Genossenschaft gelang es, tariflich feste Löhne für die Taxifahrer in Hamburg einzuführen, die die höchsten im Reich waren. Auch in Pensions- und Urlaubsfragen sowie bei der Wohnraumbeschaffung war die Autobetriebsgenossenschaft in Hamburg Pionier. Nach ihrem Vorbild wurden auch in Altona, Berlin, Flensburg, Heidelberg, Karlsruhe, Königsberg und Lübeck Taxi- oder Transportunternehmen aufgebaut, allerdings – die Entwicklung der *Bauhütten* reflektierend – meist in der Form der GmbH. Der *Verkehrsbund* unterstützte auch die *Fenster- und Gebäude-Reinigungsgesellschaft mbH* in Berlin und die *Wäschereigesellschaft Volkswohl* in Hamburg.

4. JAHRGANG · HEFT 6
JUNI 1928
30 PF.
DER
BÜCHERKREIS
Eduard Braun: Der Moloch
(Linden-Verlag, München)

NUMMER 4
APRIL 1930
DIE BÜCHERGILDE
ZEITSCHRIFT DER BÜCHERGILDE GUTENBERG
Erich Bifchof: Holzfchnitt

„Wissen ist Macht“ – eigene Druckmedien und ihr marktloser Vertrieb

Zu den ältesten Unternehmen der Arbeiterbewegung zählen die eigenen Buch- und Zeitungsverlage sowie die ihnen oft angeschlossenen Druckereien. Bis zu den Mittelstädten herunter gab es meist eigene Partei-, Gewerkschafts- und Genossenschaftszeitungen und -schriften. Im Bereich der Tagespresse waren die Parteien fast überall mit Lokalzeitungen vertreten. Redaktions- und Druckereigebäude stellten oft symbolträchtige Orte im städtischen Geschehen dar. Die Einrichtung von Bibliotheken durch die Organisationen der Arbeiterschaft in Gewerkschafts- und Volkshäusern, in Genossenschaftshäusern und -siedlungen zählte zu den wichtigen bildungspolitischen Voraussetzungen des Aufstieges der Klasse. Auch hier sind die zwanziger Jahre eine Zeit der Zentralisierung der Bemühungen. In einer Selbstdarstellung des *ADGB* auf der berühmten *Internationalen Presse-Ausstellung (PRESSA)* in Köln 1928 heißt es[82]:

„Der Presse der deutschen Gewerkschaften hat aber auch kein ‚Gönner‘, kein ‚Mäzen‘ mit Subsidien und Stiftungen geholfen. Die Arbeiterschaft allein ist es gewesen, die von ihren kargen Löhnen die Mittel auch für ihre Presse aufgebracht hat. Keiner von denen, die gelegentlich auch einmal einige Mittel zur Förderung kultureller Zwecke übrig haben, hat erkannt oder ist auf den Gedanken gekommen, daß hier ein Werk im Entstehen war, das der bedeutsamsten Kulturbewegung der Neuzeit diente, der Arbeiterbewegung.

Das war gut so! Völlig aus eigener Kraft, aus eigenen Mitteln, hat die organisierte Arbeiterschaft sich dieses Kulturwerk geschaffen, das ihre Presse heute darstellt. Über 221 Millionen Exemplare betrug die Jahresauflage der Presse des ADGB, im Jahre 1927. Dazu kommen noch über 24 Millionen an Sonderzeitschriften der verschiedensten Art: Jugendblätter, Betriebsräteblätter, Blätter für Wirtschaftskunde und fachtechnische Organe, letztere vielfach von höchstem künstlerischen Wert.“

1921 wurde die *Verlagsgesellschaft des ADGB* als GmbH gegründet. Sie sollte eine zentrale Verlagsbuchhandlung mit weitgehendem Service (bis zur kompletten Einrichtung neuer Arbeiterbibliotheken), einen Verlag und die Herausgabe zahlreicher *ADGB*-Schriften und -Reihen betreiben. Am Anfang erfüllte sie auch weitergehende Beteiligungs- und Vermögensverwaltungsaufgaben, die später die *Arbeiterbank* und die *Gesellschaft für Vermögensverwahrung und Verwaltung* übernahmen.

Neue marktlose, genossenschaftsähnliche Buchvertriebsformen tauchten zunächst im Kleinbürgertum auf: *Volksverband der Bücherfreunde* 1919 und *Deutsche Buchgemeinschaft* 1924. Zum Wirken dieser Buchgemeinschaften schrieb 1929 rückschauend der zweite literarische Leiter der *Büchergilde Gutenberg*, Erich Knauf[83]:

„Ein Abonnement auf verbilligte Bücher, Ausschaltung des Sortiments, zwischenhandelsfreier Verkehr vom Verleger zum Buchkäufer – das waren die Leitgedanken bei der Gründung dieser Organisationen. Ihr Ziel war, die ins Proletariat hinabgestoßenen Mittelschichten, die früheren Hauptstützen des Bücherkonsums, zu erfassen und ihnen Bücher zu geben, die sie sonst des hohen Preises wegen entbehren mußten. Diesen proletarisierten, aber noch kleinbürgerlich denkenden Schichten entsprach die Literatur, deren Konsum auf dem Wege über die ‚Gemeinschaft‘ organisiert wurde. So wenig diese ‚Gemeinschaft‘ etwas mit den gemeinwirtschaftlichen und den genossenschaftlichen Unternehmungen der klassenbewußten Arbeiterschaft zu tun hatten, so wenig zeigte ihre Produktion Neigung, der veränderten sozialen Struktur Rechnung zu tragen und den Konsumenten, den Mitgliedern dieser ‚Gemeinschaft‘ zu sagen, was notwendig ist. An den mit Mißtrauen und ängstlichem Haß beobachteten ‚neuen Geist‘ wurden einige Zugeständnisse gemacht, sonst aber unter der verschlissenen Fahne der politischen Neutralität fleißig Paradeschritt auf dem Exerzierplatz des ‚deutschen Geistes‘ geübt.“

Formal nach dem Vorbild dieser Unternehmen, inhaltlich und in der Preispolitik jedoch auf die Bedürfnisse und Möglichkeiten der sozialistisch orientierten Arbeiterschaft gerichtet, entstanden 1924 gleich zwei linke Büchergemeinschaften: die *Büchergilde Gutenberg*, vom *Bildungsverband der Deutschen Buchdrucker* im *Volkshaus* zu Leipzig ins Leben gerufen, und der *Bücherkreis*, der auf den SPD-nahen *Reichsausschuß für sozialistische Bildungsarbeit* zurückgeht. 1926 wurde die der KPD nahestehende Buchgemeinschaft *Universum Bücherei für alle* (Willi Münzenberg) gegründet; 1929 folgte gar die *Gilde freiheitlicher Bücherfreunde*, die auf die anarcho-syndikalistische *Freie Arbeiter-Union Deutschlands (FAUD)* zurückging.

Büchergilde Gutenberg und *Bücherkreis* entwickelten sich bis 1927 im „Gleichschritt“ (je ca. 40 000 Mitglieder; Jahresabsatz ca. 200 000 Bücher); dann aber – vor allem in der Weltwirtschaftskrise – geriet der *Bücherkreis* in Probleme, während die *Büchergilde* mit Ausnahme des Jahres 1931 rapide weiterwuchs. Im März 1933 hatte sie 85 000 Mitglieder. Die *Universum Bücherei* hatte 1932 immerhin 40 000. Trotz der beeindrucken-

Haus der Arbeiterpresse
auf der „Pressa“ in Köln 1928

Haus der Arbeiterpresse

Das Haus der Arbeiterpresse, wie die Kölner sagen: das Haus der Arbeit, steht auf der Pressa an der Straße der Nationen. Der Architekt Hans Schumacher hat es aufgebaut. Klar und übersichtlich, lichtdurchflutet und blendend erhebt es sich und ist auf der sehenswürdigen Presseausstellung selbst eine große Sehenswürdigkeit geworden. Das Rheinland war die Wiege der Arbeiterbewegung. Marx, Engels und Bebel sind hier geboren. Im Rheinland sammelten sich die ersten Proletarier um die Sturmfahne der Erhebung. 1848 erstand hier die „Neue Rheinische Zeitung“. 1928 zeigt die sozialistische Arbeiterschaft im Haus der Arbeit ihre Macht und Größe.

Den Aufstieg des Proletariats, die Geschichte einer ungeheuren Bewegung, die Kämpfe um den Sozialismus: all das kann hier in unserm Hause studiert werden. Der Besucher wandert zuerst an den Vitrinen und glasgedeckten Tischen vorüber, die der ADGB. ausgestellt hat, an den vergilbten ersten Zeitungen und Zeitschriften der Buchdrucker, Lithographen, Bauhandwerker, Textilarbeiter usw., betrachtet die großen Tafeln, Lichtsäulen und Tabellen, auf denen das vielverzweigte Kraftnetz der Gewerkschaften gezeigt wird, die großartige Organisation der vielen Verbände. Aus ganz kleinen Anfängen, aus versprengten Fachvereinen wuchs die Gewerkschaftspresse auf bis zu den 220 000 000 Exemplaren, die in jedem Jahre in Deutschland erscheinen. Die Elite der Klasse sammelt sich in den Verbänden und von den Proletariern gilt, was Karl Legien einmal so formuliert: „Nicht zum geringsten Teil ist der gewaltige Aufschwung der deutschen Industrie der Intelligenz der deutschen Arbeiterschaft zu verdanken, einer Intelligenz, welche diese nicht durch Schulunterricht, sondern durch die Teilnahme am öffentlichen Leben und in der Schule der Organisation sich erworben hat.“

den Entwicklung und fatalen Kräftespaltung darf nicht übersehen werden, daß sich die beiden bürgerlichen, vorgeblich „unpolitischen“ Büchergemeinschaften mit zusammen 800 000 Mitgliedern schneller ausbreiteten.

Bedeutender als die quantitative Leistung ist jedoch die verlegerische und künstlerische Seite der Arbeit, vor allem der *Büchergilde Gutenberg*. Unter ihrem zweiten Leiter, Erich Knauf (1928–1933), wurde sie programmatisch eindeutiger. Knauf schrieb 1931 in der Mitgliederzeitschrift „*Büchergilde*“[84]:

„Die *Büchergilde Gutenberg* ist ihrem Wesen nach ein deutlicher Protest gegen die Unvernunft der heutigen Wirtschaftsordnung! Sie ist mehr als eine Gemeinschaft von Buchlesern, sie ist in Verwirklichung des Kulturwillens der Arbeiterklasse!“

Neben den Werken von Klassikern (Goethe, Schiller, Dickens, Dostojewski) wurde dem sozialengagierten Roman der Vorzug gegeben. „Der Arbeit und dem Arbeiter Heimatrecht in der Literatur verschaffen“ – hieß es programmatisch. Von B. Traven und Jack London über Upton Sinclair, Oskar Maria Graf und Bodo Schönlank bis zu Otto Bauer oder L. L. Stern – mit ihren eher politisch-wissenschaftlichen Werken – reichte das Spektrum der heute noch bekannten Autoren.

Wirkliche Pionierleistungen vollbrachte die *Büchergilde Gutenberg* in der Buchgestaltung. Seit den alljährlich verliehenen Preisen für das „schönste Buch“ durch die *Deutsche Buchkunststiftung* 1929 war die *Büchergilde* immer – meistens mit mehreren Werken – unter den Preisträgern. In der Gestaltung der Bücher sowie in der Darbietung von zeitgenössischer Kunst in Buch und Zeitschrift hat die *Büchergilde* eine einzigartige Vermittlungsarbeit geleistet. Von den *Bauhaus*-Konstruktivisten Lissitzky, Moholy-Nagy und Schwitters bis zu Grosz, Dix und Rössing – sie alle fanden durch die *Büchergilde Gutenberg* weite Verbreitung in Kreisen, die sonst durch die Angebote der kleinbürgerlichen Trivialkultur beherrscht worden wären.

Im Gegensatz zu den anderen drei linken Buchgemeinschaften, die mit der Machtergreifung durch die NSDAP 1933 untergingen, überstand die *Büchergilde* die Zeit des Nationalsozialismus insofern, als sie im Exil, in Zürich, fortgeführt wurde.

Buchumschläge der Büchergilde

August-Bebel-Haus, Redaktionssitz der Rheinischen Zeitung in Köln-Deutz

Sozialdemokratische Pressehäuser

Unten: Buchdruckerei und Buchhandlung „Volkswacht" in Bielefeld, erbaut 1911/12

Unten: Gebäude der Vorwärts-Buchdruckerei und Verlagsanstalt mit der Buchhandlung J. H. W. Dietz Nachf.

Oben: Druckereigebäude in Nürnberg

Warum
eine schweizerische Büchergilde Gutenberg?

Die Hakenkreuzfahne weht über dem Buchdruckerhaus zu Berlin, in dem die Büchergilde Gutenberg ihr Heim hat. Der Geist, der darin lebte, jener Geist, dem wir uns tiefinnerlich verbunden fühlten, mußte aus dem Hause weichen. Die Freiheit des Gedankens, des Wortes, der unabhängigen Weltanschauung, die der alten Büchergilde Kennzeichen waren, machte den einseitigen Parolen, der offenen und versteckten Propaganda für ein nationalistisches Diktat Platz. Unsere bisherige Büchergilde wollte dem nach Kultur und Bildung dürstenden Volke der Geistes- und Handarbeiter über die deutschen Grenzen hinaus ihre Werke, inhaltlich den strengsten künstlerischen und sozialen Forderungen entsprechend, in der Ausstattung in vollendeter Form und vor allem ohne Gewinn vermitteln. Was uns nach der »Gleichschaltung« in Deutschland geboten werden soll, kann einem solchen Bedürfnis nicht annähernd entsprechen. Aufrichtige demokratische Tradition verträgt kein Diktat, keine sklavische Gesinnungsuniformierung. Die spontan eingetroffenen Zustimmungserklärungen fast aller unserer Mitglieder zu einer Erneuerung des Büchergildengeistes durch eine selbständige schweizerische Buchgemeinde beweisen uns, wie ursprünglich und echt der fremde Ungeist in uns abgelehnt wird. Die Begeisterung, mit der die Schaffung der Schweizerischen Büchergilde Gutenberg begrüßt wurde, verpflichtet die neue Leitung, die bewährten alten Grundsätze, welche die bisherige Büchergilde groß werden ließen, weiterhin zu hüten und weiterhin die Freiheit des Geistes und die Aufklärung im Dienste des arbeitenden Volkes zu verteidigen. Die neue Leitung ihrerseits verpflichtet aber auch alle Mitglieder und somit alle Mitarbeiter am Werke der Schweizerischen Büchergilde, für sie zu werben und den Inhalt, der uns entspricht und not tut, an alle danach Dürstenden zu vermitteln. Gar zu viele gibt es immer noch, in denen das Bedürfnis nach dem guten Buche nicht erweckt ist, die nicht ahnen, wie sehr sie durch wahllose Lektüre in den Bann von Ideen gezogen werden, die sie ablehnen müßten. Verdoppeln wir unsere Mitgliederzahl, um unsere Leistungsfähigkeit zu erhalten! Jedes Mitglied übernehme die Pflicht, noch im Laufe des Sommers mindestens einen Gesinnungskameraden für uns zu gewinnen. Upton Sinclairs Satz: »Kunst ist Propaganda!« soll von uns dahin ausgelegt werden, daß wir dem freien literarischen Schaffen, dem werkgewordenen sozialen Gewissen, der von keiner Zwangsjacke eingeengten Kunst und dem völkerverbundenen Wissen eine Heimstatt zu bieten haben, von der aus unsere Köpfe und Herzen im Kampfe für eine bessere soziale Ordnung gestärkt und befruchtet werden.

Der Vorstand der Genossenschaft Schweiz. Büchergilde Gutenberg

Die Büchergilde im Exil – „Genossenschaft Büchergilde Gutenberg Zürich“

Am 16. Mai 1933 – zwei Wochen nach dem NS-Beutezug – wurde die *Büchergilde* als Genossenschaft in Zürich „neu“ gegründet. Neben der „alten Garde“, die aus Deutschland ins Schweizer Exil gegangen war, allen voran Bruno Dreßler, beteiligten sich die großen Gewerkschaftsverbände der Schweiz, der Verband Schweizerischer Konsumvereine und einige Genossenschaftsdruckereien. Auch die Geschäftsstellen der *Büchergilde* in Wien und Prag lehnten es ab, sich der neuen Leitung in Berlin zu unterwerfen. Auch hier entstanden unabhängige *Büchergilden.*

In Berlin wurden die *Büchergilde* und ihre Zeitschrift als Unternehmen der *Deutschen Arbeitsfront* weitergeführt. Ein SA-Sturmführer wurde als Leiter eingesetzt. Die Zeitschrift übernahm der „Überläufer“ Max Barthel, einst KPD-Mitglied, dann Sozialdemokrat, schließlich Nazi. Für die Exil-*Büchergilden* bestand nun das Problem, wie die Rechts- und Vermögensverhältnisse zu der formal weiterbestehenden *Berliner Büchergilde* gestaltet werden konnten. Vereint gelang es den drei Exil-*Büchergilden,* ein Abkommen durchzusetzen, das ihnen einen ihrer Mitgliederzahl entsprechenden Anteil am Vermögen, vor allem der Buchbestände, zusicherte. Schon im Juni 1933 erschien die erste Nummer der Zeitschrift der *Schweizer Büchergilde.* Als erstes Buch, mit dem man an die Berliner Produktion mit ihren 150 Titeln anknüpfte, erschien B. Travens neuester Roman „Der Marsch ins Reich der Caoba“. Deutlicher konnte man die Kontinuität nicht herausstellen. Bei Kriegsende gab es allein in der Schweiz mehr als 100 000 Mitglieder.

Aus der „Gilden Zeitung“ 1933

Gemeinwirtschafts-kultur in der Weimarer Republik

Anzeige der sozialdemokratischen Zeitung „Volksstimme" in Magdeburg

Festschriften der Volkshäuser Bremen, 1926 . . .

. . . und Leipzig, 1929

Avantgardearchitekten planten für die Unternehmen der Arbeiterschaft.
Volkshausphantasie von Max Taut, 1922

Plakat des Arbeiter Rad- und Kraftfahrbundes „Solidarität", der die Fahrradfabrik „Frischauf" betrieb, ca. 1930

Die Ökonomie der Arbeiterreise- und Freizeitbewegung

Spätestens mit der tariflichen Sicherung des Urlaubes wurde die Frage der Freizeitgestaltung ihrer Mitglieder zu einem Thema der Spitzenverbände der Arbeiterschaft und ihrer gemeinwirtschaftlichen Grundsatzüberlegungen. Den Anfang mit der überregionalen Organisation machte der *Touristenverein Die Naturfreunde,* der bereits 1895 in Wien gegründet wurde, sich aber bald über New York bis nach Australien erstreckte. Mitte der zwanziger Jahre hatte er in Deutschland mehr als 1 000 Ortsgruppen. In einer größeren Darstellung der gemeinwirtschaftlichen Freizeitorganisationen in der „Gemeinwirtschaft – Monatszeitschrift für Theorie und Praxis der gesamten Gemeinwirtschaft“[85], heißt es: „Welch Idealismus, Opferwilligkeit und Tatkraft die Organisation entfaltete, hat sich durch die Erstellung von allein 241 Unterkunftshäusern in Deutschland dargetan.“

Die Errichtung und Bewirtschaftung dieser Häuser stellt ein klassisches, leider viel zu schnell vergessenes Beispiel gemeinschaftlicher Selbstversorgung durch Selbsthilfe dar. Das hier entstandene Vermögen ging zum größten Teil auf die freiwillige, unbezahlte Arbeit der Mitglieder zurück. Die Vielzahl solcher örtlicher und überregionaler Initiativen, von eigenen Sport- und Bildungsstätten bis zu Ferienheimen, umfaßt einen großen Sektor – man würde ihn heute „informell“ oder „autonom“ nennen –, der nicht nur eine bedeutende wirtschaftliche Funktion erfüllte (Verbesserung der Lebenslage; Aufbau gemeinwirtschaftlicher Eigenbetriebe): Mit dieser gemeinschaftlichen Selbsthilfe wuchs auch das Vertrauen in die eigene Kraft.

Die Naturfreunde waren auch die Pioniere des organisierten Tourismus; sie boten preiswerte Gruppenreisen, Fahrten in Sonderzügen sowie die Unterbringung in eigenen oder günstig pauschal gemieteten Häusern an. Eine eigene Unfallunterstützungskasse schützte die Mitglieder. Doch auch alle anderen Arbeiterorganisationen bauten ihre Freizeiteinrichtungen aus. Der *Reichsausschuß für sozialistische Bildungsarbeit* beispielsweise begann in den zwanziger Jahren damit, Arbeiterferien- und Studienreisen anzubieten, wobei er eng mit der in Jena ansässigen *Ferienheimgenossenschaft ‚Naturfreunde‘* zusammenarbeitete. Auch die örtlichen Kartelle der freien Gewerkschaften griffen unmittelbar ins Geschehen ein: So gab es beispielsweise in Heidelberg das im *Gewerkschaftshaus* ansässige *Gemeinnützige Verkehrs- und Reisebüro der Freien Gewerkschaften;* in Bremen das *Volksreisebüro,* das sich als „Ausgangspunkt für die Schaffung einer großen deutschen Arbeiter-Reise-Vereinigung“ verstand, und in Hamburg den von Gewerkschaften und SPD gegründeten *Gemeinnützigen Verkehrsverein Groß-Hamburg,* den die bürgerliche Presse als ein „rotes sozialistisches Gespenst auf dem Gebiet der Verkehrswerbung und des Reisens“ zu verleumden suchte[86]. Im März 1929 nahm der Bundesausschuß des *ADGB* zu der

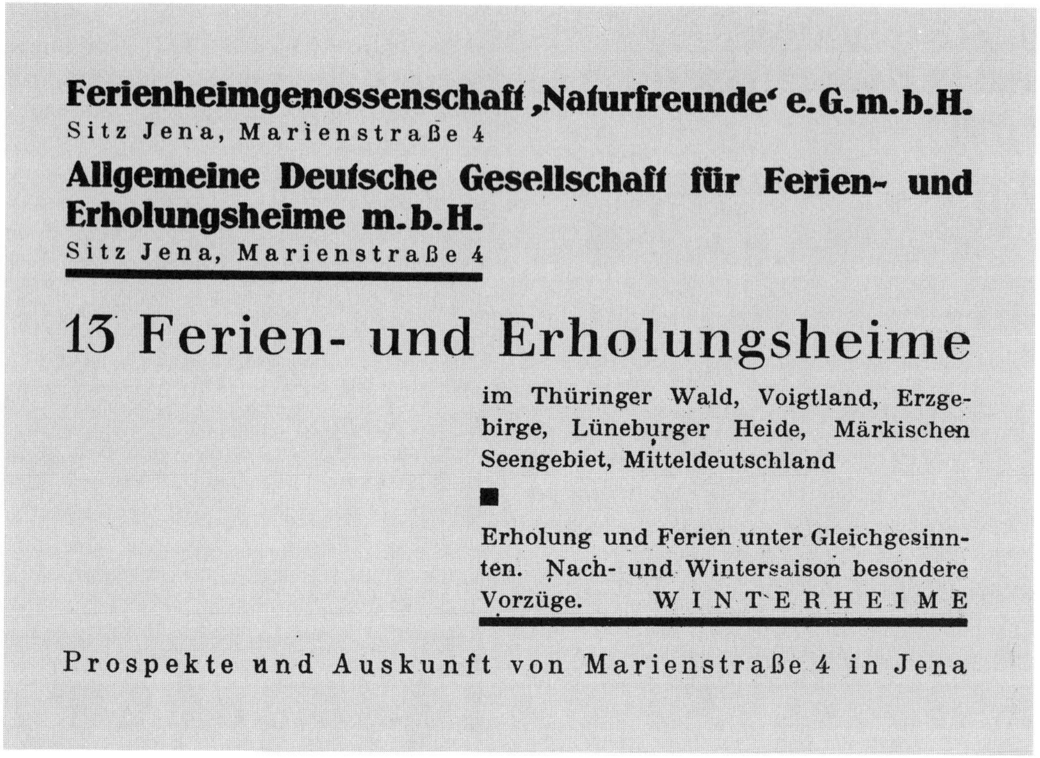

Oben: Zeichen der Naturfreunde
Rechts: Vignette der Zeitschrift „Der Naturfreund" (bis 1921)

Die „Sozialistische Arbeiter-Jugend" von Solingen baute in Eigenarbeit eine ehemalige „Ziegenstation" zum Ausflugsheim um.

breiten, immer mehr ansteigenden Ferienhaus- und Reiseorganisationsgründungswelle Stellung. In der „Gewerkschaftszeitung" heißt es dazu[87]:

„Aufgabe der Spitzenverbände der freien Gewerkschaftsbewegung ist es, in das zur Zeit bestehende Durcheinander Ordnung zu bringen, eine Dachorganisation zu schaffen, die die Errichtung und Bewirtschaftung von Ferienheimen in geregelte Bahnen lenkt."

Wie schon bei den Hilfskassen, den Baugenossenschaften und Volkshäusern sahen sich die Spitzenverbände vor die Notwendigkeit gestellt, gegen Lokal- und Gruppenegoismen die Normen der wirtschaftlichen Vernunft und Solidarität in bezug auf die Gesamtheit der Arbeitnehmerschaft durchzusetzen. Eine Vereinheitlichung und Zentralisierung bedeutete aber in jedem Fall die Überführung bisher weitgehend freiwillig, informell und oft nicht berufsmäßig geleisteter Aufbauarbeit in den formalisierten Sektor der Gemeinwirtschaft. Den organisationstechnischen Vorteilen der Konzentration und der Übernahme der Arbeit durch bezahlte Fachkräfte stand ein – wie sich langfristig zeigen sollte – schwerwiegender Verlust gegenüber:

Der engagierte Einsatz einzelner Mitglieder, Eigeninitiativen in bezug auf die „Selbstversorgung" lokaler oder regionaler Gruppen, eine wichtige Quelle von gemeinschaftlichem Selbstvertrauen und Solidaritätserfahrung, wurden zunehmend überflüssig. Einer nicht mehr praktisch bewiesenen und erlebten, sondern nach bestimmten Richtlinien berufsmäßig betriebenen Solidarität und der Formalisierung der Selbsthilfe zur Gemeinwirtschaft entsprach die Entwicklung einer passiven, auf Konsum ausgerichteten Versorgungshaltung bei den Kunden.

Auch hier haben der Ausbruch der Weltwirtschaftskrise und die Hitlersche Machtergreifung den vorgezeichneten Weg unterbrochen. Die Pionierleistungen der verschiedenen Arbeiterorganisationen bei der Entwicklung des „Sozialtourismus" sind vergessen. Vieles wird im heutigen Urteil ausgerechnet dem Nationalsozialismus zugeschrieben („Kraft durch Freude" der „Deutschen Arbeitsfront"), der – wie auf vielen anderen Gebieten – auch auf diesem Felde „plündern" und längst vorhandene, vielfach bereits in die Tat umgesetzte Pläne und Initiativen der deutschen Arbeiterbewegung übernehmen konnte, die dann – mit einigen Änderungen versehen – der Bevölkerung als nationalsozialistische Errungenschaften und Maßnahmen „verkauft" wurden.

Mitte links:
Ferienheim Eisenhammer,
Post Düben (Mulde)
Unten links:
Ferienheim Frauenwald
(Thüringer Wald)

HEIDELBERG

Verkehrs- und Reisebüro der freien Gewerkschaften

Rohrbacher Straße 13—15, Eingang Riedstraße. Telefon 419.

Vermittlung von Uebernachtungen. Vorbereitung von Konferenzen, Sitzungen, Gesellschaftsfahrten und Führungen. Auskunft in allen einschlägigen Fragen.

HEIDELBERG

Gewerkschaftshaus „Artushof"

Rohrbacher Straße 13—15, Tel. 419
1 Minute vom Bahnhof.

Treffpunkt aller Gewerkschaftler

Größere und kleinere Gesellschafts- und Konferenzzimmer. Gute Küche, ff. Biere und Weine.

Fremdenzimmer
mit und ohne fließendem Wasser.

Mitte rechts:
Ferienheim Kipsdorf
(Oberes Erzgebirge)
Unten rechts:
Ferienheim der Genossenschaft
„Naturfreunde" Thüringen eG.
in Jena

Gewerkschaftshäuser, Gemeinschaftsbauten und Volkshausbewegung

Der politische Emanzipationsprozeß der arbeitenden Klassen setzte die Benutzung öffentlicher Räume voraus, die zumindestens unter den illiberalen Verhältnissen des wilhelminischen Obrigkeitsstaates nicht oder nur mit unzumutbaren Auflagen zu haben waren. Die Notwendigkeit eigener Versammlungs-, Kultur- und Verwaltungsräume drängte sich auf. Der Wunsch nach einer eigenen Öffentlichkeit und Kultur – heute würde man sagen: einer Gegenöffentlichkeit, Gegen- oder Alternativkultur und Alternativökonomie – setzte eine Eigenwirtschaft, gleichsam „befreites Gebiet", voraus. Dafür hatten die Baugenossenschaften in ihren Gebäuden und Siedlungen vielfach gesorgt: Versammlungssäle, Vereinszimmer, Gaststätten, Bibliotheksräume mit Lesezimmern usw. Den zentralen Gemeinschaftsbauten kam eine noch größere symbolische Bedeutung zu, was sich in zwei Eigentümlichkeiten niederschlug:

- Wie ein Zeitgenosse anmerkte, waren es die „Eigenbetriebe der Arbeiterschaft", „die die meisten Opfer forderten, nicht nur zur Errichtung, sondern auch zur Erhaltung"[88].
- Die sozial-kulturelle Bedeutung dieser Kommunikationszentren sollte sich in einer spezifischen Ästhetik symbolisieren; die Volkshäuser sollten die „Kathedralen des Sozialismus" werden.

Ursprünge und Funktionen der Volks- und Gewerkschaftshäuser

Die Volkshausidee hat mindestens drei Wurzeln und entsprechende Ausdrucksformen. Zum einen schlug sich hier die Tradition der Herbergen für Wandergesellen sowie die der Schaffung von Räumen für die Verwaltung und Tätigkeit der Berufsverbände (Gewerkschaftshäuser) nieder. Sodann spielte der Wunsch eine Rolle, sich Versammlungsräume zu sichern, bei deren Benutzung man sich nicht in fremde wirtschaftliche und politische Abhängigkeiten begab (Saalbau und Gaststätte). Schließlich bestand – neben der proletarischen – eine sozial engagierte bürgerliche Bildungsbewegung *(Deutscher Volkshausbund eV)*, die in den Volkshäusern Bildungszentren zur „kulturellen Erhebung" der Arbeiterschaft sah, Gegengewichte zum kapitalistischen Mißbrauch der Freizeit (Alkoholmißbrauch, Glücksspiele usw.).

Entsprechend dieser unterschiedlichen Wurzeln gab es Häuser, die Gewerkschaftseigentum waren; Häuser, die keiner Einzelorganisation gehörten, sondern als unabhängige Unternehmen (e.G. oder G.m.b.H.) der örtlichen Arbeiterschaft zur Verfügung standen; schließlich Häuser, die eher bildungsbürgerlich-philantropischer Herkunft waren (z.B. *Volkshaus* Karlsruhe, Mannheim, Lübeck und Jena; *Volksheim* Hamburg und Dresden), auf die wir hier im weiteren nicht mehr eingehen.

Die strapazierte Ökonomie der Solidarität – der Preis des Gemeinschaftsluxus

Überblickt man die Entwicklung, Zahl und Gestaltung der Gewerkschafts- und Volkshäuser vor der Jahrhundertwende bis 1933, ist man fasziniert und irritiert zugleich – und zwar angesichts des offensichtlich unbelehrbaren Strebens nach unbezahlbarem Luxus in der gemeinschaftlichen Selbstdarstellung. Die wirtschaftliche Geschichte der Volkshäuser ist die ständiger Sanierungsbemühungen. Grandios dagegen ist die Geschichte der sozial-kulturellen Gestaltung und Aneignung dieser Zentren. Bleiben wir zunächst bei den wirtschaftlichen Gesichtspunkten.

Mit dem Wegfall der Sozialistengesetze und dem ungeheuren Mitgliederzuwachs der Gewerkschaften und der Sozialdemokratie wurde die Raum- und Lokalfrage in den Städten dringend. Die meisten Volkshaus-Gründungen erfolgten um die Jahrhundertwende. Die Anregung dazu ging meist von den kurz zuvor entstandenen Gewerkschaftskartellen aus; bei der Gründung der Genossenschaft oder Gesellschaft war man jedoch meist darauf bedacht, den Kreis der „Kapital"-Geber zu erweitern. Bei den genossenschaftlich geführten Unternehmen (z. B. *Volkshaus* Remscheid und Köln) suchte man vor allem viele Einzelpersonen als Träger, was im Falle Remscheids dazu führte, daß das *Volkshaus* später linkssozialistisch, dann kommunistisch beherrscht wurde.

Bei den als GmbHs geführten Häusern war es meist eine überschaubare Anzahl von Organisationen der Arbeiterschaft, die das Grundkapital aufbrachten. Bei der berühmten *Volkshaus GmbH* Leipzig waren es 15 Einzelgewerkschaften, der Verlag der „Leipziger Volkszeitung" und der *Arbeiterverein Leipzig*. In Hamburg wurde die *Gewerkschaftshaus GmbH* zudem noch stark vom *Konsum-, Bau- und Sparverein Produktion* als Gesellschafter und Hypothekengeber unterstützt. Die Hauptlast lag jedoch immer auf den Gewerkschaftsmitgliedern: Der Saalbaufonds wurde entweder aus den lau-

Das Volkshaus Leipzig

Grundsteinlegung am 14. Juni 1905

Das Volkshaus, Zeitzer Straße 32-34, nach seiner Vollendung 1906

Gutschein für den Wiederaufbau. Während des Kapp-Putsches war das Haus der Arbeiterschaft von den Militärs in Brand gesetzt worden.

Volkshaus-Eigenkelterung am Rhein und an der Mosel: „Unser Geheimnis von Preis und Qualität"

Die Ruine nach dem Brande

Konzertpark. Mittlerer Teil mit dem Monument der Arbeit

Die Volkshausküche unterstützte kämpfende Arbeiter

Gesellschaftssaal mit Mosaikgemälde

fenden Gewerkschaftsbeiträgen oder aber – häufiger – aus zusätzlichen Solidarbeiträgen (Sammelaktionen, „Kopfsteuer", Extrabeiträge, Gutscheine, „Bausteine", Solidarmarken) aufgefüllt. Als Mieter beteiligte sich die wachsende Anzahl gewerkschaftlicher Eigenbetriebe indirekt an der Finanzierung: oft die lokale Arbeiterzeitung – in Remscheid beispielsweise befanden sich Redaktion und Druckerei der „Bergischen Arbeiterstimme" im *Volkshaus;* in anderen Fällen oft Arbeiterbank-Filialen, *Büchergilde-*, *Büropa-* oder *Lindcar*-Geschäftsstellen usw. Gleichwohl trug der sehr hohe Kapitaldienst (hoher Fremdfinanzierungsanteil) dazu bei, daß schon leichte Konjunkturschwankungen die Wirtschaftlichkeit gefährdeten. Zwar waren Konkurse – wie 1913 beim *Volkshaus* Elberfeld – selten; doch führte die ständig prekäre wirtschaftliche Situation der Gemeinschaftswerke dazu, daß die Gewerkschaften zunehmend in die Rolle des Verantwortlichen gerieten. Daraus folgten Bestrebungen nach gemeinschaftlichem Vorgehen, nach Vereinheitlichung und schließlich Zentralisierung.

1909 wurde auf einem Kongreß der Gewerkschaftshäuser eine erste *Zentralstelle* bei der *Generalkommission* der freien Gewerkschaften eingerichtet. Daraus entwickelte sich 1922 die *Arbeitsgemeinschaft Deutscher Gewerkschafts- und Volkshäuser*, die ab 1926 das Mitteilungsorgan „Das Gewerkschaftshaus" herausgab. Nach langen Debatten erfolgte 1931 die Gründung der *Verwaltungsgesellschaft Deutscher Gewerkschaftshäuser AG*, einer Holding-Gesellschaft, auf die das Vermögen der lokalen Volkshaus-Unternehmen übergehen sollte. Von den Vertretern der über 150 Volks- und Gewerkschaftshäuser sprach sich nur eine Handvoll gegen diese Zentralisierung aus. Die Argumente eines geschäftsmäßigen Betreibens und der Wirtschaftlichkeit hatten gesiegt. Ein weiteres Handlungsfeld oft spontaner, solidarischer

Volks- und Gewerkschaftshäuser

Bremen

Chemnitz

Hannover

Weißwasser (Ober-Lausitz)

Probstzella (Thür.)

Kiel

München

Berlin

Hamburg

Köln (chr.)

Dresden

Düsseldorf

Köln (soz.)

Stolp

Gelsenkirchen

Kiel

Selbsthilfe ging durch die Zentralisierung und das Einführen fester Betriebsrichtlinien verloren. Ausbau und Neubauten waren nun nicht mehr Sache lokaler Selbsthilfe, sondern Aufgabe der Holding-Gesellschaft. Der Preis dieser – bedenkt man den Zeitgeist – wohl unumgänglichen Entscheidung war gleichwohl hoch: Stolz auf das eigene Werk, Bindungen an das selbst Geschaffene gingen ebenso verloren wie die damit verbundenen sozial-kulturellen Wirkungsmöglichkeiten. Aus den Volkshäusern, ideellen und materiellen Mittelpunkten der Arbeiterbewegung, erkämpft, bekämpft, beschützt, wurden historisch die Verwaltungszentren der Gewerkschaften.

Die Weltwirtschaftskrise und die schlechte wirtschaftliche Lage der Volkshäuser verhinderten in den meisten Fällen die Vermögensübertragung. Erst der 2. Mai 1933 brachte die Vermögenszentralisierung – allerdings durch den Raubzug der Nationalsozialisten, die das gesamte Gewerkschaftsvermögen der *Deutschen Arbeitsfront* übertrugen, die viele Volkshäuser unter dem Namen *Haus der Deutschen Arbeit* ihren Zielen dienstbar machte.

Streikgeld-Auszahlung im Volkshaus

Tausende streikende Bremer Werftarbeiter holen sich allwöchentlich im Volkshaus ihre Streikunterstützung ab. Für sie sind die freien Gewerkschaften ein Schutz in Zeiten des harten Kampfes. Den noch unorganisierten Arbeitskollegen wird in diesen Wochen die Richtigkeit des Wortes eingehämmert:

Jeder Arbeitnehmer gehört in die freien Gewerkschaften!

Holzfigur im Treppenhaus des Gewerkschaftshauses Hamburg

Volkshäuser – die „Kathedralen des Sozialismus"

„Das Volkshaus soll das schönste Haus der Stadt oder des Ortes sein... Das Volkshaus soll auf Schritt und Tritt die Seele seiner Besucher den Idealen zuwenden, die das menschliche Gemeinschaftsleben adeln[89]."

Diese Sätze des sozialdemokratischen Reichtstagsabgeordneten Heinrich Peus, 1910 geschrieben, machen deutlich, welcher Überschwang an Gefühlen sich mit den Volkshausprojekten verband. In der Vorstellung vieler Beteiligter waren sie eher Kultstätten denn Verwaltungszentren. Doch die neue Bauaufgabe stellte sich zunächst keineswegs in einer neuen Form der Architektur dar. Clara Zetkin brachte dies 1911 deutlich zum Ausdruck:

„Unsere Gewerkschafts-, Volks- und Geschäftshäuser unterscheiden sich in ihrem Stil – Stil als äußere From inneren Lebens gefaßt – in nichts von irgendwelchen bürgerlichen Geschäfts- und Verkehrshäusern... Kurz, das geistige Leben der Arbeiterklasse hat bis jetzt noch nicht den geringsten Ausdruck in der architektonischen Formensprache gefunden[90]."

Während die einen beispielsweise im *Volkshaus* Leipzig auch die ästhetisch-bauliche „Kulmination der Arbeiterbewegung" zu erkennen glaubten – sicherlich die Mehrheit –, sahen andere darin nur „schlimmsten Fassadenrummel, ‚um 50 Jahre zurück', Kuppel, Säulen über Säulen, falsche Dächer, Pilaster, Bogen und gar keine Proportionen" (Bruno Taut)[91].

Wie schon beim genossenschaftlichen Wohnungsbau, waren es auch hier die neuen sozialen Inhalte und Trägerformen, die Entwicklung und Durchbruch neuer Auffassungen in der Architektur möglich machten. Kein Wunder, daß sich alle „formfortschrittlichen" Architekten der Arbeiterbewegung, ihren Organisationen und Eigenwirtschaften andienten. Die entfesselte Phantasie der nachrevolutionären Monate ließ auch auf den Reißbrettern der Vorkämpfer einer neuen Architektur gezeichnete Stadtutopien entstehen, die immer von dem Volkshaus als „Stadtkrone", als „Kristallpalast" oder „Dom der Zukunft" beherrscht wurden. Zu nennen wären hier: Bruno und Max Taut, Scharoun, Mies van der Rohe, Gropius, Adolf Behne und W. Luckhardt. Ihre meist schwärmerisch-expressionistischen Entwürfe waren zwar ebensowenig realisierbar wie die gleichzeitig entstandenen Modelle einer Vollsozialisierung und einer direkten Rätedemokratie, doch sind sie – ebenso wie jene – kulturpolitisches Zeugnis der nachrevolutionären Aufbruchsstimmung.

Lyonel Feininger, Kathedrale des Sozialismus, Titelholzschnitt für das Bauhaus-Manifest, 1919

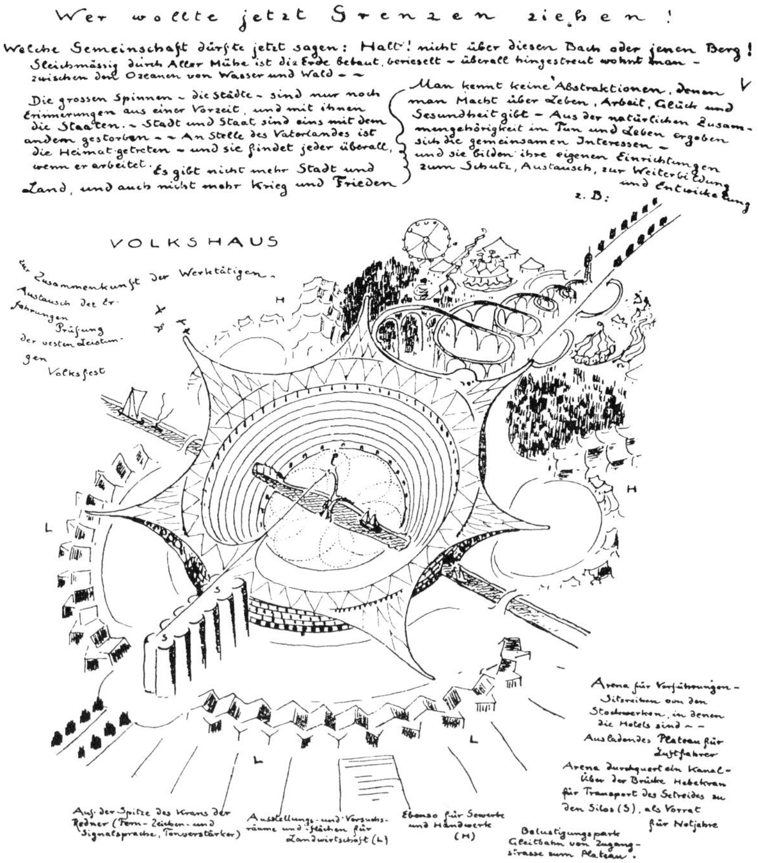

Oben: Volkshaus. Phantasie von Bruno Taut aus dem Zyklus „Die Auflösung der Städte", Hagen 1920

Verwaltungsgebäude des Deutschen Metallarbeiter-Verbandes Berlin Entwurf: Arch. Mendelsohn und Reichel

Das neue Gewerkschaftshaus in Frankfurt am Main (Einweihung Juli 1931)

Der republikanische Alltag, zu dem auch Zerstörung und Wiederaufbau des *Volkshauses* Leipzig (Kapp-Putsch) gehörten, verlangte Handfesteres. Mit dem Bundeshaus des *ADGB* (1922–24) von Max Taut beginnt die Ära jener Volks- und Gewerkschaftshäuser, die ihre gewachsene politisch-kulturelle Bedeutung auch in einer Ästhetik der Durchsichtigkeit und Klarheit zum Ausdruck brachten, nicht, ohne ganz auf den Ausdruck des Stolzes zu verzichten. Zu denken ist hier beispielsweise an Mendelsohns *Haus des Metallarbeiterverbandes* und Max Tauts *Verbandshaus der Buchdrucker,* beide in Berlin, an das *Volkshaus* in Dresden, das *Gewerkschaftshaus* in Frankfurt/M. (M. Taut) oder das erst nach der Machtergreifung eingeweihte *Gewerkschaftshaus* in Magdeburg. Wie auch in der gewerkschaftlichen Wohnungswirtschaft bildete sich hier das Bündnis von organisierter Arbeiterbewegung und progressiver Architektenschaft *(Bauhaus)* heraus. Die Eigenwirtschaften der Arbeiterbewegung wurden die Träger des *Neuen Bauens.* Fasziniert blickt man zurück auf diese historisch kurze, ja einzigartige Phase einer Versöhnung von Arbeiterbewegung und bürgerlicher Kultur-Avantgarde. Auch gab es baukulturpolitisch die Einheitsfront, deren politisches Fehlen es dem Faschismus so leicht machte, sich der Republik zu bemächtigen. Kaum erklärbar, daß der der KPD nahestehende Architekt Hannes Meyer, radikaler Konstruktivist und vorletzter Leiter des *Bauhauses,* sowohl die *ADGB*-Bundesschule baute wie auch zum Wettbewerb für den Ausbau des Berliner *ADGB*-Bundeshauses eingeladen wurde.

Meyers Entwurf für den vom ADGB ausgeschriebenen Wettbewerb für den Neubau von Geschäfts- und Verwaltungsräumen, der wegen der nationalsozialistischen Machtergreifung nicht mehr ausgeführt werden konnte. Axonometrische Ansicht der Gesamtanlage

Von der Wiege bis zur Bahre ... Das gemeinwirtschaftliche Bestattungswesen

Sorgte die Freidenkerbewegung für neue Inhalte und Formen, z. B. bei der Taufe, Jugendweihe und Beerdigung, so entstanden fast überall auch wirtschaftliche Selbsthilfeeinrichtungen für den Notfall, sogenannte Sterbekassen und gemeinwirtschaftliche Bestattungsinstitute. Meist wurde dabei die preiswertere und von der katholischen Kirche verbotene Feuerbestattung propagiert. Als Beispiel für viele sei hier das „Gemeinwirtschaftliche Bestattungsinstitut" (GE-BE-IN) Bremen vorgestellt. Als einziges Institut der Arbeiterbewegung hat es aufgrund seiner Stärke und Popularität die NS-Angriffe überstanden und floriert noch heute. Wegen der Übelstände im Bestattungswesen gründete der ADGB 1922 das GE-BE-IN, als gewinnloser Versicherungsverein auf Gegenseitigkeit samt Bestattungsbetrieb. Allein im eigenen Gärtnerei- und Steinmetzbetrieb waren bald 25 Arbeiter beschäftigt. Das GE-BE-IN beteiligte sich am Bau des Bremer Volkshauses 1926 und erhielt dort entsprechende Räume. Als am 18. 4. 1933 die Gestapo das GE-BE-IN besetzte, waren 115 000 Bremer Bürger dort versichert. Wohl deshalb gelang es den Mittelstandsinteressen in der NSDAP nicht, das GE-BE-IN zu zerschlagen.

Rechts: Aufbahrungssaal des GE-BE-IN im Volkshaus Bremen

1933–1945

Aus einer Propagandaschrift der Deutschen Arbeitsfront

Die Schaffung ausreichend großen, gesunden und angemessenen billigen Wohnraumes für den deutschen Arbeiter gehört zu den vornehmsten nationalsozialistischen Zielen. Ohne sie ist eine bleibende Gesundung des deutschen Volkes nicht möglich.

Bei der Wichtigkeit des Arbeiterwohnstättenbaues hat die Deutsche Arbeitsfront sich darum nicht auf richtunggebende Anregungen beschränken können. Nachdem von ihr die meist leistungsschwachen Gewerkschaftsunternehmen in sparsamer und kluger Verwaltung zu gesunden, dem Wohnungsbau nützlichen Gesellschaften geworden waren, hat sie, wie der nachfolgende Bildbericht über die Tätigkeit einiger dieser Unternehmen zeigt, durch sie wenigstens beispielhaft in Anpassung an die jeweiligen örtlichen Verhältnisse gesunde, billige und schöne Arbeiterwohnstätten erstellen lassen.

Noch sind jedoch auf dem Gebiete des Arbeiterwohnstättenbaues die fast unglaublichen Versäumnisse der Nachkriegszeit nicht behoben. Die Deutsche Arbeitsfront wird darum, nachdem nunmehr fast alle mit dem Wohnungsbau befaßten Parteidienststellen bei ihr in einer Hand vereinigt worden sind, mit aller Energie richtungweisend und notfalls sogar durch praktische Durchführung auf die Lösung dieses wichtigsten Bauproblems hinwirken.

Ernst von Stuckrad

Unsere Aufnahmen: Richtefest einer Werksiedlung in Sontra — Dr. Ley bei einer Grundsteinlegung — Staatsrat Schmeer bei dem Richtefest einer Werksiedlung — Ernst von Stuckrad ist in der Zentralstelle für den Vierjahresplan bei der DAF Leiter der Gruppe Wohnungs- und Siedlungsbau

Die Gleichschaltung

Die Unempfänglichkeit des überwiegenden Teils der politisch und gewerkschaftlich geschulten Arbeiterschaft gegenüber den Parolen des Nationalsozialismus trug wesentlich dazu bei, daß für die NSDAP die Frage, wie denn die Unterordnung der Arbeitnehmerschaft unter ihre extrem imperialistischen außenpolitischen Zielsetzungen sicherzustellen sei, bis zum 30. Januar 1933, dem Tag der „Machtergreifung", unbeantwortet blieb. Daß es zur Durchsetzung dieser Ziele unerläßlich war, die Macht der organisierten Arbeiterbewegung zu brechen, über diese Tatsache herrschte in den interessierten Kreisen keinerlei Zweifel. Über den Weg und die Mittel dazu existierten allerdings keinerlei konkrete Vorstellungen.

Von allen möglichen Lösungsversuchen schien einer zunächst am unwahrscheinlichsten: der Frontalangriff auf die Gewerkschaften. Hierzu war der Respekt vor einer Bewegung, die allgemein als die bestorganisierte und disziplinierteste Europas galt, bei der Führung der NSDAP zunächst zu groß. Daß gerade dieser Weg dann binnen weniger Monate dennoch beschritten wurde, hing vor allem mit zwei Entwicklungen zusammen: dem „spontanen" Terror der von blindem Haß angetriebenen kleinen Nazis, die mit ihren Aktionen den Gleichschaltungsprozeß von unten her vorbereiteten, zum Teil sogar vorwegnahmen, und einer durch Fehleinschätzungen begünstigten Anpassungspolitik der Gewerkschaftsführungen. Erst damit wurde die Besetzungsaktion gegen die Gewerkschaften vom 2. Mai 1933, die radikalste und für den Nationalsozialismus günstigste Variante zur Lösung des „Gewerkschaftsproblems" in seinem Sinne, möglich.

Der Gleichschaltungsprozeß der Gewerkschaften und mit ihnen der Wirtschaftsunternehmen der Arbeiterbewegung begann mit einer starken Zunahme der Überfälle und Übergriffe seitens der NSDAP-Basis. Die Veränderung gegenüber der Zeit vor dem 30. Januar 1933 lag dabei nicht allein in der gesteigerten Intensität des Terrors, sondern vor allem darin, daß die Betroffenen nun nicht mehr die staatliche Macht zu ihrem Schutze anrufen konnten. Schutzpolizisten, die Zeugen solcher Aktionen waren, wandten sich nun ab oder sahen tatenlos zu. Nachdem Hermann Göring in seiner Eigenschaft als preußischer Innenminister und Chef der größten Landespolizei Teile der SA zu Hilfspolizisten befördert hatte, war sich die Basis der Partei ihres Sieges sicher.

Die „nationale Erhebung" schlug rasch um in eine Revolution des Eigennutzes. Teile der Basis veranstalteten regelrechte Beutezüge, von denen besonders die Konsumvereine betroffen waren. Mit Drohungen und direkter Gewalt erpreßten Mitglieder der SA Kontributionen („Bewegungsgeld") von einzelnen Genossenschaften. In anderen Fällen errichteten fanatisierte Mittelständler in SA-Uniform Abmeldebüros für die Mitglieder und Kunden der verhaßten „marxistischen" Konsumgenossenschaften. Die Zahl der Mißhandlungen von Gewerkschaftsfunktionären stieg sprunghaft an. Es kam dabei häufiger als zuvor zu Todesfällen, zum Teil sogar zur planmäßigen Ermordung örtlich besonders verhaßter Gewerkschafter.

Parallel zu den Aktionen der Basis erhöhte sich auch von politischer Seite der Druck. Bereits zugesagte Kredite für die Konsumgenossenschaften wurden durch die Hitler-Regierung gestrichen. Im Bemühen, den An-

„Genossenschafter!! Die Fassade kann man uns zertrümmern – die Idee nie!!"
Schon vor 1933 wurden überall Verteilungsstellen der Konsumgenossenschaften durch Nazis zerstört. Eingeschmissene Scheiben der „Produktion" in Hamburg Anfang 1932

„Von der ‚Systemzeit' errichtet, von Hitler vernichtet" – Gemeinwirtschaft im Dritten Reich

Die Selbstdarstellung wird „national".
„Genossenschaftsfamilie", Organ des christlichen Reichsverbandes Deutscher Konsumgenossenschaften

„Konsumgenossenschaftliches Volksblatt", 1934.
Organ des ehemals sozialdemokratisch orientierten Zentralverbandes Deutscher Konsumvereine

V/10

Die Deutsche Arbeitsfront erbeutete alle Gewerkschaftsunternehmen. Mangels gewerkschaftlicher Kompetenzen baute sie ihre Freizeiteinrichtungen aus

Das Warenhaus 1932,
Kaufhaus der Konsumgenossenschaft Berlin

Max Taut:
Mein Warenhaus am Oranienplatz, 1947

schluß an die sich radikalisierende NS-Bewegung nicht zu verlieren, ergriff auch die deutschnationale Fraktion im sächsischen Landtag die Initiative und forderte eine allgemeine Konzessionspflicht für Konsumgenossenschaften. In Thüringen mußten Gemeinden und Landkreise ihre Mitgliedschaft aufkündigen, und in Baden schließlich wurde die Neugründung von Konsumvereinen überhaupt gesetzlich verboten.

Die Arbeiterbewegung sah sich durch diese Kampagnen vollständig isoliert und in die Defensive gedrängt. Die Führungen der Gewerkschaften und der Konsumgenossenschaften reagierten auf den gesteigerten Druck mit Anpassungsmanövern. Unter der Überschrift „Leistungen der Gewerkschaften für Volk und Staat"[92] erschien im April 1933 ein Artikel des Vorsitzenden des *ADGB,* Theodor Leipart, in dem dieser primär die Ordnungsfunktionen der Gewerkschaften betonte, sich demonstrativ politisch „neutral" erklärte und die Mitarbeit der Gewerkschaften im „nationalen Staat" anbot. In ganz ähnlicher Form unternahmen auch die Konsumgenossenschaften am 27. März 1933 einen Vorstoß, um den Bestand der bedrohten Bewegung zu retten. In einer Eingabe an Hitler erinnerte die Führung des *ZdK* an die Verdienste der Konsumgenossenschaften während des Ersten Weltkrieges, sicherte dem Führer der NSDAP grundsätzliche Loyalität zu und erklärte sich unter Hinweis auf den rein wirtschaftlichen Charakter der Unternehmungen als politisch „neutral"[93].

Erheblich weiter in dem Versuch der Anpassung an die neuen Machthaber ging der christliche *Reichsverband.* Bei einzelnen seiner leitenden Persönlichkeiten gab es schon vor dem 30. Januar 1933 Anzeichen für ein offenes Überlaufen zum Nationalsozialismus.

Keine dieser Strategien führte zum Erfolg. Das Vorgehen der Führungen der Gewerkschaften und der Konsumgenossenschaften verkannte den Gegner, seine Ziele und seine Entschlossenheit gründlich. Ihr Verhalten ignorierte grelle Alarmzeichen und wirkte auf viele, zum Widerstand entschlossene Arbeiter entmutigend und opportunistisch. Die rein defensive Haltung der Führungsorgane der Arbeiterbewegung in dieser Lage, verbunden mit einer wechselseitigen Distanzierung zwischen den verschiedenen Gewerkschaftsrichtungen und den „drei Säulen", trug viel dazu bei, die NSDAP davon zu überzeugen, daß eine zentral geleitete Aktion gegen die Gewerkschaften und ihre Wirtschaftsunternehmen ohne großes politisches Risiko möglich sei.

Die Gleichschaltung der Wirtschaftsunternehmen erfolgte nicht auf einen Schlag. Unmittelbar im Zusammenhang mit der Besetzungsaktion gegen die freien Gewerkschaften in den Morgenstunden des 2. Mai 1933 wurden die Zentrale und die Filialen der *Arbeiterbank,* der *Volksfürsorge* und eines Teils der Baugesellschaften besetzt, während die Konsumgenossenschaften, von lokalen Übergriffen abgesehen, bei diesem Schlag gegen die Arbeiterbewegung zunächst noch unbehelligt blieben. Die Unterschiede in der Behandlung der Unternehmen hatten weder politische Gründe, noch ließen sie gar auf abgestufte Sympathien gegenüber den Unternehmen schließen. Der Hauptgrund war vielmehr, daß die NSDAP nicht über das notwendige Personal verfügte, um das weitverzweigte Organisationsnetz der Arbeiterbewegung gleichzeitig zu besetzen. Da die Konsumvereine nächst den Gewerkschaften und der Partei am stärksten verbreitet waren, wurden sie – tatsächlich auch nur für kurze Zeit – bei der Gleichschaltungsaktion am 2. Mai „ausgespart".

Die Ergebnisse des Gleichschaltungsprozesses stimmten im Prinzip in allen Fällen überein. Die leitenden Angestellten der Unternehmen wurden abgesetzt, entlassen und zum Teil auch in „Schutzhaft" genommen. Die übrigen Angestellten schüchterte man ein und forderte sie dann auf, ihre Arbeit weiter fortzusetzen, um den Bestand des Unternehmens nicht zu gefährden. In einer zweiten Phase wurde häufig auch noch ein Teil der „politisch belasteten" unteren und mittleren Angestelltenschaft entlassen, um Platz für arbeitslose „alte Kämpfer" zu schaffen. In den genossenschaftlichen Unternehmen beseitigte die Partei die Selbstverwaltung und löste die entsprechenden Gremien auf. Es herrschte das Führerprinzip. In der Regel bedeutete die Gleichschaltung der Unternehmen zugleich die Zusammenfassung von Einrichtungen der ehemaligen Richtungsgewerkschaften.

In den Augen der mittelständischen Basis der NSDAP war die politische Gleichschaltung nur der erste Schritt auf dem Wege zur endgültigen Beseitigung der Unternehmen. Doch das Regime zögerte, sein Versprechen einzulösen. Angesichts eines Millionenheeres von Erwerbslosen schien es wenig ratsam, die Arbeitslosigkeit durch die Auflösung großer Wirtschaftsunternehmen noch zu vergrößern. Überdies war man sich auch hinsichtlich der Reaktion der Arbeiterschaft im unklaren. Aus der Sicht der Parteiführung blieb die Gewinnung der politischen Kontrolle das Entscheidende. Jede darüber hinausgehende Provokation der Arbeiterschaft wurde aus der immer noch großen Furcht vor Protesten möglichst vermieden. So entschied sich die Führung der NSDAP, unter vehementem Protest der eigenen Basis, die Unternehmen „bis auf weiteres" bestehen zu lassen.

Nachdem die Grundsatzentscheidung über den Fortbestand der Unternehmen gefallen war, drängte sich als zweites die Frage auf, welcher Organisation die Führung der Unternehmen übertragen werden sollte. Ein heftiges Tauziehen hinter den Kulissen begann. Zunächst gerieten die meisten Unternehmen unter die Kontrolle der *Deutschen*

Das Arbeitertum marschierte

Hamburgs Gewerkschaftshaus von SA besetzt

500 000 marschierten in Hamburg

Der Tag der nationalen Arbeit ergab für Hamburg eine Kundgebung von ungeahnten und noch nie gesehenen Ausmaßen. Schon in den frühen Morgenstunden leitete die SA mit dem Wecken den Tag ein, bald stand das Straßenbild völlig im Zeichen eines lebhaften Verkehrs. Unübersehbar dehnte sich durch Hamburgs Straßen ein Fahnenmeer, die Geschäfte wiesen reichen Flaggenschmuck in den Schaufenstern auf. Fast alle Häuser waren mit Maien- und Tannengrün bekränzt, überall, in den Fenstern, sah man fest-

Gauleiter Kaufmann nach der Feier im Rathaus.

lich geschmückte Bilder des Reichspräsidenten und des Führers. In reger Tätigkeit zogen kleine Jungen und Mädel mit Sammelbüchsen straßenauf, straßenab. Je mehr es gegen den Mittag ging, desto größer wurde der Betrieb auf den Straßen. In den Schulen hatten die Schüler und Schülerinnen im Rahmen kleiner Feiern die Uebertragung der Jugendkundgebung angehört. Im Rathaus empfing Hamburgs Senat Hamburger Arbeiter, Hamburgs erster Bürgermeister Krogmann und der Leiter der NSBO Hamburg, Pg. Habedank, hielten bei dieser Gelegenheit Ansprachen an die Arbeitervertreter. Anschließend erfolgte der Vorbeimarsch einer Ehrenkompagnie der Polizei vor Hamburgs Regierung und dem Gauleiter Kaufmann auf dem Adolf-Hitler-Platz. Um 11 Uhr herum erschien plötzlich, von Bremen kommend, das Luftschiff „Graf Zeppelin" über Hamburg.

In den Mittagsstunden begann dann der Anmarsch der Hamburger Arbeiter der Stirn und Faust. In sechs endlos langen Zügen bewegten sich Hunderttausende von Teilnehmern durch Hamburgs Straßen. Zehntausende standen an den Anmarschstraßen und begrüßten überall die einige Front der deutschen Arbeiterschaft. Stundenlang dauerte der Aufmarsch auf der Festwiese. Der weite Platz, den hohe Masten mit den Fahnen des neuen Deutschland flankierten, war umsäumt von einer unübersehbaren, dichten Menschenmenge, die immer wieder die anmarschierenden Kolonnen mit ihren vielen, vielen Fahnen stürmisch begrüßten. Heller Jubel klang auf, als in der dichten Menge der Heranmarschierenden plötzlich die weißen Mützen und blauen Jacken der Abordnung des Kreuzers „Karsruhe" auftauchten. Mehrere Stunden dauerte der Aufmarsch. Als dann rote Leuchtkugeln den Beginn der Kundgebung ankündigten, waren auf dem weiten Felde gut 400 000 Menschen versammelt, dazu noch die dichte Menge der Zuschauer und Zuhörer, so daß insgesamt etwa 500 000 Menschen dieser größten aller norddeutschen Kundgebungen beiwohnten.

Nachdem der stellvertretende Gauleiter Harry Henningsen die Kundgebung eröffnet hatte, sprach der Leiter der NSBO Hamburg, Pg. Habedank, in aufrüttelnder Weise über den Sinn des Tages und das Ziel des Kampfes. Anschließend sprach Gauleiter Kaufmann, dessen Rede ein Bekenntnis des Nationalsozialismus zum deutschen Arbeiter war. Ein Massenkonzert beendete nach dem Deutschlandlied und dem Horst-Wessel-Lied die Kundgebung.

(Ausführlicher Bericht im Innern des Blattes.)

Hamburgs Gewerkschaftshaus besetzt

Der Vorstand in Schutzhaft genommen – Keine Aktion gegen die Arbeiterschaft

Heute morgen besetzten SA- und SS-Männer sämtliche in Hamburg befindlichen Gebäude des Allgemeinen Deutschen Gewerkschaftsbundes. Der Vorstand wurde in Schutzhaft genommen. Auf den Gebäuden wurde die Hakenkreuzfahne aufgezogen. Die Fronten der Häuser wurden mit Transparenten der NSBO geschmückt, vor dem Gewerkschaftshaus wurden die schwarz-rot-gelben Fahnen verbrannt.

Die Nationalsozialistische Betriebszellenorganisation gibt hierzu folgende Erklärung ab:

„Entsprechend einer im ganzen Reiche durch die NSBO vorgenommenen Aktion wurden heute morgen um 10 Uhr sämtliche Büros der freien Gewerkschaften durch SA und SS besetzt. Sämtliche Verbandsvorsitzenden wurden in Schutzhaft genommen und die Leitung der Gewerkschaften durch Beauftragte der NSBO übernommen. Der Deutschnationale Handlungsgehilfen Verband und die christlichen Gewerkschaften wurden von dieser Aktion nicht berührt.

Die Leitung der NSBO ist überzeugt, daß die an sich in Auflösung begriffenen marxistischen Parteien nach wie vor in den Gewerkschaften ideelle und finanzielle Stütze haben. Sie hält es außerdem im Interesse der Arbeitnehmer für unbedingt geboten, daß mit der Vielheit der gewerkschaftlichen Organisationen entsprechend dem großen Reformwerk der Reichsregierung aufgeräumt wird. Sie fühlt sich hierzu umso mehr verpflichtet, als jahrelang Angehörige der NSDAP lediglich wegen ihrer Parteizugehörigkeit, trotz gewerkschaftlicher Disziplin aus den Gewerkschaften ausgeschlossen wurden. Hierin sieht sie eine Schwächung der gewerkschaftlichen Front.

Die Leitung der Aktion legt Wert auf die Feststellung, daß sich diese Aktion nicht gegen die Arbeiter und die Gewerkschaften selbst richtet, sondern lediglich gegen die Führung.

Der Stab von Kommissaren gibt Gewähr dafür, daß die Einrichtung der Gewerkschaften in jeder Weise geschont werden und der Geschäftsgang seinen ungehinderten Fortgang nimmt.

Die Leitung der NSBO bittet uns, alle gewerkschaftlich Interessierten aufzufordern, im Interesse einer reibungslosen Abwicklung der Reinigungsaktion und des in Angriff genommenen Reformwerkes strengste Disziplin zu wahren.

Die in Schutzhaft Genommenen befinden sich im Gewahrsam der SA und SS und genießen dort völlige Freiheit und zuvorkommende Behandlung.

Dieses Vorgehen der Hamburger NSBO, das gleichzeitig mit dem Vorgehen der NSBO im ganzen Reiche erfolgt, wird von der deutschen Arbeiterschaft lebhaft begrüßt werden. Sind doch die freien Gewerkschaften nach wie vor ein gewisser Stützpunkt der marxistischen Parteien, die mit diesem Vorgehen erneut einen empfindlichen Schlag erhalten haben. Die deutsche Arbeiterbewegung ist zu schade, um in der Hand marxistischer, unfähiger Führer zu verkommen. Sie gehört in die Hand der Sozialisten, der nationalen Sozialisten, unter Adolf Hitlers Führung.

Eine Abordnung der Karlsruhe marschierte im Zug der Arbeiter

Des Führers staatspolitische Rede

Eine unübersehbare Menge deutscher Arbeiter und Arbeiterinnen, schaffender Deutscher aller Stände, hatte sich gestern auf dem Tempelhoferfeld zusammengefunden, um den Tag der nationalen Arbeit in einer so machtvollen Kundgebung zu feiern, wie sie Deutschland bisher noch niemals sah. Ihren Höhepunkt fand diese Veranstaltung in der Rede des deutschen Kanzlers, die

Reichsminister Dr. Goebbels

durch folgende Ansprache einleitete

„Arbeitendes Berlin und schaffendes deutsches Volk!

In nach niemals dagewesenen Millionendemonstrationen hat sich am heutigen Tage die ganze deutsche Nation zur Arbeit, zu ihrem Werte, zu ihrem sittlichen Ethos und zu ihrer nationalen Verbundenheit bekannt. Am heutigen Abend findet sich über Klassen, Stände und konfessionelle Unterschiede hinweg das ganze deutsche Volk zusammen. Ich habe die große Ehre, Sie am heutigen Abend hier in Berlin und im ganzen weiten Deutschen Reich im Namen der Regierung zu begrüßen. Leider fiel in den schäumenden Becher der Freude ein Wermutstropfen. Gestern verunglückten in Essen auf der Zeche Stinnes sieben brave Bergleute, die ausnahmslos Nationalsozialisten waren, zur gleichen Zeit wurde in Naumburg und in Kiel je ein SA-Mann erschossen. Diese neun Soldaten der Arbeit und der Politik fielen auf dem Felde der Ehre. Die ganze deutsche Nation erhebt sich in diesem feierlichen Augenblick und ehrt das Andenken dieser neun gefallenen Soldaten durch eine Minute ehrfurchtsvollen Schweigens.

Deutsche Männer und Frauen! Ihr habt den Toten die Ehre gegeben, die ihnen gebührt, und jetzt hat das Leben wieder sein Recht. Am heutigen Abend spricht der Kanzler, der Führer des jungen Deutschland, zum deutschen Volk. Adolf Hitler, unser Fahnenträger, unser Führer, hat das Wort.

Stürmische Heilrufe antworteten Dr. Goebbels und unter nicht endenwollendem Jubel ergriff dann der Führer das Wort.

Adolf Hitler spricht

Deuzsche! Deutsche Volksgenossen u. Genossinnen

Unter vielen Jahrhunderten war dieser Tag der Tag der Freude, der festlichen Stimmung und Gesinnung. Und dann kam eine Zeit, die diesen Tag des werdenden Lebens verwandelte in einen Tag der Proklamation der Fehde, des Streites und des inneren Kampfes. Jahrzehnte sind über die deutschen Lande gegangen und dieser Tag schien immer mehr zu werden ein Monument der Trennung des deutschen Volkes. Und nun kommt wieder eine Zeit der Besinnung, eine Zeit des neuen Zusammenfindens der deutschen Menschen. Unseres Volkes Erwachen ist nun gekommen. Das Symbol des Klassenkampfes, des ewigen Streits und Haders wird sich nun wieder wandeln zum Symbol der Erhebung, zum Symbol der großen Einigung unseres Volkes.

Und deshalb haben wir diesen Tag der erwachenden Natur gewählt für alle kommenden Zeiten als Tag der

Wiedergewinnung der Kraft

und der Stärke unseres Volkes, Tag zugleich der schaffenden Arbeit. Das deutsche Volk hat eine schwere Not hinter sich. Nicht als ob diese Not etwa mangelndem Fleiß zuzuschreiben wäre, nein, Millionen Menschen unseres Volkes, sie sind tätig wie früher und Millionen andere wollen tätig sein; sie können es nicht. Es ist eine politische Not! Das deutsche Volk ist in sich zerfallen, seine ganze Lebenskraft für den inneren Kampf verbraucht. Das Volk zerfällt, und in diesem Zerfall verfällt seine Lebenskraft. Wir sollen aus diesen Ergebnissen lernen. Und wir haben eines als erste Aufgabe zur Wiedergenesung unseres Volkes erkannt:

Das deutsche Volk muß sich wieder gegen- gegenseitig kennen lernen.

Eine ungeheure — wir wissen es — gewaltige Aufgabe; wenn 70 Jahre hindurch der Wahnsinn als politische Idee vertreten und gepredigt wurde, wenn 70 Jahre lang die Zerstörung der Volksgemeinschaft politisches Gebot war, dann

Oben: Die Schwarz-Rot-Goldene Fahne (Fahne der Republik) wird 1933 von der SA vor dem Gewerkschaftshaus verbrannt

Unten: Besetzung des Hamburger Gewerkschaftshauses am 2. Mai 1933

Oben:
Das Volkshaus Frankfurt (1930/31 erbaut nach Plänen von Max Taut und F. Hoffmann) nach der Besetzung vom 2. Mai 1933

Gewerkschaftshaus Magdeburg.
Seit Ende 1933 wurde die Gleichschaltung der Gewerkschaften auch nach außen hin sichtbar. Die Gewerkschaftshäuser erhielten nun den Namen „Haus der deutschen Arbeit"

Berliner Ausgabe
123. Ausg. * 46. Jahrg. * Einzelpreis 15 Pf.

Freiheit und Brot

Berliner Ausgabe
Berlin, Mittwoch, 3. Mai 1933

VÖLKISCHER BEO… …HTER

Die Brennessel heute neu!

Kampfblatt der national-sozialistischen Bewegung Gr… …chlands

Der 2. Abschnitt der nationalsozialistischen Revolution:

Säuberung der Freien Gewerkschaften und Aufbau einer Arbeiterorganisation

Besetzung sämtlicher Gewerkschaftshäuser durch S.A. – 50 Gewerkschaftsführer verhaftet

Bereits einen Tag nach dem 1. Mai 1933, von den Nationalsozialisten als „nationaler Feiertag" proklamiert, wurde die deutsche Gewerkschaftsbewegung brutal zerschlagen

Arbeitsfront (DAF), jener von der NSDAP auf den Trümmern der Gewerkschaftsbewegung errichteten totalitären Organisation, der die Erfassung und Betreuung der deutschen Arbeitnehmerschaft oblag. Der früh formulierte Anspruch der *DAF* auf die ehemals gewerkschaftlichen Wirtschaftsunternehmen blieb aber nicht unbestritten.

Die Industrie und die ihr verpflichteten konservativen Ministerien drängten nachdrücklich darauf, der *DAF* das Recht auf eigene Wirtschaftsbetriebe zu entziehen. Hinter diesen Bemühungen standen kaum andere Motive als hinter der Kritik an der Führung von Wirtschaftsunternehmen durch die Weimarer Gewerkschaften. Solche Unternehmen stärkten die gewerkschaftliche Macht, und eben diese sollte nach dem Wunsch großer Teile der deutschen Wirtschaft im Zuge der durch den Nationalsozialismus ermöglichten Neuordnung der Klassenverhältnisse ein für allemal gebrochen werden[94].

Die Bemühungen der Wirtschaft, die organisatorische Erfassung der Arbeitnehmerschaft im Dritten Reich und die Führung von Wirtschaftsunternehmen vollständig zu trennen, führten nur zu einem Teilerfolg. Die *DAF* konnte argumentieren, daß sie für den Entzug fast aller gewerkschaftlichen Aufgabenbereiche eines Ausgleichs bedürfe. Mit Hilfe eigener Wirtschaftsunternehmen werde es möglich sein, den Lebensstandard der Arbeitnehmerschaft auf nichtklassenkämpferischem Wege zu verbessern.

Am Ende kam es zu einem Kompromiß. Die meisten Wirtschaftsunternehmen der Arbeiterbewegung gingen in den Verfügungsbereich der Arbeitsfront über – mit der wichtigen Ausnahme der Konsumgenossenschaften. Diese mit Abstand bedeutendsten Unternehmungen der Arbeiterbewegung hätten, so die Furcht der neuen Machthaber und ihrer konservativen Verbündeten, das Machtpotential der *DAF* zu sehr gestärkt. So nutzte der NS-Staat die erste sich bietende Gelegenheit, um die Konsumgenossenschaften der politischen Kontrolle der Arbeitsfront wieder zu entwinden.

Im Streit um das konsumgenossenschaftliche Erbe

Die Gelegenheit, bei der die Konsumgenossenschaften der Kontrolle der *Deutschen Arbeitsfront* entzogen wurden, war der Erlaß des „Gesetz[es] über Verbrauchergenossenschaften" vom 21. Mai 1935. Zum Verständnis der Vorgeschichte dieses Gesetzes ist es notwendig, kurz auf die wirtschaftliche Entwicklung der Verbrauchergenossenschaften bis zum Jahre 1935 einzugehen.

Im Gegensatz zur gewerblichen Wirtschaft, die sich rasch nach der Machtergreifung wieder erholte und einen allgemeinen Konjunkturaufschwung erlebte, verschlechterte sich die Lage der Konsumgenossenschaften in diesem Zeitraum erheblich. Dieser Umstand muß auf den ersten Blick überraschen, weil sich gerade die Konsumvereine während der Depression, von wenigen Ausnahmen abgesehen, krisenfest gezeigt hatten.

Die Ursachen für die Zuspitzung der Situation bei den Konsumvereinen nach dem 30. Januar 1933 lagen primär auf politischem Gebiet. Besonders die Gleichschaltung erwies sich in vielen Fällen für die Genossenschaften als schwere Hypothek. Viele der als Beauftragte der NSDAP eingesetzten „alten Kämpfer" waren persönlich und fachlich zur Führung eines Wirtschaftsbetriebes nicht geeignet.

Zu den politischen Eingriffen, die die Konsumgenossenschaften wirtschaftlich schädigten, gehörte auch das Rabattgesetz („Gesetz über Preisnachlässe") vom 25. November 1933. Mit diesem Gesetz wurde der Maximalsatz der Rückvergütung der Höhe des Rabattes im privaten Einzelhandel ausgeglichen, der 3 % betrug. Welchen Einschnitt dieses Gesetz für die Konsumvereine bedeutete, wird daran deutlich, daß noch im letzten Jahr vor Erlaß des Gesetzes die Rückvergütungssätze bei zwei Dritteln aller Genossenschaften des *ZdK* über 3 % gelegen hatten.

Die politische und wirtschaftliche Diskriminierung der Konsumgenossenschaften hatte zur Folge, daß die Mitgliederzahlen rasch sanken. Allein im Jahre 1933 verloren die *ZdK*-Vereine mehr Mitglieder als in den drei Jahren der Wirtschaftskrise. Binnen Jahresfrist gingen die Umsätze um ein volles Drittel zurück. Auch der Umsatzanteil der Bewegung am Gesamtumsatz des Lebensmitteleinzelhandels sank trotz der sich bessernden Konjunkturlage von 4,2 auf 2,7 %. Ende 1934 spitzte sich die Entwicklung bei vielen Konsumgenossenschaften zu. Die Zahl der Vergleichsanträge stieg rasch. Große Teile der einstmals blühenden Bewegung standen buchstäblich vor dem Bankrott[95].

Die Summe der von der Parteiführung verfügten, in ihren konkreten Auswirkungen aber wohl nicht zutreffend beurteilten Maßnahmen sorgte dafür, daß das Problem der Konsumgenossenschaften früher als erwartet wieder auf die politische Tagesordnung kam. Anfang 1935 sahen sich Partei, *Arbeitsfront* und Ministerialbürokratie gezwungen, das Problem der Konsumgenossenschaften im Dritten Reich erneut eingehend zu diskutieren.

Das Ergebnis der hinter den Kulissen zäh und intensiv geführten Auseinandersetzungen um das weitere Schicksal der Konsumentenorganisationen war das bereits zitierte Gesetz über die Verbrauchergenossenschaften vom 21. Mai 1935. Es lief seinem materiellen Inhalt nach auf eine Teilliquidierung der Bewegung hinaus. Zwar war die Zahl der im Gefolge des Gesetzes aufgelösten Konsumentenorganisationen nicht sonderlich groß, betroffen waren 72 Genossenschaften, dafür handelte es sich bei ihnen aber durchweg um große, mitglieder- und umsatzstarke Einrichtungen. Die Konsumentenbewegung büßte mit ihnen annähernd ein Drittel ihrer gesamten Mitgliedschaft ein.

Das Gesetz vom Mai 1935 enthielt darüber hinaus auch folgenreiche Bestimmungen für die weiterbestehenden Vereine, die einer langfristigen Strangulierung der Gesamtbewegung gleichkamen. Die Neuerrichtung von Konsumvereinen wurde nun im gesamten Reich genehmigungspflichtig, was angesichts der bekannten Einstellung des Re-

Zur Konsumvereinsfrage

Jede Werbung seitens der N.S.D.A.P. für Konsumvereine untersagt

In Ergänzung der von uns in Folge 7 des „Arbeitertum", S. 21 und 22, veröffentlichten Anordnungen über die Abwicklungsaktion bei den Konsumvereinen geben wir folgende amtliche Mitteilung der **„Reichsleitung der N.S.D.A.P."** bekannt:

„Die Einstellung der N.S.D.A.P. zur Konsumvereinsfrage ist im Grundsätzlichen nach wie vor unverändert. Im Hinblick auf die allgemeine Wirtschaftslage hält sie jedoch bis auf weiteres ein aktives Vorgehen mit dem Ziele, den Zusammenbruch der Konsumvereine herbeizuführen, für nicht geboten. Den Mitgliedern der N.S.D.A.P. wird andererseits untersagt, für die Konsumvereine zu werben."

München, den 27. Juni 1933 gez. Rudolf Heß, Stellvertr. des Führers.

Nach der „Machtergreifung" war das Schicksal der Konsumvereine ungewiß. Mittelständler innerhalb der NSDAP forderten die Auflösung der Genossenschaften, die allerdings zu bedrohlichen Ernährungsengpässen geführt hätte gimes in dieser Frage praktisch auf ein Verbot von Neugründungen hinauslief. Ferner schrieb das Gesetz die Auflösung aller Spareinrichtungen bei den Konsumgenossenschaften bis spätestens zum 31. Dezember 1940 vor. Die bis dahin wichtigste Finanzierungsquelle der Bewegung wurde damit verstopft.

Das Genossenschaftsgesetz von 1935 hatte allerdings auch gewisse positive Aspekte, die den Konsumvereinen in ihrem Existenzkampf kurzfristig zugute kamen. Die konservative, großindustriellen Interessen verpflichtete Bürokratie des Reichswirtschaftsministeriums unter der Leitung Hjalmar Schachts nutzte die Gelegenheit, um der *DAF* die Kontrolle über die Konsumgenossenschaften zu entwinden. Der Hebel dafür war finanzieller Art. Die *DAF* sah sich nicht in der Lage, die für die Liquidation notwendige Garantiesumme für die Spargelder der Mitglieder aufzubringen, und mußte deshalb zähneknirschend und unter Protest die Verfügungsgewalt über die Unternehmungen an das Ministerium abgeben. Nichts wäre verkehrter, als anzunehmen, daß es dem Wirtschaftsministerium mit seinem Schachzug gegen die *DAF* um die Wahrung von Arbeitnehmerinteressen gegangen wäre. Vielmehr war es die Absicht des Ministeriums, die Wirtschaftsmacht der *DAF*, von der immer noch viele Arbeitgeber glaubten, sie könne sich über kurz oder lang zu einer „Gewerkschaft von ungeheurer Dynamik" entwickeln, zu schwächen. Gleichwohl hatte diese Maßnahme für die Konsumgenossenschaftsbewegung kurzfristig gewisse Vorteile. Der Spielraum für eine eigenständige Politik blieb länger erhalten, als es unter direkter Kontrolle der *DAF* der Fall gewesen wäre.

Tatsächlich hat die Leitung des *Reichsbundes der Verbrauchergenossenschaften*, in der ehemalige Vertreter der Weimarer Zentralorganisationen noch einen gewissen Einfluß ausüben konnten, den vorhandenen

Konsumgenossenschaftliche RUNDSCHAU

FERNSPRECHER 24 11 84 POSTSCHECKKONTO HAMBURG 2235

Organ des Zentralverbandes deutscher Konsumvereine e.V. und der Großeinkaufs-Gesellschaft Deutscher Consumvereine mbH. Hamburg 1

Die „Konsumgenossenschaftliche Rundschau" erscheint jeden Sonnabend. Verantwortlich für Redaktion und Verlag: *Heinrich Strakowsky*. — Zuschriften sind zu richten an die Verlagsgesellschaft deutscher Konsumvereine m. b. H., Hamburg, Beim Strohhause Nr. 14

Abonnementspreis vierteljährlich 1,80 Mark einschließlich Porto und Verpackung bei direktem Bezug oder Zeitungsgebühren bei Postbezug. Inseratenpreis je viergespaltene Petitzeile 0,60 Mark; bei dreizehnmaliger Wiederholung entsprechender Rabatt ...

30. Jahrgang **Sonnabend, den 8. Juli 1933** **Nummer 27**

Einzelaktionen gegen Konsumvereine scharf untersagt!

wb. **Berlin,** 4. Juli 1933. Der Stabsleiter der Obersten Leitung der Parteiorganisation der NSDAP., Dr. Robert Ley, erläßt folgende Anordnung: **„Unverantwortliche Elemente treiben ihr Spiel.** Im Einvernehmen mit dem Stellvertreter des Führers, Pg. Heß, wird folgendes verfügt:

Jede Einzelaktion gegen Konsumvereine oder gegen die eingesetzten Beauftragten in den Konsumvereinen ist strengstens untersagt.

Jeder Parteigenosse, der sich an solchen unverantwortlichen Aktionen beteiligt, wird aus der Partei ausgeschlossen. Darüber hinaus hat mich der Herr Innenminister Wagner gebeten, ihm in Bayern jeden Störenfried dieser Art namhaft zu machen, damit er augenblicklich verhaftet wird. Daß durch solche Eingriffe eine halbe Million Menschen brotlos würden, scheint diesen selbstsüchtigen Elementen gleichgültig zu sein.

Die Abwicklung und Umbildung der Konsumvereine geschieht organisch von oben.

Die Gauleiter sind mir dafür verantwortlich, daß meine Anordnung rücksichtslos durchgeführt wird."

Der Mittelpunkt der Wirtschaft.

knappen Spielraum mit bemerkenswertem Geschick ausgenutzt und den Abwicklungsprozeß stark verzögert.

Der Protest gegen diese Politik ließ dann auch nicht lange auf sich warten. Die „Winkelzüge" des Reichsbundes wurden sowohl von der Deutschen Arbeitsfront wie von der Interessenvertretung des Handels, der *Reichsgruppe Handel*, heftig kritisiert. Erneut kam es zu einer Propagandakampagne gegen die Überbleibsel des „Marxismus".

In dieser Situation traten zwei Ereignisse ein, die die politische Position der Konsumgenossenschaften weiter verschlechterten. An der Spitze des Wirtschaftsministeriums kam es zu einem Wechsel. Der bisherige Wirtschaftsminister Schacht, der immerhin bereit gewesen war, in einer Reihe wichtiger Fragen gegen den Kurs der Partei zu steuern, wurde durch den farblosen, gefügigen Nationalsozialisten Walther Funk ersetzt[96]. Damit verloren die Konsumgenossenschaften die bisherige begrenzte, aber wichtige Rükkendeckung durch das Ministerium. Gleichzeitig brachen bislang weitgehend verdeckt gebliebene Meinungsunterschiede in der Führung des Reichsbundes auf. Welche Beweggründe hinter diesen Konflikten standen – persönliche Machtkämpfe, Intrigen, politische Auseinandersetzungen oder Ähnliches –, ist nur schwer auszumachen. Die Erfahrung mit dem nationalsozialistischen Gleichschaltungsprozeß lehrte jedoch, daß die Existenz einer bedrohten Institution nur mit Einigkeit und Geschlossenheit wirksam zu verteidigen war. Gegensätze in der Führung dagegen erleichterten der Partei die Einflußnahme und die Durchsetzung ihrer Pläne. Diese Konstellation spielte den Gegnern der Konsumgenossenschaften alle Trümpfe in die Hände.

Die letzte Phase in der Entwicklung der Konsumgenossenschaften im Dritten Reich wird markiert durch die Verordnung vom 18. Februar 1941. Vorausgegangen waren wiederum Konflikte hinter den Kulissen um das Erbe und die Vermögenswerte der Konsumgenossenschaften. Das scheinbar widersprüchliche Ergebnis und die Unstimmigkeiten in den Verlautbarungen, mit denen das Ergebnis dieser Konflikte offiziell bekannt gemacht wurde, lassen erkennen, welche Bedenken und Interessen beim Zustandekommen der Februar-Verordnung eine Rolle gespielt haben.

Auf der einen Seite waren es erneut die Vertreter des Einzelhandels, die auf eine Auflösung der Genossenschaften und damit die Ausschaltung eines verhaßten Konkurrenten drängten. Ihr Endziel war die Privatisierung oder, besser noch, die vollständige Schließung der konsumgenossenschaftlichen Verkaufsstellen. Zum Hauptgegner dieser Interessengruppe wurde die *Deutsche Arbeitsfront*, die bis dahin in scheinbarer Einmütigkeit mit den Vertretungen des Handels gegen die Fortexistenz der „marxistischen Zellen" in der Volksgemeinschaft des Dritten Reiches polemisiert hatte.

Nach dem Abtritt Schachts sah die *DAF* jedoch die Möglichkeit, sich das Vermögen der Konsumgenossenschaften einzuverleiben, und war deshalb an einer vollständigen Liquidierung nicht mehr interessiert.

Über die Verhältnisse in der Hamburger „Produktion" – zwei Jahre nach der Machtergreifung – berichtete der Gewährsmann der SPD (in den „Deutschland-Berichten" der SoPaDe):

WASSERKANTE, *1. Bericht:* Die Konsumgenossenschaft „Produktion" in Hamburg ist eines der ältesten genossenschaftlichen Unternehmen der organisierten Arbeiterschaft Deutschlands, eine der Keimzellen der G. E. G., die auch in Zeiten der schweren Krise ein blühendes Unternehmen war. Manche Ladenscheibe wurde damals von den terrorisierenden SA-Leuten nachts auf Befehl der Leitung der NSDAP eingeworfen. Viele Leute des Personals wurden mißhandelt, überfallen und drangsaliert. Nach dem Umsturz war man plötzlich sehr stark an der Erhaltung dieses Unternehmens interessiert. Aber unter der Naziherrschaft gingen die Geschäfte außerordentlich stark zurück, der Lastwagenpark auf etwa ein Achtel des ehemaligen Bestandes, die Zahl der Verkaufsst[illegible]llen auf etwa die Hälfte, wobei der Umsatz derart gesunken [illegible]ß di[illegible]n dieser Läden nicht m[illegible] rent[illegible]rbeiten. Das ist ja [illegible] von [illegible]n V[illegible]n, daß das [illegible] jedermann [illegible] lag und d[illegible] Arbeiter Vertrauen zu ihrem Unternehmen hatten. Heute aber herrscht auch hier das „bewährte" Führerprinzip. D. h., daß nun niemand mehr eine richtige Abrechnung zu sehen bekommt, daß die Führung auch nicht das Vertrauen der Mitglieder hat und daß darum die Mitglieder auch kein Vertrauen zu dem Unternehmen haben können, weil sie in ihrem Eigentum nichts mehr zu sagen haben. Trotzdem kommt aber doch manchmal einiges ans Tageslicht.

So erklärte das Vorstandsmitglied Becker in einer Vertreterversammlung öffentlich (solche Versammlungen von Vertretern der Mitglieder werden zwar immer noch der Form halber einberufen, weil das Genossenschaftsgesetz sie vorschreibt, die Vertreter dürfen aber nur Erklärungen entgegennehmen, keinesfalls irgendwel[illegible] Beschlüsse fassen, auch sin[illegible] die Vert[illegible]t gewählt, sondern [illegible] Leitung [illegible]setzt): [illegible] einer Ga[illegible] [illegible]den se[illegible] aufgedeck[illegible] durch den Inspektor Klindt und den Kontrolleur Steewarder.

2. Bericht: Auch die „Produktion" steht vor dem Zusammenbruch. Nachdem im vorigen Jahre zwei Prozent vergütet, aber nur in Waren, unter Hinweis darauf, daß die „Produktion" mit Unterbilanz arbeite. Gleichzeitig ist bekannt gemacht worden, daß von austretenden Genossen die Hälfte ihres Anteils einbehalten würde und für den Rest würde es Warenbons geben.

Als dritte Kraft in diesen Konflikten wirkte der Beauftragte für den Vierjahresplan, Hermann Göring. Dieser wiederum hatte, teils aus Gründen der Parteiräson, teils aber auch aufgrund seiner engen Bindungen an großindustrielle Interessen, Bedenken gegenüber einer wesentlichen Stärkung der *Deutschen Arbeitsfront.*

Die Führung des *Reichsbundes* dagegen konnte auf die weitere Entwicklung keinen aktiven Einfluß mehr ausüben. Um jeden Widerstand von dieser Seite auszuschalten, hatte der Führer der *DAF,* Robert Ley, die Gestapo auf den Plan gerufen und die Führung des *Reichsbundes* kurzerhand verhaften lassen.

Nach zähem Ringen zwischen den Kontrahenten obsiegte die *Deutsche Arbeitsfront* im Kampf um die Hinterlassenschaft der Arbeiterbewegung. Unter Hinweis auf „marxistische Umtriebe" in den Konsumvereinen forderte die *DAF* mit Unterstützung des Handels die Auflösung der Genossenschaften, um sich dann den Abwicklungsprozeß treuhänderisch übertragen zu lassen.

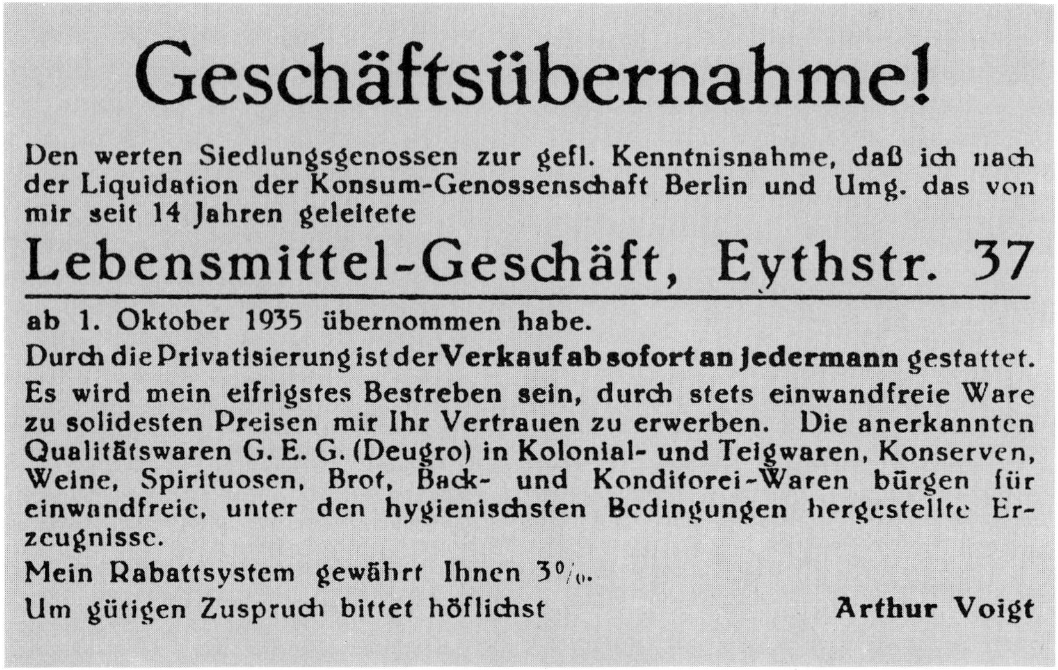

In kleinen Schritten vollzog sich seit 1933 der Auflösungsprozeß der Konsumgenossenschaften. Demokratieprinzip und soziale Einrichtungen wurden abgeschafft, einzelne Genossenschaften aufgelöst, Läden privatisiert. Während des Krieges schließlich erfolgte die Umwandlung der verbliebenen Konsumvereine in GmbHs

Als Zeitpunkt der Auflösung wurde das Ende des Krieges ins Auge gefaßt. Bis dahin, so hieß es im Text der einschlägigen Verordnung, seien die „verbrauchergenossenschaftlichen Einrichtungen an die kriegswirtschaftlichen Verhältnisse" anzupassen[97]. Tatsächlich dachte die *DAF* nicht daran, den Auflösungsbeschluß durchzuführen, sondern begann mit einer vollständigen Neuordnung der konsumgenossenschaftlichen Bewegung. Am Ende dieses „provisorischen" Neugliederungsprozesses stand die Errichtung eines riesenhaften, zentralisierten Konzerns auf Aktienbasis, des sogenannten *Gemeinschaftswerks der Deutschen Arbeitsfront*[98].

Die Errichtung dieses Konzerns nahm annähernd drei Jahre in Anspruch. Am Anfang stand die Schaffung einer Holdinggesellschaft, in die die einzelnen lokalen Genossenschaften „eingewiesen" wurden. Allein im Gebiet des Deutschen Reiches – auch die österreichischen, jugoslawischen, luxemburgischen und elsässischen Gebiete wurden von der Regelung betroffen – erfaßte die Neuregelung rd. 1 200 ehemals selbständige Konsumvereine, die damit zu abhängigen Filialen degradiert wurden. Zur Durchführung der Zwangsmaßnahmen wurden die letzten noch bestehenden Rechte und Einspruchsmöglichkeiten der Vertreterversammlungen aufgehoben und einem Bevollmächtigten der *DAF* übertragen.

Die einzelnen Konsumgenossenschaften wurden dann noch einmal zu 105 regionalen *Versorgungsringen (VR)* zusammengefaßt. Die Funktionen der Wirtschaftszentrale wurden aufgesplittert, der Bereich der Eigenproduktion verselbständigt, für Transportfunktionen eigene Gesellschaften gegründet.

Der so gegründete Riesenkonzern war ein kompliziertes, in sich verschachteltes und nur schwer zu durchschauendes Unternehmen. Die verfügbaren Statistiken zeigen, daß er sein wirtschaftliches Überleben vor allem der Einbeziehung in den Kreis der Wehrmachtlieferanten verdankte. Das rasche Ende des Krieges ersparte dem erst 1944 konsolidierten Konzern den zweifelhaften Beweis seiner Lebensfähigkeit.

Aus der Sicht der Konsumvereine war das wichtigste Ergebnis der erzwungenen Neuordnung der endgültige Verlust der genossenschaftlichen Rechts- und Organisationsform. Das Wiederanknüpfen an diese Tradition wurde damit wesentlich erschwert.

Gewerkschaftliche Bau- und Wohnungswirtschaft im NS-Staat

Am 2. Mai 1933 wurden die *Bauhütten* – wie alle anderen Gewerkschaftsunternehmen – beschlagnahmt und der *DAF* unterstellt. Die von vielen befürchtete Auflösung der *Bauhütten* aufgrund des Drängens der Handwerksverbände unterblieb, da die Leitung der *DAF* bald die wirtschaftliche Potenz dieser Unternehmen erkannte. Am 7. Juli sah sich Robert Ley gezwungen, in einer Verordnung eindeutig gegen Übergriffe auf das Bauhüttenvermögen Stellung zu beziehen. Nur die Baunebenbetriebe mußten dem Druck des Mittelstandes geopfert werden. Gleichwohl ging mit der Gleichschaltung und der Überführung der Bauhütten in ein Instrument nationalsozialistischer Wirtschafts- und Sozialpolitik der Bauhüttengedanke verloren. Die freigewählten Bauhüttenleiter wurden verhaftet oder aus ihren Stellen verdrängt. Franz Strasser übernahm die Leitung des *VSB*, der 1936 in die *Deutsche-Bau-AG* umgewandelt wurde. Martin Wagner, der sich ja schon mit seiner Berufung zum Berliner Stadtbaurat formell von der Bauhütten- und der *DEWOG*-Bewegung getrennt hatte, emigrierte in die USA. August Ellinger, der zweite geistige Führer dieser Bewegung, beging 1933 – moralisch gebrochen[99] – Selbstmord. „Mitkämpfer" rückten auf allen Ebenen in die Betriebe ein und machten selbst die *Bauhütten* als Orte des „kollektiven Durchtauchens" unmöglich.

Auch die gewerkschaftlichen Wohnungsunternehmen im *DEWOG*-Verbund wurden der *DAF* einverleibt; das gleiche gilt für

Nach der Gleichschaltung und der Verdrängung der freigewählten Leitungspersonen durch NS-Parteimitglieder wurden viele schon in Planung befindliche Bauvorhaben fortgesetzt und für die NS-Selbstdarstellung genutzt.
Hier Bau des Erfurter Spar- und Bauvereins, Bauausführung durch die Bauhütte Fortschritt, Erfurt 1933

die meisten Unternehmen der anderen Gewerkschaftsrichtungen. Nur die *GAGfAH* blieb ganz unabhängig von der *DAF*. Der dreistufige Verbundgedanke – *DEWOG*/örtliche gewerkschaftlich-genossenschaftliche Trägergesellschaft (z. B. *GEHAG*)/Bewohnergenossenschaft – wurde vollkommen aufgegeben. Die *DEWOG* wurde – wie die *GEHAG* – selbst Bauherr. Da die *GEHAG* bei der Gleichschaltung über 9300 Wohnungen in ihrem Besitz hatte und somit nach der *GAGfAH* Deutschlands zweitgrößtes Wohnungsunternehmen war, wurde sie – und nicht die ursprüngliche „Mutter", die *DEWOG* – zur Spitzengesellschaft der *DAF* ausgebaut. Ihr Tätigkeitsgebiet wurde auf das ganze Reich ausgedehnt. Die meisten anderen ehemaligen *DEWOG*-Töchter und

Bauen Siedeln Wohnen

Die Zeitschrift erscheint halbmonatlich / Der Bezugspreis beträgt vierteljährlich 4,— RM / Organisationspreis vierteljährlich 2,— RM
Preis für die Einzelnummer 0,80 RM, für die Sondernummer 1,80 RM
Postscheckkonto: Verband sozialer Baubetriebe, Berlin Nr. 110181
Anschrift: Bauen Siedeln Wohnen Berlin SW 19, Wallstraße 63
Fernsprecher: Amt F7 Jannowitz Nummer 2013

ZEITSCHRIFT FÜR SOZIALE BAU- UND WOHNUNGSWIRTSCHAFT
XIII 15. JULI 1933 14

VERLAGSGESELLSCHAFT DES ALLGEMEINEN DEUTSCHEN GEWERKSCHAFTSBUNDES BERLIN

Eingliederung der Bauhütten in die Deutsche Arbeitsfront

Der Führer der Deutschen Arbeitsfront Dr. Robert Ley nimmt zur Frage der Erhaltung der deutschen Bauhütten und deren Eingliederung in die Deutsche Arbeitsfront in nachstehender Verordnung Stellung:

Mit allen anderen gewerkschaftlichen Organisationen wurden am 2. Mai d. J. auch die Bauhütten und der Verband sozialer Baubetriebe als deren Dachorganisation der Deutschen Arbeitsfront unterstellt. In den letzten zehn Jahren marxistischer Herrschaft wurden diese Bauhütten vom handwerklichen Mittelstand sehr scharf bekämpft, und zwar in erster Linie deswegen, weil die marxistischen Bauhütten fast überall dazu übergegangen waren, Baunebenbetriebe wie Maler-, Tischler-, Glaserhütten usw. zu gründen, um so das freie Handwerk auszuschalten.

Nach der Eingliederung der Bauhütten in die Deutsche Arbeitsfront ist es selbstverständlich, daß derartige Methoden abgelehnt werden.

Es ist durch die neue Führung jede Gewähr dafür gegeben, daß die Belange des Handwerks nicht nur ausreichend gewährt, sondern im Gegenteil die wertvollen, im Handwerk schlummernden Kräfte zur produktiven Mitarbeit im stärksten Maße herangezogen werden, so daß wir als Auftraggeber für das Handwerk in Frage kommen. Wirtschaftlich Schwache können und sollen auf diese Weise als selbständige Betriebe am Aufbau der deutschen Wirtschaft mithelfen und so wiederum eine Lebensmöglichkeit erhalten.

Von unverantwortlichen Stellen wird neuerdings darauf hingearbeitet, daß die Bauhütten sofort zerschlagen werden sollen. Diesen Absichten gegenüber ist eindeutig festzustellen, daß die Bauhütten (in denen Werte von rund 50 Millionen Reichsmark investiert sind) gerade im nationalsozialistischen Staat außerordentlich wertvolle Arbeit am Aufbau der Deutschen Wirtschaft und des neuen Staates leisten können und werden.

Die Gleichschaltung der Bauhütten

Nach der Besetzung der Gewerkschaften und ihrer Unternehmen am 2. Mai 1933 drängte das Handwerk auf Auflösung der gemeinwirtschaftlichen Betriebe. Dies geschah auch in vielen Städten, wie die Liquidationsanzeigen bekunden. Die DAF unter Robert Ley versuchte hingegen, die ehemaligen Gewerkschaftsbetriebe zu halten und auszubauen. Auf der Berliner Handwerkerwoche im November 1933 stellte sich der Verband sozialer Baubetriebe mit eigenen Festwagen als handwerksfreundlich dar

1. Mai 1934 – „Tag der nationalen Arbeit". Alle Mitarbeiter der DEWOG und des Verbandes sozialer Baubetriebe maschierten in eigener Gruppierung mit – mit anschließender festlicher Vereidigung der „Betriebsführer"

Liquidationsanzeigen von aufgelösten Bauhütten der Baunebengewerbe

In unser Handelsregister B Nr. 40 ist am 21. Juli 1933 bei der Firma

Bauhütte Soltau GmbH.

in Soltau folgendes eingetragen: Durch Beschluß der außerordentlichen Generalversammlung vom 14. Juli 1933 ist die Gesellschaft aufgelöst. Liquidator ist der Bezirksleiter Dr. Herbert Feldmann in Hamburg, Wallstraße 1.

Amtsgericht Soltau, 31. Juli 1933.

Gemäß Beschluß der Gesellschafterversammlung vom 13. Juni 1933 wird die Gesellschaft aufgelöst. Die Gläubiger werden aufgefordert, ihre Forderungen umgehend bei dem unterzeichneten Liquidator anzumelden.

Hamburg, am 14. Juli 1933

Malerei-Gesellschaft Flensburg GmbH. i. Liquid.

August Westphal, Dr. Herbert Feldmann, Hamburg 23, Wallstr. 11

Einladung

zu der am Donnerstag, dem 21. September 1933, abends 8 Uhr, im Strandschloß Tegel, Uferstr. 1, stattfindenden

außerordentlichen Generalversammlung

Tagesordnung:

1. Beschlußfassung über Annahme der Mustersatzung des Hauptverbandes Deutscher Baugenossenschaften.
2. Beschlußfassung über Genehmigung der Muster-Geschäftsanweisung für den Vorstand und Aufsichtsrat.
3. Widerruf und Wahl von Aufsichtsratsmitgliedern.

Die Erschienenen müssen sich durch Vorlage ihres Mitgliedsbuches ausweisen. Gäste haben wegen Platzmangel keinen Zutritt zur außerordentlichen Generalversammlung. Eine Vertretung durch dritte Personen, auch Ehepartner, ist gesetzlich unzulässig.

Berlin-Tegel, den 10. September 1933

Baugenossenschaft „Freie Scholle" zu Berlin, eingetragene Genossenschaft mit beschränkter Haftpflicht.

[753] Der Aufsichtsrat: I. A. Johanns.

Hinter solchen Förmlichkeiten versteckt sich die gewaltvolle Unterwerfung vormals demokratischer Einrichtungen. In mehreren Anläufen wurde die sozialistische „Freie Scholle" gleichgeschaltet

Zug der Handwerker: Wagen der Malerhütte Berlin

Die Fahnenabordnung vor der Rednertribüne des Bauhüttentages im großen Sitzungssaal des Reichswirtschaftsrates in Berlin

Gewerkschaftsunternehmen wurden in den ersten vier Monaten des Jahres 1939 umbenannt in *Neue Heimat – Gemeinnützige Wohnungs- und Siedlungsgesellschaft der DAF im Gau...* Am 1. Juni 1939 gab es in 24 Gaugebieten eigenständige *Neue Heimats*, wobei jeweils der Gauobmann der *DAF* Aufsichtsratsvorsitzender wurde. Aus der *DEWOG* wurde die *Neue Heimat* der *DAF* im Gau Mark-Brandenburg.

Die alten unternehmerischen Kooperationsbeziehungen blieben auch in der NS-Zeit erhalten. So gab es weiterhin zwischen der *Bank der Deutschen Arbeit* und der *Volksfürsorge* auf der einen und der *GEHAG* und den *Neuen Heimats* auf der anderen Seite enge Beziehungen.

Nicht nur für die Gewerkschaftsunternehmen bedeutete die Machtergreifung einen tiefen Einschnitt in ihrer Entwicklung. Zwar war der Zugriff bei jenen Unternehmen, wo es direkte Vermögensbeteiligungen gab, unmittelbar; doch auch die vermögensrechtlich unabhängigen, zum Beispiel die genossenschaftlichen Unternehmen wurden einer so konsequenten Instrumentalisierung durch den NS-Staat ausgesetzt, daß sich die gemeinnützige Wohnungswirtschaft bis heute davon noch nicht ganz befreit hat. Die Elemente und Etappen der Zerstörung der Wohnungsreformbewegung seien kurz aufgelistet.

Die schon am 24. April 1933 beschlossene „Gleichschaltung der Deutschen Bauvereinsbewegung" beinhaltete den Rücktritt aller freigewählten Organmitglieder und die Bestellung von Kräften, die „auf dem Boden der nationalen Regierung" standen. Statt demokratischer Selbstverwaltung gab es nun das Führerprinzip. Die verbreitetste Form des „alltäglichen Widerstandes" war der Boykott der Mitgliederversammlungen, der ab 1933 einsetzte. Schlagartig blieben viele Mitgliederversammlungen fast leer.

„Dächerkrieg" – Kapitel 2
Im „Dritten Reich" wird nicht nur gegen das flache Dach der „marxistischen Systemzeit" polemisiert, teilweise werden die Stilelemente des Neuen Bauens ausgemerzt. Hier dieselben Bauten – die Wohnanlage Borselstraße in Hamburg-Altona (Architekt: der sozialdemokratische Bausenator G. Oelsner) – zur Zeit ihrer Bebauung 1927 und heute – mit dem nach 1933 aufgesetzten „deutschen Walmdach"

Voraussetzung und Folge der Genossenschaftsblüte der zwanziger Jahre waren die genauen Abstufungen und die Vielfalt sozialkultureller Umfelder. Diese Vielfalt drückte sich auch in einer entsprechenden Anzahl von richtungsgebundenen Verbunden und Verbänden aus. In fünf Spitzenverbänden hatten sich die verschiedenen Interessengruppen innerhalb der gemeinnützigen Wohnungswirtschaft vor 1933 organisiert. Die Verbandskonkurrenz sorgte – wie noch heute in anderen europäischen Ländern – für Dynamik, aktive Mitgliederwerbung und Profilsuche. 1934 wurde der *Einheitsverband* durchgesetzt, was von vielen der eher alten, sich „neutral" gebenden Unternehmen begrüßt wurde. Fortan gab es Verbandspflicht in diesem Monopolverbandssystem. Über eine sogenannte Bedürfnisprüfung bei der Anerkennung der Gemeinnützigkeit wurden Neugründungen formell erschwert und von der Zustimmung des *Einheitsverbandes* als „Organ staatlicher Wohnungspolitik" abhängig gemacht.

Wirtschaftliche Selbsthilfeformen zehren wesentlich von ihrer Fähigkeit, Identifikationsbereitschaft der Mitglieder und Beteiligten zu mobilisieren. Dies setzt freiwilligen Zusammenschluß, gemeinsame Interessen und ein klares Programm voraus. Viele politisch und sozialkulturell einheitliche Genossenschaftssiedlungen waren Ausdruck dieses Zusammenhanges. Schon die *Belegungspolitik* der Nationalsozialisten suchte dieses Binnenmilieu aufzulösen und unter Kontrolle zu bekommen. Der entscheidende Schritt erfolgte jedoch während der Kriegsjahre, als man – mit Hinweis auf die Zeit nach dem Kriege – systematisch *Zwangsverschmelzungen* vornahm. Es sollten große wirtschaftskräftige Unternehmen entstehen. Durch den Zusammenschluß von oft vier bis sechs Kleingenossenschaften gingen ihre jeweils eigene Identität und die meist ehrenamtliche Selbstverwaltung verloren. So ging beispiels-

Ursprünglich als freigewerkschaftliche Erwerbslosensiedlung geplant (1931), wurde nach 1933 eine NS-Frontkämpfer-Siedlung daraus. Die von der DAF übernommene GEHAG und Bauhütte bleiben im Einsatz, ergänzt durch das privatwirtschaftliche Bauunternehmen „Boswau und Knaur", das vierzig Jahre später zum endgültigen Untergang der Bauhütten beitragen sollte.
Die Nationalsozialisten propagierten ihre Siedlungsideale in Ausstellungen. Die Siedlungswilligen für das Eigenheim in Einfachbauweise auf eigener Scholle wurden nach rassischer und politischer Zuverlässigkeit ausgewählt

„Feierlicher Spatenstich" für die erste Berliner Frontkämpfersiedlung am 2. 11. 1933 durch den Reichsführer der NS-Kriegsopferversorgung H. Oberlindober

Bauen Siedeln Wohnen

ZEITSCHRIFT FÜR BAU-, SIEDLUNGS- UND WOHNUNGSWIRTSCHAFT

Herausgegeben vom Reichsheimstättenamt der DAF, dem Verband sozialer Baubetriebe GmbH und der Bauabteilung der Deutschen Arbeitsfront

16. Jahrgang
15. November 1936
22

DIE MUSTERSIEDLUNG „AM SACHSENBERG" BEI SCHWERIN

Im Oktober d. J. fand in Schwerin die Leistungsschau des Gaues Mecklenburg „Wir bauen auf" statt. Als im Frühjahr 1936 die Durchführung dieser Schau beschlossen wurde, war es für das Heimstättenamt der Deutschen Arbeitsfront ganz selbstverständlich, nicht nur durch eine ideelle Schau die Bedeutung der Ansiedlung werktätiger Volksgenossen und der bisher auf diesem Gebiet im Gau Mecklenburg vollbrachten Leistungen herauszustellen, sondern auch durch eine Mustersiedlung ein Beispiel für die Durchführung des kommenden Siedlungsbaues zu geben.

Mit Unterstützung der mecklenburgischen Heimstätte, dem Handwerk, dem Arbeitsdienst, verschiedener Parteiorganisationen, besonders aber durch die tatkräftige Mithilfe des Gauleiters Hildebrandt, konnte trotz der Kürze der Zeit die beispielgebende Mustersiedlung „Am Sachsenberg" geschaffen werden.

Reichsorganisationsleiter Dr. Ley, der im Oktober dieses Jahres nach einer Besichtigung der Ausstellung „Wir bauen auf" mit dem Gauleiter Hildebrandt zusammen der Siedlung einen Besuch abstattete, zeigte sich beim Gang durch die Siedlung äußerst befriedigt, denn hier ist ein großer Teil der Grundsätze verwirklicht worden, die Dr. Ley bei der Verkündung des großen Siedlungsprogramms als Voraussetzungen gekennzeichnet hat, wenn das Siedlungswerk gelingen soll.

Durch die Verwendung von acht verschiedenen Haustypen und die landschaftlich angepaßte Straßenführung wurde erreicht, daß jeder öde Schematismus vermieden wurde. Man hat hier gemischte Siedlerheimstätten, Arbeitereigenheime und ländliche Arbeiterwohnstellen errichtet. Dadurch ist eine Gemeinschaftssiedlung entstanden, in der alle Stände vertreten sind.

Auch eine andere Forderung Dr. Leys ist hier erfüllt worden. Wenn es gelungen ist, diese mustergültige Siedlung in erstaunlich kurzer Zeit zu errichten, so ist dies in starkem Maße der großen Einsatzbereitschaft des Arbeitsdienstes, der die gesamte erforderliche Erdbewegung vorgenommen hatte, und der selbstlosen Hilfsbereitschaft der SA. zu verdanken.

Sehr befriedigt zeigte sich auch Dr. Ley über den Hausrat, der in verschiedenen Mustersiedlerstellen, einem Arbeiter-Eigenheim und in der Landarbeiterstelle von dem örtlichen Handwerk nach Richtlinien des Reichsheimstättenamtes der Deutschen Arbeitsfront gezeigt

Symbolische Darstellung in der Siedlungsausstellung „Wir bauen auf" in Schwerin (Mecklenburg)
Zeichnung: Erich Behrendt

Beispiel für die NS-Zwangsverschmelzungsaktionen, durch die die sozialkulturelle Identität vieler Genossenschaften verloren ging

gegründet 21. 3. 1896	Spar- und Bauverein eGmbH	Fusion 21. 12. 1940
gegründet 8. 9. 1901	Gemeinnütziger Spar- und Bauverein Blauflesch eGmbH	Fusion 21. 12. 1940
gegründet 24. 5. 1904	Ulmer Baugenossenschaft eGmbH	Fusion 28. 6. 1939
gegründet 29. 6. 1919	Gemeinnützige Baugenossenschaft Heimstättenkolonie eGmbH	22. 12. 1940
gegründet 3. 4. 1925	Ulmer Wohnungsbau eGmbH	Fusion 15. 3. 1939
	ULMER HEIMSTÄTTE eGmbH	22. 12. 1940

Die Siedlungsfeste in den Reformsiedlungen wurden in der NS-Zeit fortgesetzt – mit Bekenntnis- und Fahnenpflicht. Hier Bauten von Bruno Taut in Berlin-Weißensee, betreut von der GEHAG (1928–30), erbaut von der Bauhütte Berlin, verwaltet von der EINFA. Alle diese Unternehmen fielen nach 1933 der DAF zu

Die Wohnungsunternehmen der Deutschen Arbeitsfront:

„Gehag" Gemeinnützige Heimstätten-Spar- u. Bau-A.G., Berlin

„Einfa", Berliner Gesellschaft zur Förderung des Einfamilienhauses, gemeinn. G.m.b.H., Berlin

„Dewog", Deutsche Wohnungsfürsorge A.-G., Berlin

Niederschlesischer Kleinwohnungsbau GmbH., Breslau

„Neuland", Gemeinnützige Wohnungsbaugesellschaft, Breslau

Deutsche Eisenbahn-Wohnungsbau GmbH., Breslau

„Gewog", Gemeinnützige Wohnungs- und Heimstättengesellschaft mbH., Dresden

„Miwog", Mitteldeutsche Wohnungsfürsorge-GmbH., Dresden

„Bau-Wo-Ge", Bau- und Wohnungs-Gesellschaft für das Rheinisch-Westfälische Instriegebiet mbH., Essen

„Deutscher Heimbau", Gemeinn. A.G., Essen-Stadtwald

Gemeinn. Kleinwohnungsbaugesellschaft mbH. Kiel-Mitte

„OSBA", Ostdeutsche Siedlungs- und Bau-A.G., Königsberg

Gemeinnützige Kleinwohnungs-Baugesellschaft Groß-Hamburg

„Heimat", Gemeinnützige Bau- und Siedlungs Aktiengesellschaft, Berlin-Zehlendorf

„Gewobag", Gemeinnützige Wohnungs- und Siedlungsbau-Aktiengesellschaft, Frankfurt a. M.

Gesellschaft für „Landsiedlung" mbH., Berlin

Das „Aus" wohnungskultureller Vielfalt – die „Volksgemeinschaft" sollte den „Klassenstaat" ersetzen

weise der *Arbeiterbauverein Freiheit* in der neugebildeten *Gemeinnützigen Wohnungsgenossenschaft Düsseldorf-Ost* unter – zusammen mit einer christlichen Genossenschaft, einer Kriegsbeschädigten- und einer Gartenstadtgenossenschaft. Nur wenige – wie der freigewerkschaftliche *Wuppertaler Spar- und Bauverein*[100] – konnten durch Verschleppungsaktionen ihre wirtschaftliche Eigenständigkeit retten. Diese politisch bewußte Entpolitisierung der Genossenschaftsbewegung durch scheinbar wirtschaftliche Maßnahmen wurde auch nach 1945 durch Entflechtung nicht rückgängig gemacht. Auch ein anderer Schritt trug zum schlagartigen Sinken der Zahl der Wohnungsbaugenossenschaften bei: Um der Gleichschaltung und Bevormundung zu entgehen, haben sich viele Genossenschaften aufgelöst und ihren Besitz – meist Einfamilienhäuser – an ihre Mitglieder privatisiert.

Die reichseinheitliche Verrechtlichung des Wohnungsgemeinnützigkeitsrechtes erfolgte 1940 (im *WGG*). Dort wurden die Wohnungsunternehmen auf reine Bauherren- und Wohnungsverwaltungsaufgaben beschränkt. Das eigene Führen von Kindergärten, Bibliotheken oder Sozialeinrichtungen wurde rechtlich derart verengt, daß ihre Ausstrahlung als Orte einer besonderen Gemeinschaftskultur verblassen mußte. Neben diesem *Entzug sozial-kultureller Mitgliederförderung* sorgten die Handwerksverbände für die Rücknahme und Zerstörung einer Reihe von wirtschaftsreformerischen Verbundformen. Die Beziehungen zu den *Bauhütten* mußten gelöst werden; Regiebetriebe durften nur für die Instandsetzung, nicht aber für den Neubau eingesetzt werden. Die Selbstfinanzierungsbemühungen der Gemeinnützigen über den Aufbau eigener Sparabteilungen wurde aufgrund der scharfen Bestimmungen des *Kreditwesengesetzes (KWG)* zunichte gemacht. Es verblieben wirtschafts- und sozialreformerisch entkleidete – gleichsam nackte – Unternehmen, die durch Konzentration zu starken Trägern der staatlichen Wiederaufbaupolitik „nach dem Sieg" werden sollten.

Dem Gleichschaltungs- und Zentralisierungs- und Vereinheitlichungsprozeß fiel auch die architektonische und städtebauliche Vielfalt der Weimarer Republik zum Opfer. Nicht mehr die konkurrierenden, aber „freien" Träger waren die wirklichen Subjekte des „sozialen Wohnungsbaues", sondern der NS-Staat, der sich der gemeinnützigen Wohnungswirtschaft als „Organ staatlicher Wohnungspolitik" bediente. Übrig blieb ein *reichseinheitlicher Wohnungsbau,* eine Mischung von Schlichtwohnungsbau und Heimatstil.

Hamburger Tageblatt

Preis 15 Pf.

Amtliches Organ des Regierenden Bürgermeisters der Freien und Hansestadt Hamburg

Nr. 104
5. Jahrg.

Freitag, den 5. Mai 1933.

Neue Korruptionsfälle bei der Volksfürsorge aufgedeckt

Großzügige Reformpläne für Arbeitslosen- und Sozialversicherung

Berlin, 5. Mai
(Eigener Drahtbericht)

In der Reichsregierung wird mit größter Planmäßigkeit an den notwendigen Reformen weiter gearbeitet. Am Donnerstag nachmittag hat eine Chefbesprechung stattgefunden, die sich mit der zukünftigen Gestaltung der Sozialpolitik und vor allen Dingen mit dem

ständischen Aufbau des deutschen Berufslebens

befaßte. Die durchgeführte Gleichschaltung der Frei-

keine wesentliche Kürzung der Leistungen verbunden werden. Diese Teilmaßnahme wird wahrscheinlich vorweggenommen, während der Hauptteil hier, wie bei der Invalidenversicherung, erst später erfolgen dürfte. – Man muß damit rechnen, daß die Gesamtreform noch geraume Zeit in Anspruch nehmen wird und in verschiedenen Etappen zur Durchführung gelangt.

Reichsplanwirtschaft im Straßenbau

man darüber hinaus sehr viel weitergehende Pläne verfolgt, die von allergrößter Bedeutung sind. Sie laufen im wesentlichen auf eine zielbewußte und vom Reich geführte Planwirtschaft des deutschen Straßenbaues hinaus. Dabei denkt man daran, in Fortführung bestimmter schon früher vorhandener Tendenzen eine

einheitliche Planung von Reichsseite für die großen Durchgangsstraßen

zu sichern, so daß man zu einer Art „System von Reichsstraßen" kommen würde. Dabei handelt es sich in erster Linie um die Klärung von Zuständigkeiten zwischen dem Reich, den Ländern bzw. den Provinzen und Gemeinden. So nahe der Gedanke liegt, für die Reichsstraßen auch eine reichseigene Bauverwaltung aufzuziehen, so scheint dieser Plan aus Gründen einer rationellen Wirtschaft doch nicht verwirklicht

Aus dem Inhalt

Adolf Hitler hat einen Aufruf für eine „Stiftung für Opfer der Arbeit" erlassen.

Die Deputation für Handel, Schiffahrt und Gewerbe plant die Einrichtung einer Frauen-Wirtschaftskammer in Hamburg.

Die österreichische Bundesregierung hat ein Uniform-Verbot für die österreichische SA und SS ausgesprochen.

Die Gleichschaltung der Gewerkschaften ist jetzt im ganzen Reich durchgeführt. Bei den freien Gewerkschaften wurden fast überall schwere Korruptionsfälle festgestellt.

Curt Gerdes wurde zum Intendanten des Altonaer Stadttheaters ernannt.

Die erzieherische Aufgabe der Volkshochschule

Hamburger Tageblatt

Preis 15 Pf.

Amtliches Organ des Regierenden Bürgermeisters der Freien und Hansestadt Hamburg

Nr. 103
5. Jahrg.

Donnerstag, den 4. Mai 1933.

Millionen Arbeitergelder bei der Volksfürsorge verloren

Pg Habedank säubert die Gewerkschaften

Zwei Tage sind es heute her, daß SA und SS unter Leitung des Gaubetriebszellenleiters Pg. Rudolf Habedank sämtliche Gebäude der hamburgischen Gewerkschaften besetzte, die Vorstandsmitglieder in Schutzhaft nahm und unverzüglich mit Untersuchungen begann. Diese Untersuchungen sind noch nicht abgeschlossen, werden es erst nach geraumer Zeit sein. Aber schon das Wenige, das bisher gefunden wurde, ist so ungeheuerlich, daß es die schlimmsten Erwartungen weit übersteigt. Pg. Rudolf Habedank machte in der letzten Nacht in einer Unterredung unserem es-Mitarbeiter die ersten Angaben über das Ergebnis der ersten Untersuchungen.

Gelder aber ausschließlich um Bauprojekte der Gewerkschaften, der Konsumvereine, der marxistischen Baugenossenschaften und der Angehörigen des Vorstandes und des Aufsichtsrates und der Herren des Vorstandes und des Aufsichtsrates selbst, zu finanzieren. Wie gewissenlos diese Hypotheken vergeben wurden beweist allein das für die Jahre 1931/32 an

nicht einbringbaren Hypothekenzinsen der Betrag von 215 950 Mark in den Bilanzen abgebucht wurde.

Eine flüchtige Prüfung läßt erkennen, daß auch ein großer Teil der Hypotheken verloren gehen wird. Es kann sich dabei um

sich heute noch nicht machen. Ich habe mich mit drei sachverständigen Doktoren und einer Anzahl Hilfskräften an die Untersuchung herangemacht.

Was für die Volksfürsorge gilt, hat auch für die anderen Gewerkschaften Gültigkeit, besonders für den ADGB und den AfA-Bund. Auch hier kann man jetzt schon feststellen, daß freies Kapital für parteipolitische Zwecke verwandt worden ist. Auch hier wurden Spesen über Spesen für die einzelnen „Führer" verbucht.

Ich werde in der nächsten Woche, am Montag oder Mittwoch, eine große Versammlung in allen Sälen Sagebiels veranstalten, um auch der

Aus dem Inhalt

Adolf Hitler und Herr von Neurath hatten mit dem polnischen Gesandten wichtige Besprechungen über die Regelung der deutsch-polnischen Beziehungen.

Die Hamburger Bürgerschaft wird laut Senatsbeschluß von heute, am 10. Mai zu ihrer ersten Sitzung zusammentreten.

Die Orchester des Stadttheaters und der Philharmonie werden im Zuge des kulturpolitischen Neuaufbaus zu einem Staatsorchester zusammengelegt werden.

In der allgemeinen außerordentlichen Generalversammlung des Bankenzentralverbandes wurde eine Gleichschaltung dieser großen Berufsorganisation beschlossen.

sie sich seit Jahrzehnten sehnt, daß der Arbeiter nicht als Proletarier, sondern als Mensch angesehen wird."

Hartnäckige Strukturen: Die Volksfürsorge

Die Angriffe auf die Wirtschaftsunternehmen der Arbeiterbewegung, die nach dem 30. Januar 1933 an Heftigkeit stark zunahmen, beeinträchtigten auch unmittelbar den Geschäftsbetrieb der *Volksfürsorge.* In einer Phase, in der die Arbeiterbewegung und ihre Repräsentanten physisch und psychisch terrorisiert wurden, war an eine offensive, die Aufmerksamkeit auf sich lenkende Werbung nicht zu denken. Im Bericht eines Mitarbeiters über die Lage im Unternehmen in den Wochen und Monaten vor dem 2. Mai 1933 ist u. a. die Rede von „Waschkörbe[n] voll von Kündigungen", die allmorgendlich mit der Post ins Haus kamen[101].

Unmittelbar nach der Gleichschaltung des Unternehmens kam es zu einer Säuberungsaktion großen Stils. Der alte Vorstand wurde abgesetzt und entlassen. Das gleiche Schicksal traf auch die Arbeitnehmervertreter im Betriebsrat sowie eine Reihe von Angestellten jüdischer Herkunft. Es scheint, daß die Beschaffung von fachkundigen und im Sinne der NSDAP zuverlässigen Führungskräften der Partei größeres Kopfzerbrechen bereitete. Kaum anders ist zu erklären, daß es anfänglich zu ständigen, erheblichen Veränderungen auf der Leitungsebene kam – eine Entwicklung, die weder dem Arbeitsklima im Unternehmen noch dem Geschäftserfolg zuträglich war.

Im Bereich der unteren Angestellten wurden die freiwerdenden Plätze in der Regel mit „alten Kämpfern" besetzt. Die Zahl der

Hamburger Tageblatt, 4. und 5. Mai 1933

eingestellten Parteigenossen überstieg anfänglich die der entlassenen Angestellten bei weitem. Hinter dieser Einstellungspraxis standen politische Gründe. Es kam der Partei in dieser Situation darauf an, möglichst viele der braunen Revolutionäre kurzfristig in Arbeit zu bringen, um damit die radikalen Kräfte innerhalb der eigenen Basis zu entschärfen. Die unmittelbar unter der *DAF*-Kontrolle stehende *Volksfürsorge* mußte in dieser Lage als Versorgungsinstitut für „alte Kämpfer“ herhalten.

Die Verhältnisse änderten sich erst, als die SA nach dem sogenannten „Röhm-Putsch“ entmachtet wurde. Kurz danach begann man auch bei der *Volksfürsorge* damit, das neueingestellte Personal nach Leistungskriterien zu sieben. Daraufhin kam es zu schweren Konflikten zwischen Geschäftsleitung und SA-Leuten, bei denen sich erstere langfristig durchsetzte. Die Entlassung unfähiger Parteigenossen beseitigte allerdings nicht die Spannungen zwischen den Neueingestellten und den älteren *Volksfürsorge*-Angestellten. Noch im Februar 1936 charakterisierte einer der Vertrauensleute der *Sopade* (Sozialdemokratische Partei Deutschlands im Exil) die Atmosphäre im Verwaltungsgebäude der *Volksfürsorge* folgendermaßen[102]:

„Der Betrieb kommt überhaupt nicht mehr zur Ruhe. Die Diskussionen zwischen neuen und alten Angestellten arten oft in Schlägereien aus. Neuangestellte SA-Leute mußten wegen Untauglichkeit entlassen werden, andere „alte Kämpfer“ wurden fristlos hinaus gesetzt, wenn sie sich bei der NSDAP-Gauleitung über den Vorstand beschwerten. Selbstverständlich leidet die Arbeitsleistung unter all diesen Bedingungen sehr.“

Es bedurfte mehrerer Jahre, bis es der neuen Geschäftsleitung gelang, die Gegensätze und Reibungsflächen innerhalb der Belegschaft weitgehend abzuschleifen. Zu diesem Zweck wurden die Schulungsmaßnahmen erheblich verstärkt und die traditionell schon überdurchschnittlich hohen Sozialleistungen weiter ausgebaut. Den Höhepunkt dieser Integrationspolitik bildeten dreitägige Feiern am Rhein anläßlich des 25jährigen Bestehens des Unternehmens im Jahre 1938. Diese eindrucksvoll für die gesamte Belegschaft arrangierten Feierlichkeiten hinterließen bei vielen Teilnehmern und Mitarbeitern einen starken, über lange Zeit nachwirkenden Eindruck[103]. Dem innerbetrieblichen Klima kam zugute, daß sich die neue Geschäftsleitung mit vergleichsweise wenigen politischen Einschränkungen verbal zur Tradition des Unternehmens vor 1933 bekannte[104].

Der Erfolg der innerbetrieblichen Eingliederungspolitik war eine wesentliche Voraussetzung für den Aufschwung des Unternehmens nach 1933[105].

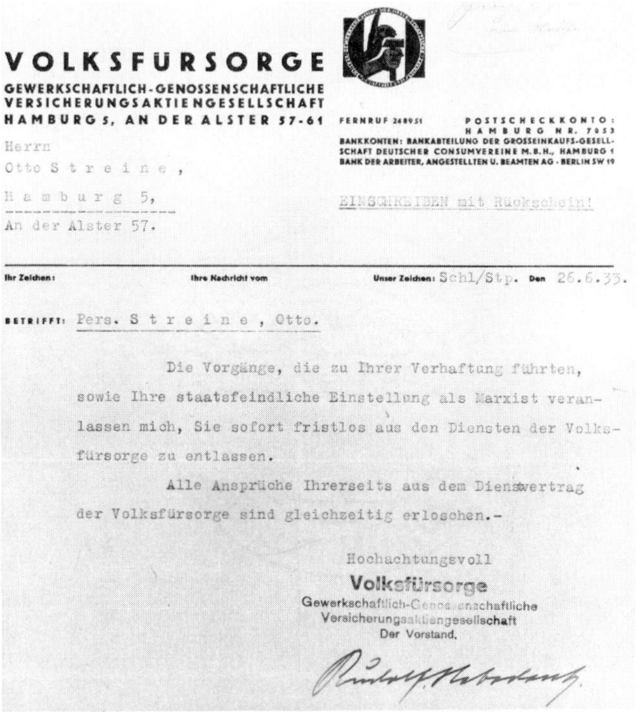
VOLKSFÜRSORGE
GEWERKSCHAFTLICH-GENOSSENSCHAFTLICHE VERSICHERUNGSAKTIENGESELLSCHAFT
HAMBURG 5, AN DER ALSTER 57-61
FERNRUF 248951 POSTSCHECKKONTO: HAMBURG NR. 7053
BANKKONTEN: BANKABTEILUNG DER GROSSEINKAUFS-GESELLSCHAFT DEUTSCHER CONSUMVEREINE M.B.H., HAMBURG 1
BANK DER ARBEITER, ANGESTELLTEN U. BEAMTEN AG · BERLIN SW 19

Herrn
Otto S t r e i n e ,
H a m b u r g 5,
An der Alster 57.

EINSCHREIBEN mit Rückschein!

Ihr Zeichen: Ihre Nachricht vom Unser Zeichen: Schl/Stp. Den 26.6.35.

BETRIFFT: Pers. S t r e i n e , Otto.

Die Vorgänge, die zu Ihrer Verhaftung führten, sowie Ihre staatsfeindliche Einstellung als Marxist veranlassen mich, Sie sofort fristlos aus den Diensten der Volksfürsorge zu entlassen.

Alle Ansprüche Ihrerseits aus dem Dienstvertrag der Volksfürsorge sind gleichzeitig erloschen.-

Hochachtungsvoll
Volksfürsorge
Gewerkschaftlich-Genossenschaftliche Versicherungsaktiengesellschaft
Der Vorstand.

Berufsverbote ohne soziale Absicherung gehörten zum faschistischen Alltag

Ansätze für eine Erholung der Gesellschaft nach den Rückschlägen durch Wirtschaftskrise und nationalsozialistische Machtergreifung zeigten sich bereits 1934 und 1935. Die Aufwärtsentwicklung setzte sich bis zum Kriegsausbruch fort. 1936 und 1937 vermittelte der Außendienst der *Volksfürsorge* jeweils mehr als eine halbe Million Kleinlebensversicherungen. Auch die Versicherungssumme stieg in diesen Jahren ständig an; in der Hauptsache wohl als Folge der Verbesserung der Arbeitnehmereinkommen nach der Krise. Durch die Erfolge im Neugeschäft wuchs der Versichertenbestand kontinuierlich weiter. Gegenüber 1929 hatte sich bei Ausbruch des Zweiten Weltkrieges die Zahl der Versicherungsnehmer mit rd. 4 Millionen praktisch verdoppelt.

Auch der Krieg tat der Geschäftsentwicklung des Unternehmens keinen Abbruch. Die Kurve der Neuanträge wies immer noch

Das alte Volksfürsorgezeichen,
das noch auf die Verbindung zur Arbeiterbewegung verwies,
wurde durch eine naive Kinderfigur ersetzt.
Damit wurde auch symbolisch die Entpolitisierung
der Volksfürsorge vollzogen

Der Einsatz neuer Medien für eine massenwirksame Werbearbeit der Volksfürsorge im Faschismus

stark nach oben und erreichte in den Jahren 1940 bis 1942 einen Höchststand von zuletzt mehr als 700 000 pro Jahr. Der Krieg und die ständig gegenwärtige Gefahr des physischen Todes förderten das Geschäft aller Lebensversicherungsgesellschaften. Erst in der zweiten Kriegshälfte, als sich die Bombenangriffe häuften und immer mehr Geschäftsstellen „ausgelagert" werden mußten, ging die Zahl der Anträge zurück.

Zu den Hauptvoraussetzungen für den Geschäftserfolg der *Volksfürsorge* gehörte auch, daß die neue Leitung darauf verzichtete, grundlegende Veränderungen im traditionellen Aufbau des Unternehmens durchzusetzen. Es blieb bei Ansätzen. Die Werbearbeit wurde bewußt unpolitisch gestaltet, der früher selbstverständliche Bezug auf die Arbeiterschaft vermieden. Statt dessen erklärte man die sozial und politisch konturlosen „Volksgenossen" zur Zielgruppe. Überhaupt vollzog sich im Bereich von Werbung und Propaganda in den dreißiger Jahren eine Art technischer Revolution. Die Palette der Werbeinstrumente umfaßte neben Lautsprecherwagen sogar Vorführungen von Filmen mit drei Dimensionen (3-D-Film). Soweit diese Anstrengungen jedoch darauf gerichtet waren, den Kundenkreis der *Volksfürsorge* über die Arbeiterschaft hinaus entscheidend auszuweiten, schlugen sie fehl. Eine Statistik aus dem Jahre 1936/37 belegt, daß zu diesem Zeitpunkt 71 % aller Versicherten aus Arbeiterberufen stammten, während Handwerker lediglich 4 %, Gewerbetreibende 3 %, Beamte, Angestellte und freie Berufe nur 10 % aller Versicherungsnehmer ausmachten[106]. Gemessen an ihrem Anteil an der Erwerbsbevölkerung, war die Arbeiterschaft immer noch weit überrepräsentiert.

Der Hauptgrund für die Kontinuität in der Sozialstruktur des Versichertenkreises ist in der Zusammensetzung des Außendienstes zu suchen. Da die Geschäftsführung darauf verzichtete, diesen eingespielten Apparat zu zerschlagen, war damit zugleich die Kontinuität im Kundenkreis weitgehend sichergestellt.

Die Kontinuität im inneren Aufbau des Unternehmens und dem Sozialprofil seines Versichertenkreises wurde auch durch Eingriffe der *Arbeitsfront* nicht entscheidend gestört. Zwar gründete die *DAF* eine Art Spitzengesellschaft für alle von ihr übernommenen Versicherungsunternehmen der Gewerkschaften, den *Versicherungsring der Deutschen Arbeit GmbH,* doch verzichtete man darauf, den *Versicherungsring* zu einer echten Konzernspitze weiterzuentwickeln. Die Bemühungen des *Versicherungsringes,* von der Spitze her die Arbeits- und Interessensbereiche der ihm unterstellten Gesellschaften – darunter besonders des ehemaligen *DHV*-Unternehmens *Deutscher Ring* und der *Volksfürsorge* – voneinander abzugrenzen, verstärkten die traditionellen Schwerpunkte beider Unternehmen. Im Falle der *Volksfürsorge* bedeutete dies die Beibehaltung des Kleinlebensgeschäftes als Hauptarbeitsfeld der Gesellschaft[107].

Im Vergleich zu den Konsumgenossenschaften waren die Veränderungen im Profil, im inneren und äußeren Aufbau der Volksfürsorge während des Dritten Reiches relativ gering. Vor die Wahl gestellt, die eigentümliche Struktur des Unternehmens aus politischen Gründen zu zerschlagen oder mit dem eingespielten Apparat den wirtschaftlichen Erfolg zu suchen, entschied sich die Geschäftsführung, offenbar auch mit Billigung der *DAF,* für das Letztere.

Aufstieg und Verwandlung der Arbeiterbank[108]

Unter den Wirtschaftsunternehmen der Arbeiterbewegung nahm die *Arbeiterbank* gegen Ende der Weimarer Republik immer noch eine verhältnismäßig bescheidene Position ein. In seiner Branche war das Unternehmen ein Zwerg. Der Abstand zu den Branchenriesen schien uneinholbar groß. So hätte auch kaum jemand die Voraussage gewagt, daß sich das Unternehmen binnen eines Jahrzehnts zu einer der größten deutschen Geschäftsbanken entwickeln werde.

Die Übernahme durch die NSDAP löste zunächst jedoch, ganz ähnlich wie bei den meisten anderen Wirtschaftsunternehmen der Arbeiterbewegung, eine schwere Vertrauenskrise bei der *Arbeiterbank* aus. Wirtschaftliche Schwierigkeiten waren die Folge. Zwischen Dezember 1932 und Mai 1933 verlor die Bank mehr als ein Drittel ihrer Einlagen. Als das Aktionskomitee der NSDAP zur Gleichschaltung der deutschen Gewerkschaften die Gebäude der Bank besetzen ließ, betrugen die Gesamteinlagen noch 83 Millionen RM. Das waren weniger als 50 % des Standes im Jahre 1930.

Eine Belastung für die Entwicklung der Bank in den ersten beiden Jahren des NS-Regimes bedeutete auch ihre Beteiligung an der Liquidierung kleinerer Verbandssparkassen, die im Zuge der Gleichschaltungsaktion an die *DAF* gefallen waren. Dabei handelte es sich u. a. um die *Deutsche Angestelltensparkasse*, die *Deutsche Wirtschaftsbank*, die *Deutsche Werkmeister-Sparkasse* sowie eine Reihe kleinerer, zum Teil jahrzehntealter berufsständischer Kassen. Dem Geschäftsbericht der *Arbeiterbank* zufolge wurden von den übernommenen 550 Zahlenstellen 356 aus Rentabilitätsgründen geschlossen[109].

Andererseits jedoch waren auch die Zugewinne an Einlagen, die das Institut der *DAF* bei diesem Liquidationsprozeß erzielte, nicht unbedeutend. Bis Ende 1933 stieg der Einlagenbestand von seinem Tiefpunkt im Mai 1933 mit 83 Millionen RM erneut auf 141 Millionen RM an. Gewisse Anzeichen deuten darauf hin, daß die Bank in dieser kritischen Phase Unterstützung durch die gewerbliche Wirtschaft erhielt. So legten im Jahre 1933 nach der Gleichschaltung vier ungenannte größere Industrieunternehmen kurzfristig 30 Millionen RM bei der Bank ein[110].

In der Geschäftspolitik der Bank blieben zumindest in der Anfangsphase gewisse Kontinuitäten zur *Arbeiterbank* erkennbar. Die *DAF*-Bank förderte zunächst vornehmlich Arbeitsbeschaffungsprojekte, den Bau von Arbeitersiedlungen und den übrigen Wohnungsbau. Auch die in der Wirtschaftskrise bewährte Politik hoher Liquidität wurde von dem Unternehmen beibehalten. Mit gewissen Ausnahmen hielt die Bank zudem besondere geschäftliche Verbindungen mit den weiterexistierenden Wirtschaftsunternehmen der Arbeiterbewegung aufrecht. Zu den Ausnahmen gehörten die „marxistisch infizierten" sozialen Baubetriebe, die in den Jahren 1935/36 aufgelöst und umgewandelt wurden, und die der *DAF* 1935 entwundenen Konsumgenossenschaften, obwohl gerade letztere der finanziellen Hilfeleistung in besonderer Weise bedurft hätten.

Die Aussparung beider Unternehmungen bei der Kreditvergabe zeigt besonders deutlich die Abhängigkeit des Institutes von bestimmten ideologischen Vorgaben durch das Regime. Dem entsprach umgekehrt, im Zusammenhang mit der NS-Mittelstandspolitik, eine bevorzugte Vergabe von Personalkrediten an selbständige Handwerker.

Ein neuer Entwicklungsabschnitt der ehemaligen *Arbeiterbank* im Dritten Reich begann im Jahr 1938. Er stand in engem Zusammenhang mit der territorialen Expansion des Dritten Reiches und der immer stärker überhitzten Rüstungskonjunktur. Von 1938 auf 1939 und von 1939 auf 1940 verdoppelte sich jeweils die Gesamtsumme der Einlagen. In nur drei Jahren, zwischen 1938 und 1941, verfünffachte sich der Umsatz. Das geradezu fieberhafte Expansionsstreben der Bank führte zur Errichtung neuer Niederlassungen in den besetzten und annektierten Ländern.

Die Gründe für den steilen wirtschaftlichen Aufstieg der Bank in den Jahren seit 1938 sind nur zum geringsten Teil in der Hausbankfunktion für die *Deutsche Arbeitsfront* zu suchen. Gemessen am Gesamtumsatz schrumpfte der Anteil der Geschäfte mit der *DAF* immer stärker zusammen. Im Jahre 1939 stammten nach den Angaben im Geschäftsbericht des Institutes nurmehr 25 % aller Einlagen von der *DAF*. Bei dieser Rechnung wurden allerdings die rechtlich selbständigen, der *DAF* unterstellten Unternehmen nicht mitgerechnet.

Der Aufstieg der Bank wurde in erster Linie durch die Hereinnahme von Fremdmitteln verursacht. Anders als ihre Vorgängerin, die noch weitgehend auf ein Engagement in der Privatwirtschaft verzichtet hatte, ließ die *DAF*-Bank solche politisch motivierten Rücksichten in der zweiten Hälfte der dreißiger Jahre immer stärker fallen. Im Kommentar eines zeitgenössischen Beobachters zum Geschäftsabschluß des Jahres 1939 hieß es u. a.: Es kündige „sich offensichtlich eine Entwicklung an, die das Institut aus einer reinen ‚Hausbank' der Deutschen Arbeitsfront zu einer bedeutenden Kreditbank mit einer breiten privaten Kundschaft anwachsen" lasse[111]. Die Bank nutzte damit die glänzenden Verdienstmöglichkeiten, die sich aus dem großen Finanzbedarf der deutschen Wirtschaft im Zeichen der Hochrüstung und des nationalsozialistischen Vierjahresplanes von 1936 ergaben.

Neben der Intensivierung der Geschäftsbeziehungen mit der Privatwirtschaft profitierte die *DAF*-Bank unmittelbar auch von der nationalsozialistischen Eroberungspolitik. Der „Anschluß" Österreichs, die Zerschlagung der Tschechoslowakei und die Besetzung Frankreichs boten der *DAF* die Möglichkeit, ihren Raubzug gegenüber gewerkschaftlichen Einrichtungen und Vermögenswerten auf fremdem Boden fortzusetzen.

Eine weitere wichtige Ursache des auch von den Zeitgenossen vielbeachteten Erfolges der Bank war das von der *DAF* mit großem propagandistischen Aufwand betriebene Projekt des *Volks-* bzw. *KdF-Wagens.* Dieses Projekt, bei dem es u. a. um die Errichtung einer riesigen Fertigungsstätte und darüber hinaus um die planmäßige Anlage einer ganzen Stadt für die dort Beschäftigten ging, gehörte zu den ehrgeizigsten wirtschaftlichen Vorhaben der *Deutschen Arbeitsfront.* Hierbei gelang es ihr, in großangelegten, mit modernen Medien durchgeführten Werbekampagnen erhebliche Summen an Spargeldern für den in Aussicht gestellten *Volkswagen* zu mobilisieren. Bei der Sammlung dieser als Anzahlungen gedachten Spargelder sicherte sich die *DAF*-Bank das Monopol. Bereits im Jahre 1939 betrug der Gesamtumfang der für diesen Zweck bei dem Institut hinterlegten Gelder mehr als 135 Millionen RM. Diese Summe entsprach ziemlich genau der Gesamthöhe aller Einlagen der ehemaligen *Arbeiterbank* im Geschäftsjahr 1931. Der Gewinn der Bank aus diesem Projekt war um so größer, als die Auslieferung des Wagens bei Kriegsausbruch auf unbestimmte Zeit vertagt wurde[112].

Der rasche Aufstieg der Bank in der zweiten Hälfte der dreißiger Jahre führte dazu, daß sich das Institut von den Traditionen und Besonderheiten der Geschäftspolitik ihrer Vorgängerin immer weiter entfernte.

Zwar ist nicht auszuschließen, daß einige der Veränderungen, die sich in der Geschäftspolitik der *DAF*-Bank nach 1933 beobachten lassen, über kurz oder lang auch bei der *Arbeiterbank* aufgetreten wären. So hatte auch die *Arbeiterbank* seit Ende der zwanziger Jahre Bemühungen unternommen, um sich über den Rahmen einer Hausbank des *ADGB* hinaus zu einer allgemeinen Geschäftsbank weiterzuentwickeln. Es gab erste Ansätze, Spargelder zu mobilisieren, der Umfang der Geschäftstätigkeit mit nichtgewerkschaftlichen Kunden nahm zu, und vieles spricht schließlich dafür, daß es auch der *Arbeiterbank* im Zuge einer wirtschaftlichen Erholung, wie sie sich bereits 1932 anzudeuten schien, gelungen wäre, den Umfang ihrer Tätigkeit wesentlich zu erweitern. Die tatsächliche Entwicklung des Bankinstitutes in den Jahren nach 1933 wurde jedoch ganz überwiegend durch politische Faktoren, das heißt in erster Linie durch die Machtübernahme des Nationalsozialismus und seine auf Expansion gerichtete Außenpolitik, bestimmt. Die Gründe für den steilen Aufstieg der Bank nach 1938 waren damit auch überwiegend politischer Natur.

In organisatorischer wie in wirtschaftlicher Hinsicht war die Bank besonders eng an den Nationalsozialismus, seinen Aufstieg und schließlich sein mit unendlich hohen Opfern erkauftes Scheitern gebunden.

Die Arbeiterbank, die bisher den genossenschaftlichen und gewerkschaftlichen Arbeiterwohnungsbau mitfinanzierte, wird in den Dienst der nationalsozialistischen Eigenheimideologie gestellt

Entfernung des Hakenkreuzes von der Fassade des Hamburger Gewerkschaftshauses

Ausblick: Die Entwicklung nach 1945

Struktur und Entwicklung der Wirtschaftsunternehmen der Arbeiterbewegung in der Bundesrepublik wurden von Beginn an wesentlich durch den Kontinuitätsbruch der nationalsozialistischen Herrschaft geprägt. Die organisatorische und weltanschauliche Vielfalt der Bewegung, wie sie noch für die Weimarer Epoche typisch gewesen war, erstand nach dem Zweiten Weltkrieg nicht wieder. Vielmehr war die Entwicklung der meisten Unternehmen in den folgenden Jahrzehnten von Konzentrations-, Rationalisierungs- und Professionalisierungstendenzen gekennzeichnet. Im Unterschied zu früheren Entwicklungsphasen vollzogen sich diese Prozesse nicht mehr nur im Rahmen der überkommenen Organisationsstrukturen, sondern veränderten diese selbst.

Die Voraussetzungen für die Vereinheitlichungstendenzen wurden, wie oben geschildert, zum großen Teil im Dritten Reich gelegt. Die Neugründer der Gewerkschaftsbewegung nach 1945 haben, wenn auch aus politisch entgegengesetzten Motiven heraus, bestimmte Rationalisierungseffekte nationalsozialistischer Gleichschaltungspolitik bejaht und beibehalten. In der Zusammenlegung der 1933 in verschiedene Lager gespaltenen Arbeiterorganisationen sahen viele ältere Funktionäre – das Trauma des Bruderkampfes in der alten Arbeiterbewegung vor Augen – einen entscheidenden Zugewinn an organisatorischer und politischer Stärke. Fast allen antifaschistischen Kräften erschien die Parole der Einheit in der „Stunde Null“ fraglos richtig und notwendig. Kaum einer der Beteiligten sah, daß damit die Grundlagen für einen ganz neuen Typus von Arbeitnehmerbewegung gelegt wurden.

Die Verwurzelung der Organisationen alten Typs in vorpolitischen Milieus, die ihrerseits zugleich Grenze und Kraftquell der Bewegung gewesen waren, wurde damit unwiderruflich zerstört. Die Organisationen der Arbeiterbewegung entwickelten sich von den Gesinnungsgemeinschaften, die sie bis zu einem gewissen Grade in der Weimarer Republik noch gewesen waren, konsequent weiter zu Interessenverbänden. Die Beziehungen zwischen Organisation und Basis versachlichten sich bis auf wenige traditionelle Restbestände. Der „Genosse“, im ursprünglichen, emphatischen Sinne des Wortes, verwandelte sich weitgehend in das zahlende, nüchtern Leistung und Gegenleistung abwägende Mitglied.

In den ersten Nachkriegsjahren hatten fast alle Parteien antikapitalistische Programmelemente. Wahlplakat 1947

Was durch den Nationalsozialismus vorbereitet und durch die Einheitsgewerkschaft strukturell festgeschrieben wurde, vollendeten die wirtschaftliche Entwicklung und die von ihr bewirkten gesellschaftspolitischen Veränderungen. Das stürmische Wirtschaftswachstum der fünfziger Jahre hob Wirtschaft und Gesellschaft des westdeutschen Staates auf eine neue Stufe materieller Zivilisation, das Zeitalter des Massenkonsums. Im Zusammenhang mit diesen Prozessen schritt die Auflösung überkommener Solidarstrukturen in der Arbeitnehmerschaft rasch weiter voran.

Auf diesem Boden gediehen die übriggebliebenen genossenschaftlichen Selbsthilfeunternehmen der Arbeiterbewegung schlecht. Ein Formwandel begann, an dessen Ende die Genossenschaft, einstmals die wichtigste Organisationsform der Arbeitnehmerselbsthilfe, bis auf wenige Reste aus der Arbeiterbewegung verschwand.

Anhang

Anmerkungen

1 Hierzu und zum folgenden C. Eisenberg, Frühe Arbeiterbewegung und Genossenschaften. Theorie und Praxis der Produktivgenossenschaften in der deutschen Sozialdemokratie und den Gewerkschaften der 1860/1970er Jahre. Bonn 1985.

2 Vgl. grundsätzlich F. Oppenheimer, Die Siedlungsgenossenschaft – Versuch einer positiven Überwindung des Kommunismus durch die Lösung des Genossenschaftsproblems und der Agrarfrage, Leipzig 1896.

3 Die umfassendste Darstellung hierzu ist E. Hasselmann, Geschichte der deutschen Konsumgenossenschaften, Hamburg 1971.

4 Vgl. J. Kocka, Lohnarbeit und Klassenbildung. Arbeiter und Arbeiterbewegung in Deutschland 1800–1875, Berlin/Bonn 1983, S. 175 f.

5 Hasselmann, S. 44.

6 Nach H. Kaufmann (Hrsg.), Festschrift zum 25jährigen Bestehen des Zentralverbandes der Konsumgenossenschaften 1903–1928, Hamburg 1928, S. 330 ff.

7 Hasselmann, S. 268.

8 Kaufmann, Festschrift, Anhang.

9 Vgl. Rieger/Mendel/Postelt, Die Hamburger Konsumgenossenschaft Produktion 1899–1949, Hamburg 1949.

10 Resolution des Magdeburger Parteitages von 1910. Zitiert nach Protokoll über die Verhandlungen des Parteitages der Sozialdemokratischen Partei Deutschlands. Berlin 1910, S. 489.

11 Vgl. die Ausführungen Kaufmann, Festschrift, S. 76, 81 passim, und die Stellungnahme C. Legiens auf dem 6. Kongreß der Gewerkschaften Deutschlands in Hamburg, Protokoll der Verhandlungen ... 21./22. Juni 1908, S. 136 ff.

12 Vgl. unten S. 62 ff.

13 Es gibt keine wissenschaftlich-kritische Gesamtdarstellung des Reformarbeiterwohnungsbaues. Zwei Darstellungen von Beteiligten seien genannt: R. Spörhase, Wohnungsunternehmen im Wandel der Zeit, Hamburg 1946; und H. W. Jenkis, Ursprung und Entwicklung der gemeinnützigen Wohnungswirtschaft, Bonn und Hamburg 1973. Als Fallstudie am Beispiel Berlin: K. Novy, Die veralltäglichte Utopie – Richtungen genossenschaftlicher Wohnungsreformen in Berlin vor 1914, in: K. Schwarz (Hrsg.), Die Zukunft der Metropolen, Bd. 1: Aufsätze, Berlin 1984, S. 385 ff.

14 Zit. nach D. Schneider, Selbsthilfe, Staatshilfe, Selbstverwaltung. Ein Streifzug durch Theorie und Praxis der Wohnungspolitik, hrsg. zum 50jährigen Bestehen der Nassauischen Heimstätte, Ffm. 1973, S. 73.

15 G. Schmoller, Ein Mahnruf in der Wohnungsfrage (1887), in: ders., Zur Sozial- und Gewerbepolitik der Gegenwart, Leipzig 1890, S. 370/371.

16 H. Albrecht, Die Umwandlung des Hamburger Bau- und Sparvereins e.G.m.b.H. in eine Aktiengesellschaft, in: CONCORDIA 10 (1903), S. 299.

17 Der Vaterländische Bauverein zu Berlin, 2. Aufl., Berlin 1906.

18 L. Cohn, Die Wohnungsfrage und die Sozialdemokratie, München 1900, S. 17/18.

19 J. Posener, Berlin auf dem Weg zu einer neuen Architektur, München 1979, S. 343 und 357.

20 P. Kampffmeyer, Arbeiterbewegung und Sozialdemokratie, Berlin 1919, S. 144.

21 75 Jahre IDEAL 1907–1982, Berlin, S. 29.

22 Beste Darstellung zur Volksfürsorge-Gründung; V. Böge, Die Politisierung des Volksversicherungswesens. Entstehung und Bekämpfung der „Volksfürsorge" im Kräftefeld der Wilhelminischen Gesellschaft 1911–1914. Staatsarbeit, Hamburg 1977; vgl. auch B. Heisterkamp, Die strukturelle Eigenart der „Alten Volksfürsorge", Untersuchung der Struktur eines Unternehmens der Versicherungswirtschaft. Diss., Köln 1961.

23 Vgl. Zusammenstellung bei Heisterkamp, S. 10.

24 Ebd., S. 11.

25 Zit. nach Protokoll der Verhandlungen des 5. Kongresses der Gewerkschaften Deutschlands, ... 22. bis 27. Mai 1905, S. 16.

26 Vgl. H. Kaufmann, Grundzüge zur Errichtung einer gewerkschaftlich-genossenschaftlichen Volks-Fürsorge-Vereinigung („Streng vertraulich"), in: Volksfürsorge-Archiv (HAV).

27 Ebd.

28 Ebd.

29 Ebd.

30 Ebd.

31 Vgl. Aktenbestand im Geheimen-Staatsarchiv Dahlem (GSA), Rep. 84 a; ferner Artikelserie „Aus der Geschichte der Volksfürsorge" I–VII, in: HAV-Ordner Nr. 15.

32 Zit. nach „Geschichte" (III) ebd., Nr. 15.

33 Ebd.

34 Vgl. Schriftwechsel G. Bauer als Vertreter der Generalkommission mit dem Volksfürsorge-Vorstand, in: HAV-Bd. 2.

35 Zit. aus Brief Volksfürsorge-Vorstand an Bauer v. 30. 5. 1913, in: HAV-Bd. 2.

36 Zit. aus Brief Bauer an Vorstand v. 2. 6. 1913, in: ebd.

37 Anschauliches Material über die Zustände in einem Konsumverein während des Krieges in: Festschrift zum 25jährigen Bestehen des Bielefelder Konsumvereins 1892–1917, Bielefeld 1917.

38 Hasselmann, S. 401 ff.

39 Kaufmann, Festschrift, S. 238.

40 Jahrbuch des ZdK 1920, Bd. I, S. 43.

41 Verhandlungen der Sozialisierungskommission über die Neuregelung des Wohnungswesens, Berlin 1921, S. 254.

42 Während die Festschrift von K. Anders (Stein für Stein. Die Leute von Bau-Steine-Erden und ihre Gewerkschaften 1869 bis 1969, Ffm. 1969) den aktiven Wirtschaftskampf des Bauarbeiterverbandes so gut wie verdrängt, ist die Bauhüttenbewegung zeitgenössisch hervorragend dokumentiert; in den gewerkschaftlichen Zeitschriften „Grundstein" (1919–1933) sowie in der „Sozialen Bauwirtschaft" (1920–1933), dem Organ der Bauhüttenbewegung. Die Schriften A. Ellingers (zuletzt: 10 Jahre Bauhüttenbewegung, Berlin 1930) sind hervorragende Quellen. Neuere Literatur: G. Werbik, Bauhütten. Gemeinwirtschaft auf eigenen Wegen, 1960; und K. Novy, Die Bauhüttenbewegung, in: ders., Genossenschafts-Bewegung, Berlin 1983.

43 F. Oppenheimer, Die Siedlungsgenossenschaft. Versuch einer positiven Überwindung des Kommunismus durch Lösung der Genossenschaftsfrage und der Agrarfrage, Leipzig 1896, S. 147.

44 Vom eigenen Werk (Siedlung Lindenhof in Berlin-Schöneberg), in: Wohnungswirtschaft 1 (1924), S. 8/9.

45 Grundstein 33 (1920), Nr. 3.

46 Zit. nach Werbik, Bauhütten, a.a.O., S. 24.

47 Abgedruckt in: Ellinger, Zehn Jahre Bauhüttenbewegung, a.a.O., S. 127/128.

48 Verband brandenburgischer Metallindustrieller v. 26. 4. 1922, zit. ebd., S. 81/82.

49 Vgl. hierzu Novy, Strategien der Sozialisierung, Ffm. und New York 1978, S. 15 ff.

50 „Die Richtlinien ..." waren 1921 vom ADGB und AfA-Bund aufgestellt worden und sind als Synthese der Beiträge von H. Kampffmeyer, P. Hofmann und W. Engler auf dem SPD-Parteitag von 1920 anzusehen.

51 Zur Geschichte dieses ersten genossenschaftlichen Service-Unternehmens vgl. Novy, Genossenschafts-Bewegung, a.a.O., S. 129 ff.

52) Vgl. zu den Heimstätten Schneider, Selbsthilfe..., a.a.O.
53 Soziale Bauwirtschaft 1924, S. 21 ff.
54 Wohnungswirtschaft 4 (1927), S. 182.
55 Wohnungswirtschaft 5 (1928), S. 266 f.
56 Soziale Bauwirtschaft (1924), S. 24.
57 Wohnungswirtschaft (1926), S. 138.
58 Vgl. die Arbeiten K. Renner, Die Wirtschaft als Gesamtprozeß und die Sozialisierung, Berlin 1924; und ders., Wege der Verwirklichung. Betrachtungen über politische Demokratie, Wirtschaftsdemokratie und Sozialismus, Berlin 1929.
59 Vgl. hierzu meinen Überblick in: Genossenschafts-Bewegung, a.a.O., S. 118 ff.
60 Vgl. A. v. Loesen, Die gemeinwirtschaftlichen Unternehmen der deutschen Gewerkschaften, Köln 1979, S. 188.
61 A. Garbai, Die Bauhütten. Der Weg zum gemeinwirtschaftlichen Aufbau der Arbeitsorganisation im Baugewerbe, Hamburg 1928; hier zit. nach: Soziale Bauwirtschaft 1928, S. 266.
62 Jahrbuch der christlichen Gewerkschaften 1930, S. 70.
63 M. Tafuri, Kapitalismus und Architektur, Hamburg 1977, S. 81, 83, 86.
64 Zur Volksfürsorge in Weimar bes. O. Streine, Geschichtliches über die Volksfürsorge, in: HAV (uv. Manuskript).
65 Vgl. statistischer Anhang bei Kaufmann, Festschrift, S. 361 f.
66 Streine, a.a.O., S. 86.
67 Zur Umstellungsprozedur die Festschrift Ein halbes Jahrhundert Volksfürsorge..., hrsg. v. Vorstand der Alten Volksfürsorge, Darmstadt 1962, S. 85 f.
68 Streine, a.a.O., S. 30.
69 Ebd., S. 100.
70 Ebd., S. 100, 101.
71 Zit. nach dem Bericht von P. Schacht, So sah es bei der Lebensversicherung in Berlin aus, in: Unter uns (Mitarbeiter-Zeitschrift der Volksfürsorge), 6/81.
72 Ebd.
73 Streine, a.a.O., S. 153 ff.
74 Vgl. zu diesem Abschnitt: K. Hirche, Die Wirtschaftsunternehmen der Gewerkschaften, Düsseldorf/Wien 1966, S. 44 ff.; Loesch, Gemeinwirtschaftliche Unternehmen, a.a.O., S. 221 ff.; O. de la Chevallerie, Die Gewerkschaften als Unternehmer, Berlin 1930, S. 29 ff.; Die wirtschaftlichen Unternehmen der Arbeiterbewegung. Ein Blick in die Gemeinwirtschaft, Berlin 1928, S. 88 ff.
75 Zusammengestellt aus den Jahresbilanzen wie sie jährlich abgedruckt wurden in: Gewerkschaftszeitung. Organ des ADGB.
76 Die wirtschaftlichen Unternehmen..., a.a.O., S. 92.
77 Gewerkschaftszeitung 1932, S. 168.
78 Die Arbeit. Zeitschrift für Gewerkschaftspolitik und Wirtschaftskunde 1926, S. 212.
79 Vgl. M. Wagner, Die wirtschaftliche Internationale. Arbeiterkapital gegen Privatkapital. Eine Anregung zur Gründung einer internationalen Arbeiterbank, in: Internationale Gewerkschaftsbewegung 4 (1924), S. 56–62.
80 Gewerkschaftszeitung 1931, S. 207.
81 Die wirtschaftlichen Unternehmen..., a.a.O., S. 103.
82 Der Allgemeine Deutsche Gewerkschaftsbund auf der PRESSA Köln 1928, Berlin o. J., S. 6/7.
83 Kulturwille 1929; hier zitiert nach der hervorragenden Gesamtdarstellung von M. Bühremann/ Th. Friedrich Zur Geschichte der Buchgemeinschaften der Arbeiterbewegung, in: Wem gehört die Welt? Kunst und Gesellschaft in der Weimarer Republik, Berlin 1977, S. 365, auf die sich folgende Darstellung stark stützt.
84 Ebd., S. 370.
85 W. Hühnermann, Der Touristenverein DIE NATURFREUNDE in Wirken und Ziel, in: Gemeinwirtschaft 9 (1929), S. 302.
86 A. Hofmann, Ein gewerkschaftliches Problem, in: ebd., S. 313.
87 Gewerkschaftszeitung 39 (1929), S. 302.
88 K. Odenthal, Die deutschen Gewerkschafts- und Volkshäuser, in: Die Gemeinwirtschaft 9 (1929), S. 277.
89 H. Peus, Das Volkshaus, wie es sein sollte, Berlin o. J. (1910).
90 C. Zetkin, Kunst und Proletariat, Stuttgart 1911; zit. nach W. Niess, Volkshäuser. Ein Beitrag zur Verräumlichung politisch-kultureller Initiativen, in: ARCH- H. 74, 1984, S. 14.
92 Vgl. die Erklärung Leiparts im Namen des ADGB, u. a. abgedruckt in: Der Freie Angestellte, 37. Jg. 1933, Nr. 6, S. 78–80.
94 Vgl. T. Mason, Sozialpolitik im Dritten Reich. Arbeiterklasse und Volksgemeinschaft, Opladen 1977, S. 116.
95 Vgl. A. v. Saldern, Mittelstand im Dritten Reich. Ffm. 1979, S. 61 ff.
96 Vgl. K. Bludau, Nationalsozialismus und Genossenschaften, Hannover 1968, S. 124 ff.
97 Verordnung zur Anpassung der verbrauchergenossenschaftlichen Einrichtungen an die kriegswirtschaftlichen Verhältnisse vom 18. Februar 1941, RGBl. Jg. 1941, T. 1, Nr. 22 v. 28. Februar 1941.
98 Vgl. den Bericht der DAF: Die Überführung der verbrauchergenossenschaftlichen Einrichtungen in das Gemeinschaftswerk der DAF GmbH. Abschlußbericht des Bevollmächtigten der DAF, Stabsleiter des Reichsorganisationsleiters Heinrich Simon..., Juli 1944, in: Archiv des BdK.
99 Vgl. Bauen, Siedeln, Wohnen 1933, S. 207, für eine „geschönte" Meldung. Der Siegeszug der Nationalsozialisten hat diesem Sozialisten nicht nur sein objektives Lebenswerk – die Bauhüttenbewegung – zerstört, sondern auch seine Familie gespalten. Sein Sohn war bei der SA.
100 Vgl. zu diesem Beispiel die ausführliche Darstellung in: Projektgruppe Geschichte der bergischen Genossenschaften (Hrsg.), VORWÄRTS-BEFREIUNG. Genossenschaftliche Selbsthilfe im Bergischen Land, Essen 1984, S. 201 ff.
101 Zit. nach dem Erlebnisbericht eines Angestellten „Es war einmal...", in: Unter uns, 1/2, 1981.
102 Zit. nach Deutschland-Berichte der Sozialdemokratischen Partei Deutschlands (Sopade) 1935, S. 235 (= Sopade-Berichte).
103 Vgl. „Es war einmal...", ebd.
104 Dies spiegelt sich u. a. in der Darstellung der Unternehmensgeschichte in der Festschrift von 1938. Für deren Überlassung haben die Verf. Herrn P. Brennecke, Bielefeld, zu danken.
105 Ausführliches Material dazu in den Geschäftsberichten, in: HAV.
106 Nach den Angaben in der Festschrift von 1938, S. 33.
107 Vgl. Bericht in: Der deutsche Volkswirt, 11. Jg. 1937.
108 Das Folgende auf der Basis der regelmäßigen Berichterstattung in: Der deutsche Volkswirt (ausführliche Wiedergabe der Geschäftsberichte) 1930–1941.
109 Ebd., 11. Jg. 1936, S. 1184.
110 Ebd.
111 Ebd., 14. Jg. 1940, S. 706.
112 Ebd., S. 707.

Bildnachweise

Die Abbildungen sind nach Kapiteln und Seitenzahlen geordnet. Bei mehr als einer Abbildung pro Seite wurden diese von links oben nach rechts unten durchnumeriert.

Einleitung

S. 8 Archiv für Genossenschaftskultur, Bielefeld (AGk); S. 10 (1) Zft. Gemeinwirtschaft Jg. 9/1929, S. 195; S. 12 (1) 30 Jahre Berliner Konsumgenossenschaft, 1929 (Archiv der sozialen Demokratie [AdsD/Bonn]); S. 13 (1) (2) ebd.;

1848–1928

S. 14 Festschrift der Schiffszimmerergenossenschaft, 50 Jahre Hamburg 1925; S. 16 (1) 60 Jahre GEG, 1894–1954, Hamburg 1954, S. 81; S. 17 (1) Produktivgenossenschaft Vorwärts, Festschrift zum 25jährigen Bestehen, Hamburg 1920; S. 18 (1) Die GEG Deutscher Konsumvereine, 1894–1919, Hamburg 1919; S. 19 (1) Archiv für Genossenschaftskultur (Bielefeld) (AGk); S. 19 (2 + 3) E. Hasselmann, Festschrift 100 Jahre Konsumgenossenschaft Esslingen, 1965, S. 10; S. 20 (1) 10 Jahre Konsumverein Solidarität, Solingen-Ohligs 1912; S. 20 (2) Robert Schlösser, Rauchende Schlote, Gepag-Köln, S. 45; S. 21 E. Hasselmann, Auf neuen Wegen, Festschrift Konsumverein Lörrach, Hamburg 1965; S. 22 (1) Geschäftsbericht der Konsumgenossenschaft Befreiung, Elberfeld; S. 22 (2) 10 Jahre Konsumverein Solidarität, Solingen-Ohligs 1912; S. 22 (3) Geschäftsbericht der Konsumgenossenschaft Vorwärts, Bremen; S. 23 (1) R. Schlösser, Holyokes Geschichte der Pioniere von Rochdale, Köln 1928, S. 24; S. 24 (1) Mitgliedsbuch der Konsumgenossenschaft Befreiung, Elberfeld 1901; S. 24 (2) 10 Jahre Konsumgenossenschaft Einigkeit, Remscheid 1911; S. 25 (1) E. Hasselmann, Die genossenschaftliche Selbsthilfe der Verbraucher, Hamburg 1957; S. 25 (2) Die Genossenschaft, Zft. der Konsumgenossenschaft Hoffnung, Köln Nr. 16/1911; S. 25 (3) AGk; S. 25 (4) Die Genossenschaft, Köln Nr. 18/1913; S. 27 (1) Die Genossenschaft, Köln Nr. 10/1912; S. 28 (1) Archiv des Bundes deutscher Konsumgenossenschaften; S. 29 (1) Die Seifenfabrik der GEG in Gröba-Riesa, Hamburg 1910; S. 30 (1, 3, 4) 10 Jahre Konsum-, Bau- u. Sparverein „Produktion“, Hamburg 1909; S. 30 (2) W. G. Orchilewski, Wille und Tat, Hamburg 1953, S. 17; S. 30 (5) 10 Jahre Produktion ... aaO.; S. 31 (1) ebd.; S. 32 (1) 60 Jahre GEG, S. 53 aaO.; S. 33 (1) Die Genossenschaft, Köln Nr. 1/1911; S. 34 (1) 30 Jahre Berliner Konsumgenossenschaft ... aaO.; S. 35 (1) AdsD; S. 36 (1) 125 Jahre Alexandra-Stiftung, Festschrift, Berlin 1973; S. 37 (1) Frei Land, Nr. 20/1895; S. 37 (2) Zft. der Centralstelle, Nr. 20/1900; S. 37 (3) Blätter für Genossenschaftswesen, Nr. 18/1883; S. 37 (4) Mitteilungen des Rheinischen Vereins; S. 38–39 Archiv der Geschichte Berliner Wohnreform, TU Berlin (AGBW); S. 40 (1) H. Kampfmeyer, Die Gartenstadtbewegung, Leipzig/Berlin 1913, S. 58; S. 41 (1) 65 Jahre Gemeinnützige Wohnungsgenossenschaft Köln-Ehrenfeld, 1964; S. 42–45 AGBW; S. 46 (1) Der Hannoversche Mietverein gründet den Spar- und Bauverein, Hannover 1885; S. 47 75 Jahre Spar- und Bauverein Kassel, Kassel 1969, S. 56; S. 48 (1) Zft. für Wohnungswesen, Berlin Nr. 16/1907, S. 223; S. 48 (2) ebd., Nr. 7/1903, S. 100; S. 49 (1) Deutscher Genossenschaftsverlag (Hrsg.): Hermann Schulze-Delitzsch, 1983; S. 50 (1) 75 Jahre Ideal, 1907–1982, Berlin 1982, S. 24; S. 51 (1) Archiv der Berliner Wohnreform, TU-Berlin; S. 52 (1) Archiv der Berliner Wohnreform, TU-Berlin; S. 53 (1 + 2) Festschrift der Schiffszimmereigenossenschaft ... aaO.; S. 53 (3) Zft. für Wohnungswesen; S. 54 (1) AGBW; S. 55 (1 + 2) ebd.; S. 55 (3 + 4) Zft. für Wohnungswesen, Berlin Nr. 2/1911; S. 56 (1) Archiv der Volksfürsorge, Hamburg (AV); S. 57 (1) Hamburger Echo, Nr. 298/21. 12. 1912; S. 58 (1) 25 Jahre Deutsche Gewerkschaftsbewegung, Berlin 1915, S. 175; S. 59 (1) Die Genossenschaft, Köln Nr. 15/1914; S. 61 (1) Zft. Der Wahre Jacob, Stuttgart Nr. 739/27. 6. 1914; S. 62 (1) Die Genossenschaft, Nr. 10/1914; S. 63 (1) 30 Jahre Dienst am Volke, Festschrift der Konsumgenossenschaft „Hoffnung“, Köln 1931.

1918–1933

S. 64 „Trotz alledem“ – Das Volkshaus Leipzig im Wandel der Zeit. Festschrift, Leipzig 1927; S. 65 (1) Trotz alledem, das Volkshaus Leipzig, Festschrift 1929; S. 66 (1) Kulturwille 10/1929, Leipzig; S. 67 (1) „Vorwärts und nicht vergessen“ Katalog zur Arbeiterkulturausstellung, Hamburg 1982, S. 61; S. 69 (1) Genossenschaftsfamilie, Nr. 1/1931; S. 70 (1) Genossenschaftsfamilie, Titelblatt vom 1. 12. 1931; S. 71 (1) Genossenschaftsfamilie, Titelblatt März 1932; S. 72 (1) Genossenschaftsfamilie; S. 73 (1) Anders leben, anders arbeiten, Genossenschaftliche Selbsthilfe in Bremen, Katalog zur Ausstellung 1985; S. 74 (1) Die Gemeinwirtschaft, Juni 1931; S. 74 (2) AGk; S. 75 (1) Sierakowsky H., Werk im Werden, Hamburg 1930, S. 180; S. 75 (2) Festschrift 10 Jahre Konsumgenossenschaft EINTRACHT, Köln 1912; S. 75 (3) Auf dem Wege zu einer neuen Wirtschaft, Festschrift 30 Jahre Konsumgenossenschaft VORWÄRTS Dresden, 1929; S. 75 (4) 30 Jahre Dienst am Volke, Festschrift Konsumgenossenschaft HOFFNUNG Köln 1931; S. 76 (1) Die Gemeinwirtschaft 1929, S. 65; S. 76 (2) Zeitschrift „Volk und Zeit“; S. 76 (3) Geschäftsbericht Konsumgenossenschaft VORWÄRTS Bremen, 1907; S. 77 (1) Archiv für Genossenschaftskultur, Bielefeld (AGk); S. 77 (2) Genossenschaftsfamilie, Köln Feb. 1933; S. 77 (3) Die Gemeinwirtschaft 1929, S. 148; S. 78 (1) AGk; S. 78 (2) E. Hasselmann, Die genossenschaftliche Selbsthilfe der Verbraucher Hamburg 1957; S. 78 (3) Privatbesitz, Repro: AGk; S. 78 (4) E. Hasselmann, Aus eigener Kraft, Festschrift 100 Jahre Konsumgenossenschaft Lörrach 1965, S. 102; S. 79 (1) ebd. S. 143; S. 79 (2) Auf dem Wege zu einer neuen Wirtschaft, Festschrift 30 Jahre Konsumgenossenschaft VORWÄRTS Dresden 1929; S. 80 (1) AGk; S. 81 (1) AGk; S. 81 (2) Geschäftsbericht Konsumgenossenschaft „Vorwärts“ Bremen; S. 81 (3) AdsD – Bonn; S. 82 (1) Soziale Bauwirtschaft (SBW) 1925, S. 131; S. 83 (1) Anders leben, anders arbeiten, Genossenschaftliche Selbsthilfe in Bremen, Katalog zur Ausstellung 1985; S. 84 (1) 10 Jahre Bauhüttenbewegung, Berlin 1930, S. 83; S. 85 (1) Grundstein, 12. Juni 1920; S. 86 (1) Museumspädagogischer Dienst Berlin (Hrsg.): Materialien zum Bauhaus, Berlin 1984, S. 15; S. 86 (2) SBW 1930, S. 124; S. 86 (3) H. Willmann, Geschichte der Arbeiter-Illustrierten-Zeitung 1921–38, Berlin 1975, S. 226; S. 87 (1) C. Schnaidt, Hannes Meyer, Teufen 1965, S. 46; S. 87 (2) Verband sozialer Baubetriebe (Hrsg.): Bauhüttenarbeit, Berlin 1928, S. 131; S. 87 (3) C. Schnaidt, aaO., S. 41; S. 88 (1) SBW 1930, S. 332; S. 88 (2) W. Müller-Wulkow, Architektur der 20er Jahre in

Deutschland, Neuauflage 1975, S. 31; S. 88 (3 + 4) SBW 1930, S. 424; S. 89 (1) Ellinger, 10 Jahre aaO., S. 13; S. 89 (2) AGBW; S. 90 (1) SBW 1923, S. 120; S. 91 (1) SBW 1930, S. 18; S. 91 (2) Neues Bauen, neues Gestalten – Das Neue Frankfurt, Berlin 1984, S. 85; S. 91 (3) SBW 1930, S. 31; S. 92 (1) AGk; S. 92 (2) Ellinger, aaO.; S. 93 (1 + 2) SBW 1927, S. 60; S. 94 (1) SBW 1931, S. 66; S. 94 (2) SBW 1931, S. 332; S. 95 (1 + 2 + 3) SBW 1931, S. 163ff.; S. 96 (1) SBW 1926, S. 250; S. 97 (1) Zft. Volk und Zeit; S. 98 (1) ebd.; S. 99 (1) Zft. Der Grundstein, Juni 1920; S. 99 (2) AGk; S. 100 (1) Neues Bauen ... aaO., S. 63; S. 100 (2) Müller-Wulkow ... aaO., S. 114; S. 101 (1 + 2 + 3) Neues Bauen ... aaO., S. 182/72/181; S. 102 (1) Anders leben, anders arbeiten ... aaO., S. 40; S. 102 (2) Katalog zur Arbeiterkulturausstellung, Stuttgart 1983; S. 103 (1 + 2) Zft. Genossenschaftliche Baupraxis 2/1929; S. 104 (1 + 2 + 3) AGk; S. 105 (1) Soziale Bauwirtschaft 1927, S. 261; S. 106 (1) Titelblatt der Gründungszeitschrift der Gagfah, Hamburg 1918; S. 107 (1 + 2 + 3) Das Siedlungswerk Nürnberg 1919–1925, Nürnberg 1926; S. 108 (1) Titelblatt, 1930; S. 109 (1) Die Wohnungswirtschaft 11/14, 1. Juni 1926, Berlin; S. 110 (1) Archiv der Berliner Wohnreform, TU-Berlin; S. 110 (2) A. Gut, Der Wohnungsbau in Deutschland nach dem Weltkrieg, Tafel XI; S. 111 (1) Werbeprospekt der Industriewerke Lohwald AG, 1930; S. 111 (2) UMBAU, 1984, 4, S. 59; S. 111 (3) Frühlicht, Magdeburg 1921, S. 28, Nr. 1; S. 112 (1) A. Gut, aaO., Tafel V; S. 113 (1 + 2) Gartenstadt Hamburg 50 Jahre, 1969, S. 17/27; S. 114 (1) Festschrift Bauhütte Köln, 1930, S. 93; S. 114 (2) GAGFAH 1918–1968, Festschrift Hamburg 1968, S. 149; S. 115 (1) Elberfeld, Deutscher Städtebau, Berlin 1928, S. 127; S. 116 (1 + 2) SBW 1928, S. 247/248; S. 116 (3) AGk; S. 117 (1 + 2 + 4 + 5) SBW 1928, S. 250ff.; S. 117 (3) AGk; S. 118 (1) AGk; S. 120 (1) SBW 1924, S. 74; S. 120 (2) SBW 1928, S. 37; S. 121 (1) SBW 1924, S. 31; S. 122 AGBW; S. 123 AGBW; S. 124 (1 + 2) Siedlungen der 20er Jahre/Vier Berliner Großsiedlungen 1924–1984, S. 206/23; S. 125 (1) AGk; S. 125 (2) Bau- und Heimstättenverein Stuttgart eG: 60 Jahre bauen in Stuttgart 1924–1984; S. 126 (1) Mitgliederzeitung der Baugenossenschaft IDEAL; S. 126 (2) AGBW; S. 126 (3 + 4) Akademie der Künste (Hrsg.): Bruno Taut 1880–1938, Berlin 1980, S. 219/242; S. 127 (1 + 2) SBW 1928, S. 265; S. 128 (1 + 2) 30 Jahre Siedlungsgenossenschaft Firnhaberau, 1950; S. 128 (3) Bau- u. Heimstättenverein Stuttgart eG/Archiv; S. 129 (1 + 2 + 4) 50 Jahre Gartenstadt Hamburg; S. 129 (3) Privatbesitz/Repro AGk; S. 130 (1) Siedlungen der 20er Jahre ... aaO., S. 122; S. 130 (2) Zft. Bauen, Siedeln, Wohnen 1933, S. 2; S. 131 (1) AdsD – Bonn; S. 132 (1 + 2) Müller-Wulkow ... aaO., S. 112/108; S. 133 (1) Siedlungen der 20er Jahre ... aaO., S. 118; S. 133 (2 + 3) A. Sigrist: Das Buch des Bauens, 1930, S. 24; S. 134 (1) AGk; S. 135 (1) H. Hipp: Wohnstadt Hamburg, 1982, S. 94; S. 136 (1) Bremer Volkszeitung, Nov. 1930; S. 136 (2) Hipp ... aaO., S. 38; S. 136 (3) 10 Jahre GAG Ludwigshafen, 1930, S. 82; S. 137 (1) Siedlungen der 20er Jahre in Niedersachsen, Heft 4, Hannover 1985, S. 25; S. 137 (2) H. Wichmann (Hrsg.): Drehpunkt 1930, München 1979, S. 98; S. 138 (1) Berliner Geschichtswerkstatt (Hrsg.): Projekt Spurensicherung, Berlin 1983, S. 30; S. 139 (1) AGBW; S. 139 (2) Festschrift 50 Jahre Freie Scholle Berlin, 1947, S. 21; S. 140 (2) Festschrift 50 Jahre Siedlergemeinschaft Bissingheim 1933–83; S. 140 (3 + 4) AGk; S. 141 Festschrift 50 Jahre Goldstein, Frankfurt 1932–82; S. 142–144 Archiv der Volksfürsorge, Hamburg (AV); S. 145 (1) Titelblatt der Festschrift, Dresden 1929; S. 146 (1) Titelseite Konsumgenossenschaftliches Volksblatt, Dez. 1929; S. 147 (1) Konsumgenossenschaftliches Volksblatt, ca. 1930; S. 148 (1) Titelblatt Konsumgenossenschaftliches Volksblatt, Nov. 1931; S. 149 (1)/S. 150 (1) Konsumgenossenschaftliches Volksblatt, ca 1930; S. 151 (1) Titelblatt, Konsumgenossenschaftliches Volksblatt, Nov. 1929; S. 152 (1) Sammelalbum der GEG, „Erde und Mensch“, Hamburg o. J.; S. 153–159 AV – Hamburg; S. 160 (1) AGk; S. 160 (2) AV – Hamburg; S. 161 ebd.; S. 162 AGk; S. 163 AV – Hamburg; S. 164 Zft. Wohnungswirtschaft 1925, S. 178; S. 165 Vermögensverwaltung und Treuhandges. des DGB (Hrsg.): Haus der Besitzlosen – Gewerkschaftshaus Frankfurt, FaM 1982, S. 63; S. 166 (1) Kölner Gewerkschaftszeitung/Repro AGk; S. 166 (2) AGk; S. 167 Ruhrland – Deutscher Städtebau, Berlin-Halensee 1927; S. 168 Freie Presse, Soz.dem. Tageszeitung, Wuppertal 2. 12. 1925; S. 169 Zft. Gewerkschaftshaus; S. 170 (1) AGk; S. 170 (2) AdsD; S. 171 ebd.; S. 172 Zft. Die Gemeinwirtschaft 1929, S. 222; S. 173 (1) ebd. S. 220; S. 173 (2) 30 Jahre Dienst am Volke – Festschrift der Konsumgenossenschaft „Hoffnung“, Köln 1931; S. 174 SBW 1928, S. 178f.; S. 175 SBW 1929, S. 294; S. 176 (1) SBW 1928, S. 379; S. 176 (2) AGBW; S. 177 (1) AGk; S. 177 (2) H. Wichmann: Drehpunkte ... aaO., S. 24; S. 178 AdsD; S. 180–181 W. Herzogenrath (Hrsg.): Sonderbund-Werkbund-Pressa, Köln 1981, S. 210/233; S. 182 (1 + 3 + 4) Wem gehört die Welt – Kunst und Gesellschaft in der Weimarer Republik, Berlin 1977, S. 368/372/371; S. 182 (2) AGk; S. 183 AdsD; S. 184 Zft. Kulturwille August 1925 (Anzeige); S. 185 (1)/186 (1) Archiv der Berliner Wohnreform, TU-Berlin; S. 187 (1) Privatbesitz, vermittelt durch die Akademie der Künste, Berlin; S. 188 (1) Archiv der Berliner Wohnreform, TU-Berlin; S. 189 AGk; S. 190 (1) AGk; S. 190 (2 + 4) Katalog Arbeiterkulturausstellung Stuttgart, 1983; S. 190 (3) Die Gemeinwirtschaft 1929, S. 319; S. 191 Privatbesitz/Repro AGk; S. 192 (1–4) Gemeinwirtschaft 1929, S. 292/309/287/300; S. 192 (5) SBW 1925, S. 81; S. 194–195 Trotz alledem – 25 Jahre Volkshaus Leipzig im Wandel der Zeit, Leipzig 1928; S. 196 (1) Das Volkshaus in Bremen. Erbaut in den Jahren 1926–28, Bremen 1929; S. 196 (2) AdsD; S. 196 (3) AdsD; S. 196 (4) SBW 1930, S. 314; S. 196 (5 + 6) AdsD; S. 197 (1) Gemeinwirtschaft 1929, S. 318; S. 197 (2 + 4 + 6 + 10) AdsD; S. 197 (3) 75 Jahre Gewerkschaftshaus Hamburg ... aaO., S. 13; S. 197 (5) SBW 1930, S. 465; S. 197 (6 + 9) AGk; S. 197 (8) SBW 1928, S. 332; S. 198 (1) Anders leben, anders arbeiten ... aaO., S. 17; S. 198 (2) DGB-Archiv Düsseldorf; S. 199 (1) Neuer Berliner Kunstverein: Stadt und Utopie. Modelle idealer Gemeinschaften, Berlin 1982, S. 71; S. 199 (2) W. Pehnt: Expressionist Architecture, London 1979, S. 81; S. 199 (3) SBW 1930, S. 422; S. 199 (4) Das Gewerkschaftshaus, Leipzig August 1931; S. 200 C. Schnaidt: Hannes Meyer, Teufen 1965, S. 60; S. 201 (1) 60 Jahre Ge-Be-In 1923–83, Bremen 1983, S. 10; S. 201 (2) Festschrift Volksbund Bremen ... aaO.

1933–1945

S. 202 Die Wohnungsunternehmen der Deutschen Arbeitsfront – Tätigkeitsbericht, Berlin 1938; S. 204 Arbeiterkulturausstellung Hamburg ... aaO. S. 101; S. 205 (1) Genossenschaftsfamilie, Juni, 1933, Titelblatt; S. 206 (1) Konsumgenossenschaftliches Volksblatt, 1934, Rückseite des Umschlags; S. 207 (1) Archiv der Berliner Wohnreform, TU-Berlin; S. 208 (1) Max, Taut, Katalog der Akademie der Künste, Berlin 1984, S. 87; S. 208 (2) ebd., S. 97; S. 210 Hamburger Tageblatt 2. Mai 1933; S. 211 (1 + 3) 75 Jahre Gewerkschaftshaus Hamburg 1981; S. 211 (2) Das Haus der Besitzlosen (Frankfurt) ... aaO., S. 48; S. 211 (4) SBW 1933, S. 328; S. 212 Stadtarchiv Dortmund (Hrsg.): Widerstand und Verfolgung in Dortmund 1933–1945, 1981, S. 78; S. 213 (1 + 2) Arbeitertum, Zft. der NSBO, 15. Juli 1933; S. 215 K. Behnken (Hrsg.): Deutschlandberichte der Sozialdemokratischen Partei Deutschlands, Nov. 1935, Ffm, 1980, S. 1358f.; S. 216 Berliner Geschichtswerkstatt: Spurensicherung aaO., S. 26; S. 217 Bauen, Siedeln, Wohnen 1933, S. 297 (BSW); S. 218 (2) ebd. 1934, S. 140; S. 219 (1–3) ebd. 1933, S. 305/256/259; S. 219 (4) ebd. 1934; S. 220 AGBW; S. 221 (1) BSW 1933, S. 384; S. 221 (2) G. Kiersch u. a.: Berliner Alltag im 3. Reich, Düsseldorf 1981, Bild 104; S. 221 (3) BSW 1936; S. 222 (1) AGk; S. 222 (2 + 3 + 5) Wohnungsunternehmen der Deutschen Arbeitsfront, ... aaO.; S. 222 (3) G. Kiersch ... aaO., Bild 41; S. 223 BSW 1935, S. 353; S. 225 AV; S. 226 AV; S. 229 BSW 1935, S. 585; S. 230 75 Jahre Gewerkschaftshaus Hamburg aaO., S. 38; S. 231 Grauzonen, Kunst und Zeitbilder. Farbwelten 1945–55, hg. v. B. Schulz, Berlin 1983, S. 40; S. 232 Nassauische Heimstätte: 30 Jahre sozialer Wohnungsbau der staatlichen Treuhandstelle, Ffm 1952, S. 74.

Literatur – erste Annäherung

Gesamtdarstellungen

Engelhardt, W. W.: Allgemeine Ideengeschichte des Genossenschaftswesens. Einführung in die Genossenschafts- und Kooperationslehre auf geschichtlicher Basis, Darmstadt 1985

Faust, H.: Geschichte der Genossenschaftsbewegung. Ursprung und Weg der Genossenschaften im deutschen Sprachraum, Ffm. 1965

Handwörterbuch des Genossenschaftswesens, Wiesbaden 1980

Hasselmann, E.: Die Rochdaler Grundsätze im Wandel der Zeit, Ffm. 1968

Hesselbach, W.: Die gemeinwirtschaftlichen Unternehmen, Ffm. 1966

Hettlage, R.: Genossenschaftstheorie und Partizipationsdiskussion, Ffm./New York 1978

Hirche, K.: Die wirtschaftlichen Unternehmen der Gewerkschaften, Düsseldorf/Wien 1966

Hirche K.: Der Koloß wankt? Die Gewerkschaftsunternehmen zwischen Anspruch und Wirklichkeit, Düsseldorf/Wien 1984

Loesch, A. v.: Die gemeinwirtschaftlichen Unternehmen der deutschen Gewerkschaften, Köln 1979

Novy, K.: Strategien der Sozialisierung. Die Diskussion der Wirtschaftsreform in der Weimarer Republik, Ffm./New York 1978

Novy, K., Hombach, B., Karthaus, F., Bimberg, U., Mersmann, A., Schepers, A. (Hrsg.): Anders Leben. Geschichte und Zukunft der Genossenschaftskultur, Bonn/Berlin 1985

Projektgruppe Geschichte der Bergischen Genossenschaften (Hrsg.): Vorwärts-Befreiung. Genossenschaftliche Selbsthilfe im Bergischen Land, Essen 1984

Schultz, R./Zerche, J.: Genossenschaftslehre, Berlin/New York 1983

Thiemeyer, Th.: Gemeinwirtschaftlichkeit als Ordnungsprinzip, Berlin 1970

Weisser, G.: Genossenschaften, Hannover 1968

Winter, H. W.: Genossenschaftswesen, Stuttgart 1982

Wirtschaftliche Unternehmen der Arbeiterbewegung, Berlin 1928

Produktivgenossenschaften und Bauhütten

Eisenberg, Ch.: Frühe Arbeiterbewegung und Genossenschaften, Bonn 1985

Ellinger, Au.: Zehn Jahre Bauhüttenbewegung, Berlin 1930

Flieger, B. (Hrsg.): Produktivgenossenschaften oder der Hindernislauf zur Selbstverwaltung, München 1984

Garbai, Au.: Bauhütten. Der Weg zum gemeinwirtschaftlichen Aufbau der Arbeitsorganisationen im Baugewerbe, Hamburg 1928

Novy, K./Uhlig, G.: Die Bauhüttenbewegung in der Weimarer Republik, in: Häuserkämpfe 1872/1920/1945/1982, Berlin 1981

Wagner, M.: Die Sozialisierung der Baubetriebe, Berlin 1919

Werbik, G.: Bauhütten. Gemeinwirtschaft auf eigenen Wegen, IG-Bau 1960

Konsumgenossenschaften

Bludau, K.: Nationalsozialismus und Genossenschaften, Hannover 1968

Göhre, P.: Die deutschen Arbeiterkonsumvereine, Berlin 1910

Hasselmann, E.: Geschichte der deutschen Konsumgenossenschaften, Ffm. 1971

Weuster, A.: Theorie der Konsumgenossenschaftsentwicklung. Die deutschen Konsumgenossenschaften bis zum Ende der Weimarer Zeit, Berlin 1980

Gemeinnützige Wohnungswirtschaft

Albrecht, G. (Hrsg.): Handwörterbuch des Wohnungswesens, Jena 1930

Eberstadt, R.: Handbuch des Wohnungswesens, Jena 1910

Fuhrich, M./Neusüß, Ch./Petzinger, R.: Neue Heimat. Gewerkschaften und Wohnungspolitik, Hamburg 1983

Jenkis, H. W.: Ursprung und Entwicklung der gemeinnützigen Wohnungswirtschaft – eine wirtschafts- und sozialgeschichtliche Darstellung, Hamburg/Bonn 1973

Novy, K.: Genossenschafts-Bewegung. Zur Geschichte und Zukunft der Wohnreform, Berlin 1983

Die Autoren

Klaus Novy

geboren 1944, ist Professor für Planungs- und Bauökonomie an der Technischen Universität Berlin.
Gründer und Mitarbeiter der Ausstellungsgruppe Genossenschaften im Wohnbund.
Veröffentlichungen: Strategien der Sozialisierung 1978; Genossenschafts-Bewegung 1983; Anders Leben 1985; Lexikon des Sozialismus (Mitherausgeber) 1985.

Michael Prinz

geboren 1952, Hochschulassistent an der Fakultät für Geschichtswissenschaften an der Universität Bielefeld,
Studium der Romanistik, Sozialwissenschaft und Geschichte.
Veröffentlichungen und Hauptarbeitsgebiet: Geschichte der Weimarer Republik und des Nationalsozialismus.

CIP-Kurztitelaufnahme der Deutschen Bibliothek

Novy, Klaus:
Illustrierte Geschichte der Gemeinwirtschaft : wirtschaftl. Selbsthilfe in d. Arbeiterbewegung von d. Anfängen bis 1945 / Klaus Novy ; Michael Prinz. – Berlin ; Bonn : Dietz, 1985.
ISBN 3-8012-0111-2

NE: Prinz, Michael: